ÖSTERREICHISCHER HUSAR VOM HUSAREN REGIMENT » ANDREAS VON HADIK «

GEORG SCHREIBER

HUSAREN VOR BERLIN

JUGEND UND VOLK WIEN MÜNCHEN

ISBN 3-7141-1446-7 Jugend und Volk Wien
ISBN 3-8113-1446-7 Jugend und Volk München

Gestaltung: Haimo Lauth

Druck: Druck- und Verlagsanstalt Gutenberg, 2700 Wiener Neustadt

VORGESCHICHTE

Kaiser Karl VI. hatte gehofft, seiner Tochter Maria Theresia die Erbfolge durch Verträge mit nahezu allen Staaten Europas sichern zu können. Seine prunkvolle Hofhaltung verschlang viel Geld, er baute Kirchen und Spitäler, Wasserleitungen, Hafenanlagen, ein Taubstummenhaus, Straßen und Gärten. Für die Armee blieb daher nur wenig Geld übrig. Vergeblich hatte der greise Prinz Eugen gemahnt, der beste Schutz des Friedens seien ein gut gerüstetes Heer und eine gefüllte Staatskasse.

Als der Kaiser im Jahre 1740 gestorben war, vergaßen die Nachbarstaaten ihre feierlichen Zusicherungen; jeder trachtete, ein Stück des Habsburgerreiches an sich zu reißen. Nach acht bitteren Kriegsjahren war die Gefahr gebannt, Österreich hatte nur Schlesien an den Preußenkönig eingebüßt. Erst im Jahre 1756 konnte Maria Theresia daran denken, dieses kostbare Land zurückzugewinnen, doch der Preußenkönig wartete nicht den Angriff der Kaiserlichen und ihrer Verbündeten ab, sondern begann von sich aus den Krieg. Sein vorzügliches Heer und die straffe Organisation des Staates boten gute Aussicht, den Kampf gegen halb Europa zu bestehen.

Anfang Oktober 1757 stand König Friedrich II. in der Gegend von Leipzig der Reichsarmee und den Franzosen gegenüber, ein zweites preußisches Heer hielt sich bei Liegnitz in Schlesien gegen die Österreicher. Dazwischen aber klaffte eine Lücke, und in diese stieß eine kleine österreichische Heeresabteilung vor.

Davon erzählt der vorliegende Roman so genau, wie es auf Grund zeitgenössischer Berichte und späterer militärgeschichtlicher Untersuchungen nur möglich ist. Ich hatte aber nicht die Absicht, einzig ein kriegerisches Abenteuer zu schildern. Der Vorstoß des Feldmarschall-Lieutenant von Hadik nach Berlin änderte kaum etwas am Verlauf des Siebenjährigen Krieges; er erweckte zwar seinerzeit viel Bewunderung und entlastete für kurze Zeit die Reichsarmee, aber noch im selben Herbst 1757 siegte König Friedrich II. bei Roßbach über Reichsarmee und die Franzosen. Und so wenig Hadiks mutiges Unternehmen den Krieg entscheiden konnte, so wenig Einfluß hatte der ganze Krieg auf die europäische Geschichte.

Sieben Jahre wurde gekämpft, wie in jedem Krieg litten Unschuldige, wurde Unersetzliches vernichtet, wurden junge Leute wider ihren Willen zum Waffendienst gezwungen. Territoriale Änderungen bewirkte dieser Krieg nicht. In den Ereignissen jener Zeit ist, wie ich glaube, viel Allgemeingültiges zu finden. Es war Kriegsrecht des 18. Jahrhunderts zu plündern und einzuäschern, der Verlust von Haus und Habe traf den Bürger vor zweihundert Jahren nicht minder schwer als den, der heute in irgend einem Teil der Welt Ähnliches erleiden muß. So spricht dieses Buch auch davon, was Soldaten und Zivilisten empfanden und erduldeten, wie sie sich bewährten oder nur von den Ereignissen treiben ließen.

Ich habe nirgends billiger Aktualisierung wegen wesentliche Ereignisse hinzugefügt oder weggelassen, sondern alles geschildert, wie es Tag für Tag geschah, auch wenn manches den heutigen Leser fremdartig berühren mag. In einem Punkte nämlich unterscheiden sich die Kriege des 18. Jahrhunderts von denen der Gegenwart: auf beiden Seiten galten noch die Begriffe der Waffenehre und der Ritterlichkeit. Was heute als Ausnahme gilt, war damals von Glauben und Erziehung vorgeschrieben. Mit dieser Feststellung will ich gewiß nicht den Siebenjährigen Krieg verherrlichen und womöglich gar modische „Nostalgie" erwecken; ich betone es nur im Bestreben nach objektiver Darstellung und aus Abscheu gegen den technisierten Massenmord, wie ihn unser Jahrhundert kennt.

Wien, im Herbst 1973
Dr. Georg Schreiber

I. 12. OKTOBER 1757: DER ABEND VOR LUCKAU

Ein schlanker Kirchturm ragte in den Abendhimmel. Eine rot glühende Wolkenbank machte seine Umrisse deutlich, während vom Städtchen selbst nur Dächer und Schornsteine zu erkennen waren. Alles übrige, die Häuser, Mauern und Tortürme oder was es sonst noch dort geben mochte, lag als dunkle Masse in der Ebene. Dorthin zog das Korps des Feldmarschall-Lieutenants Hadik. Die Spielleute der Kürassiere nahmen schon die Schlegel zur Hand, um unter dem Stadttor die Pauken zu rühren, die Trommler der Dragoner befreiten ihre Instrumente von den Leinenhüllen. Bei den Fußtruppen rückten die Reihen enger zusammen.

„Pfeifen aus dem Maul!" schrie ein Feldwebel der deutschen Infanterie, „Hüte auf! Wollt ihr nicht Ordnung halten?"

Auch die ungarischen und kroatischen Infanteristen klopften die Pfeifen aus und setzten Hüte oder Mützen auf. Nur daß sie im gleichen Schritt gehen sollten, das verlangte von ihnen niemand. Dafür blitzten die Augen in Vorfreude auf ein schönes Privatquartier in Luckau.

Aber keine Pauke, keine Trommel ertönte. Einige hundert Schritt vor dem Stadttor hielt ein Ordonnanz-Husar mitten auf der Straße. Sein ausgestreckter Arm wies die Richtung seitwärts. Der Arm eines einzigen Mannes bewirkte, daß mehr als dreitausend Männer zu Pferd und zu Fuß von der Straße abwichen. Dichtes Gras dämpfte das Geräusch der Schritte, dafür erklangen Flüche und Seufzer, aber auch sie verstummten bald.

Auf einer weiten, von Buschwerk gesäumten Wiese war der Lagerplatz bereits abgesteckt. Kurze Rast im Stehen, bis die Bagagewagen nachgefolgt waren, dann luden die Soldaten ihre Zelte ab. Es ging rasch, jeder Handgriff war ja längst vertraut. Jede Kompanie der Fußtruppen und der Dragoner, jede Eskadron der Kürassiere und Husaren stellte ihre Zelte in einer eige-

nen Reihe auf, an ihrem Ende das Zelt des Lieutenants, dahinter das des Hauptmanns oder Rittmeisters.
Eine Reihe gehörte den Offizieren des Stabes, dahinter schlugen die Marketender ihre Zelte auf. Zweihundert Schritt vom Lager ließ der Profos eine lange Grube ausheben, die als Latrine dienen sollte. Als er von dort zu den Marketenderzelten ging, fand er sie leer; nur ein Wachtmeister und ein Corporal hockten einander gegenüber und würfelten. Sie nickten ihm freundschaftlich zu, ohne sich stören zu lassen.
„Der Feldmarschall hat hohes Spiel verboten", sagte der Profos. „Worum geht es?"
„Nur, wer die beiden ersten Maß Bier bezahlen soll."
Der Profos wandte sich an den Marketender. „Was nimmst du für die Maß?"
„Fünfeinhalb Kreuzer, noch immer der alte Preis."
„Hoch genug!"
Der Marketender zog die Hände unter seiner Schürze hervor und hob sie wie zu feierlicher Beteuerung. „Herr, wißt Ihr nicht, wie knapp das Bier ist? Der Feldmarschall hat uns nur erlaubt, das Nötigste mitzunehmen, damit unsere Wagen den Marsch nicht verzögern. Und heute mache ich gar kein Geschäft, Ihr seht ja —" Stimme, Blick und die Geste, wie er auf die leeren Bänke wies, alles war eine einzige Klage.
„Ja, die Leute sind müde", bestätigte der Wachtmeister, „heute war ein harter Tag, zwei Stunden länger auf den Beinen als gestern. Stell zwei Maß her! Wenn wir damit fertig sind, gehen auch wir schlafen."
„Ich gäb' was drum, wenn ich erfahren könnte, wohin dieser Marsch überhaupt geht!" sagte der Marketender und schielte nach dem Profosen. „Eine Viertelmaß guter böhmischer Branntwein wäre mir nicht zu viel für eine verläßliche Auskunft von einem der Herren."
„Eine Viertelmaß, gut eingeschenkt?" Der Wachtmeister strich sich den Schnurrbart. „Also, alter Gauner, hör zu. Von dem

Sammelplatz nordöstlich von Dresden sind wir nach Elsterwerda gezogen."
„Das weiß ich," unterbrach der Marketender.
„Weißt du auch, wie viele Leute der Feldmarschall dort zurückgelassen hat?"
„Die fußkranken Infanteristen und die maroden Pferde."
„Stimmt! Also will er einen Gewaltmarsch unternehmen."
„Das habe ich heute gemerkt. Aber wohin?"
„Geradewegs nach Brandenburg hinein, mitten ins Herz des Feindes!"
„Mit dreieinhalbtausend Mann? Wachtmeister, das glaub' ich Euch nicht, damit habt Ihr den Branntwein nicht verdient."
Der Profos lachte. „Mehr wirst du von einem Wachtmeister nicht erfahren! Aber sei beruhigt, auch die Offiziere wissen nicht mehr, und wenn sie's wüßten, würden sie's nicht gerade dir auf die Nase binden. Zu welchem Regiment gehörst du überhaupt?"
„Birkenfeld."
„Sag's richtig, Kerl!" Der Wachtmeister schlug mit der Faust auf den Tisch, daß das Bier aus dem Krug schwappte.
„Wie heißt unser Regiment?"
„Kaiserlich-königliches Kürassier-Regiment Prinz Birkenfeld", antwortete der Marketender mit einem scheuen Seitenblick auf den Profosen. Aber der Wachtmeister zeigte sich noch nicht zufrieden. „Wilhelm Prinz von Pfalz-Birkenfeld-Zweibrücken", verbesserte er und stärkte sich nach diesen gewichtigen Worten mit einem langen Schluck. Dann sprach er zum Profosen gewendet: „Habt Ihr uns nicht gleich an den roten Aufschlägen erkannt?"
„Solche trägt auch das Regiment Emanuel Infant von Portugal."
„Ja, richtig, die auch. Die haben sich im vergangenen Sommer bei Kolin wacker geschlagen! Ich weiß da eine Geschichte von einem jungen Cornet —"

Der Corporal gähnte, der Marketender aber setzte sich neben den Erzähler auf die Bank. „Also, wie war das?"
Der Profos verspürte keine Neugier und verließ das Zelt. Draußen dämmerte es schon. Hier bei den Kürassieren herrschte noch Leben, sie hatten eben erst ihre Pferde von der Tränke zurückgebracht, aber drüben bei der Infanterie war es ganz still. Während der Profos an ihren Zelten vorbeiging, hörte er nur mehr regelmäßiges Schnarchen. Ja, die braven Fußhatscher! Auf dem Marsch hatten sie mehr Mühe, dafür kamen sie abends früher zur Ruhe. Auch der Profos fühlte sich rechtschaffen müde. Er wartete nur auf den Zapfenstreich, machte noch die Runde bei den Marketendern und mahnte, das Zeichen einzuziehen. Diesmal bedurfte es nicht vieler Worte, etliche hatten die Stange mit dem grünen Buschen oder Kranz schon vorzeitig ins Zelt hineingeholt und den Eingang verschlossen.
Für die Stabsoffiziere indessen war der Tag noch nicht zu Ende. Von Ordonnanzen mit Laternen geleitet, fanden sie sich beim Zelt des Feldmarschalls ein. Sie hatten die Reitstiefel mit bequemen Schuhen vertauscht, die Kürassiere auch den Brustpanzer abgelegt und statt des schweren Pallasch einen eleganten Degen umgeschnallt. Plaudernd und rauchend standen sie beisammen und warteten.
Unter dem Zelteingang erschien ein junger Husarenoffizier: „Herr Obrist Ujházy bitte!" Der Obrist folgte dem Ruf, die anderen blickten einander erstaunt an.
„Eine gemeinsame Befehlsausgabe würde weniger Zeit kosten", brummte ein Obrist. Er trug die neue Uniform der Savoyen-Dragoner, blauen Waffenrock mit roten Aufschlägen. Ein Hauptmann in der gleichen Uniform seufzte. „Hätte der Feldmarschall uns alle zusammen hineingerufen, würde auch ich etwas erfahren. Aber so —"
„Warum nicht, Prinz?"
„Weil er mich gar nicht holen ließ! Ich kam nur aus Neugierde mit. Aber er hat recht: je weniger Leute um seine Pläne wissen,

desto besser bleiben sie geheim. Ich muß halt noch warten, bis ich auch einmal ein Regiment kommandiere."

„Nicht traurig sein, Bruder, altwerden geht so schnell." Ein graubärtiger Obristlieutenant der Sluiner Grenzer klopfte dem jungen Hauptmann auf die Schulter, holte eine Tabaksdose aus der Rocktasche und hielt sie ihm hin. „Da, Bruder, nimm eine Prise, tut gut!"

Der nächste Offizier stieß ihn in die Seite. „Ihr dürft nicht so vertraulich tun, ihr sprecht mit einem Prinzen von Liechtenstein!" Der alte Grenzer erschrak, aber der Prinz griff lächelnd in die Dose, nahm ein wenig Tabak zwischen die Finger und stopfte ihn in die Nase. Während er tief Atem holte, zog er schon ein weißes Tüchlein aus der Tasche und hielt es vor das Gesicht, um das Niesen abzufangen. Der Grenzer beobachtete ihn erstaunt.

„Mach ich das immer mit Rockärmel! Aber so mit Tüchl — ja, das muß wirklich Prinz sein!"

„Ujházy bleibt lange drinnen", murmelte ein Offizier. „Immerhin weiß er jetzt wahrscheinlich schon, was wir alle so gern wissen würden!"

Ein Obrist der deutschen Infanterie räusperte sich. „Es gibt nur zwei Möglichkeiten", sagte er bedächtig. „Entweder marschieren wir morgen nach Westen, um die eine preußische Armee in der Flanke zu beunruhigen, oder nach Osten gegen die andere Armee. Das letztere halte ich für wahrscheinlicher, jedenfalls leichter auszuführen."

„Ich würde auch lieber mit dem Herzog von Bevern als mit dem Preußenkönig selbst anbinden", antwortete der Dragoner. „Aber in diesem Fall hätten wir eine andere Ausgangsposition bezogen. Ich denke, wir stoßen zwischen beiden Armeen nach Norden vor . . ."

„Damit uns beide den Rückzug abschneiden? Ihr Reiter könntet euch dann noch durchschlagen, uns Infanteristen ginge es an den Kragen."

„Vielleicht bleiben wir gar nicht allein, sondern bilden nur die Vorhut einer größeren Armee?"
„Davon hätten wir doch etwas merken müssen."
„Hab ich bemerkt", warf der Grenzer ein. „Sind immer Husaren unterwegs, halten Verbindung nach hinten, wie sich gehört."
„Raten wir nicht länger herum, wir werden gleich unsere Befehle bekommen und dann besser Bescheid wissen, so wie inzwischen Ujházy sicherlich schon allerlei weiß."
Ferdinand Ujházy, Obrist der Baranyay-Husaren, wußte in diesem Augenblick noch herzlich wenig. Er saß auf dem Stuhl, den Feldmarschall-Lieutenant Hadik ihm angeboten hatte, und starrte auf die Landkarte. Die lag auf dem Tisch vor den beiden Männern ausgebreitet und zeigte alle Orte zwischen Dresden und Berlin, auch Flüsse und Bäche. Mit Tinte waren, sichtlich erst in den letzten Tagen, Wälder, Sumpfland und Wege eingezeichnet. „Unsere Aufklärer haben gute Arbeit geleistet", sagte er schließlich.
„Ja, ich bin mit den Husaren sehr zufrieden!" Hadik lächelte, aber nur flüchtig; während die Spitzen des langen schwarzen Schnurrbarts noch zuckten, blickten die Augen schon wieder klar und ernst. „Auch für Ihre beiden Eskadrons habe ich eine schöne Aufgabe. Sie übernehmen morgen früh die linke Seitensicherung. Übermorgen haben Sie Mittenwalde erreicht und erwarten dort weitere Befehle. In jedem Ort unterwegs heben Sie Kontribution ein."
„Und wenn sie nicht zahlen, stecke ich die Dörfer in Brand?"
„Sie müssen erreichen, daß man zahlt. Wir brauchen zum Kriegführen das Geld — verbrannte Häuser würden uns nichts nützen und unnötig Aufsehen erregen. Dreimal am Tag senden Sie einen Meldereiter an mich ab."
Der Obrist verharrte einige Augenblicke lang schweigend. Die Befehle waren eindeutig, nur eines verstand er nicht: das Ziel. „Mittenwalde", begann er wieder, „liegt genau auf dem Weg

nach Berlin. Wenn ich dort die linke Seite sichern soll — wohin geht dann Eure Exzellenz selbst?“
„Was würden Sie vermuten?“ Die Stimme Hadiks klang scharf, wie aus gespannter Erwartung.
Ujházy heftete den Blick wieder auf die Landkarte. „Wenn ich die linke Seite sichere, marschiert Eure Exzellenz jedenfalls weiter rechts, das heißt, nach Nordosten. Das einzige lohnende Ziel dort wäre Frankfurt an der Oder.“
Der Feldmarschall-Lieutenant nickte befriedigt. „Ihre Meldereiter werden mich schon zu finden wissen. Wenn ich Ihnen nichts Genaueres über meine Pläne mitteile, nehmen Sie es bitte nicht als Zeichen von Mißtrauen gegen Sie persönlich. Ich habe aber meine Gründe; niemand weiß mehr als Sie, ausgenommen der Hofkriegsrat und ich selbst.“
Unwillkürlich schaute der Obrist um sich. Die beiden Kerzen auf dem Tisch erhellten das Zelt nur unvollständig, Feldbett, Truhen und ein Kleiderständer waren mehr zu erahnen als zu erkennen, doch soviel war gewiß: sie waren allein im Raum, selbst der junge Adjutant war verschwunden.
„Ich muß Ihnen auch das Ehrenwort abnehmen“, setzte Hadik fort, „daß Sie von dem, was ich jetzt gesagt habe, zu keinem Menschen ein Wort sprechen. Nur absolute Geheimhaltung bietet mir die Gewähr, daß mein Plan gelingt. Wenn Sie in Mittenwalde die nächsten Befehle erhalten, werden diese chiffriert sein. Sie besitzen die Tabellen zur Entschlüsselung? Verwahren Sie sie gut! Ich danke Ihnen, Herr Obrist, gute Nacht.“
Der rasche Abschied befremdete Ujházy weniger als die mühsame Art, wie der Feldmarschall-Lieutenant aufstand. Ein schmerzlicher Zug huschte wie ein Schatten über das Gesicht, und während die rechte Hand zum Gruß ausgestreckt war, stützte die linke sich auf die Tischplatte. Ujházy erinnerte sich an das Gerücht, Hadik habe den Plan zu diesem geheimnisvollen Unternehmen selbst entworfen und schon im September ausführen wollen, sei aber von heftigen Nervenschmerzen zu-

nächst daran gehindert worden; schließlich sei er vom Krankenbett weg aufs Pferd gestiegen!
Als der Obrist aus dem Zelt trat, sah er sich sogleich von den anderen Offizieren umringt. Mühsam wehrte er die Fragen ab: „Verzeiht bitte, ich darf kein Wort sagen. Ihr werdet ja selbst Eure Aufträge erhalten." Zu seiner Verwunderung wurde aber keiner der anderen Obristen als nächster hineingerufen, sondern ein Rittmeister, den er nur vom Sehen kannte.

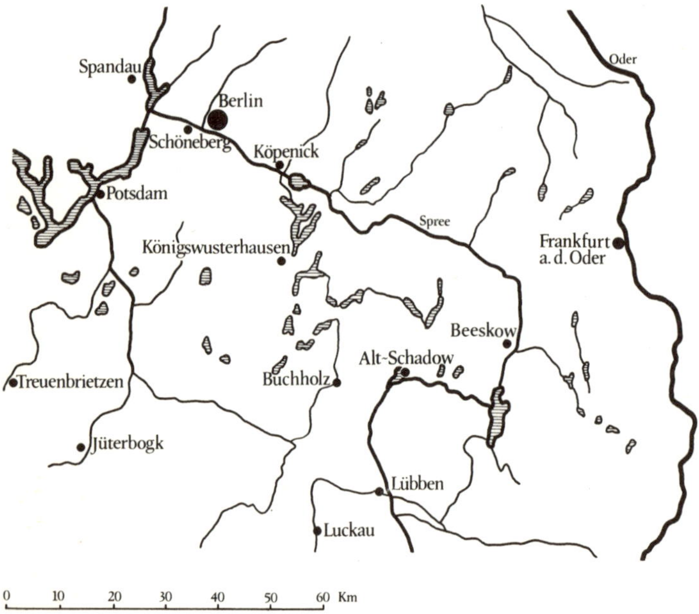

II. 13. OKTOBER 1757: MARSCH NACH LÜBBEN AN DER SPREE

Um Mitternacht hatte die Wache den Pferden den Rest ihrer Heu-Ration vorgelegt, im Morgengrauen mußte sich jeder Reiter selbst um sein Tier kümmern. Kaum erklang das Trommelsignal „Tagwacht!“, eilten die Reiter schon los, noch barhaupt oder mit der Lagerkappe auf dem Kopf, unter dem Mantel nur mit dem Hemd bekleidet. Die Pferde bekamen ein wenig Heu, dann schwangen sich ein paar Mann auf die ungesattelten Tiere und ritten sie zur Tränke. Die anderen Pferde folgten gern, während die übrige Mannschaft schon ihre Decken zusammenrollte, die Zelte abbrach, Zeltstangen, Pflöcke und Kochkessel zusammentrug. Sobald die Pferde zurückgekehrt waren, wurden sie gesattelt und bepackt, dann erst kleideten sich die Reiter fertig an und schnallten die Säbel um. Die Infanteristen standen später auf und konnten sich mehr Zeit lassen.

Beim zweiten Trommelsignal waren die Zelte schon auf den Troßwagen verladen, nur mehr zertretenes Gras bezeichnete die Stelle, wo die Soldaten gelagert hatten. Die Kompanien und Eskadrons ordneten sich in Reih und Glied, die Fähnriche übernahmen das Kommando, führten ihre Abteilungen zum Sammelplatz und stellten sie dort in einem offenen Viereck auf. Die vierte Seite nahmen die Stabsoffiziere ein, die Fahnen und Standarten mit ihren Wachen und schießlich die Musik. Von Pauken begleitet, spielten Oboen das Morgenlied; alle knieten nieder, sprachen das Gebet nach, das der Regimentspater vorsprach, empfingen den Segen und standen getrost wieder auf. Fahnen und Standarten wurden zu den Abteilungen zurückgetragen.

Obwohl sich nach der Morgenandacht schon die Marschkolonne ordnete, fand ein Dragoner noch Zeit, sich unten am Bach an eine Wäscherin heranzumachen. Es war ein dralles Mädchen im Arbeitskittel, barfuß, unter dem Kopftuch hing ein dicker schwarzer Zopf herab.

„Guten Morgen, schönes Kind!“ rief er schon von weitem. „Lauf nicht fort, ich tu dir nichts zu leide.“
„Das sagt ihr alle“, antwortete sie, „aber meiner Base hat solch ein Reiter, wie ihr seid, doch ein Kind angehängt.“
„Das würde ich auch gern bei dir tun, aber wir haben strengen Befehl, niemand anzurühren.“
„Ach, ihr und eure Befehle! Als wir gestern euch Soldaten von fern sahen, schlossen wir gleich die Häuser zu.“ Sie stellte ihren Wäschekorb nieder.
„Und jetzt bist du doch neugierig, was?“
„Nicht im geringsten.“ Sie bemühte sich, streng dreinzuschauen, aber die dunklen Augen funkelten recht munter. „Ihr zieht schon wieder weiter?“
„Wenn ich dich anschaue, tut es mir ja leid, aber wir müssen fort. Sag, wie heißt eure Stadt und wie der Bach hier?“
„Die Stadt ist Luckau, die Hauptstadt der Niederlausitz. Daß ihr sie nicht kennt! Der Bach ist die Berste. Und ich bin —“ Sie verstummte ärgerlich, als sie den Dragoner sein Pferd wenden sah, und erwiderte seinen Abschiedsgruß nicht. Enttäuscht blickte sie ihm nach, zuckte dann die Schultern und nahm ihren Wäschekorb wieder auf.
Der Dragoner berichtete indessen seinem Wachtmeister, was er gehört hatte, und dieser nahm ihn gleich zu den Offizieren mit.
„Schildert mir Euer Gespräch!“ befahl der Obrist, und der Dragoner gehorchte. Verblüfft nahm er ein Zwanzigkreuzerstück entgegen und trollte sich davon. „Habt Ihr gehört?“ fragte der Obrist den Hauptmann an seiner Seite. „Jenes Mädchen kam gar nicht auf den Gedanken, daß wir Feinde sein könnten, und der Mann war klug genug, es nicht zu erwähnen.“
„Hätten wir in der Stadt übernachtet“, erwiderte der Hauptmann, „hätten wir zwar wärmere Quartiere gehabt, aber heute würde sich die Nachricht von einem österreichischen Streifkorps verbreiten, binnen weniger Tage wüßte es der Preußenkönig —“

„Aber wohin wir reiten, wissen nicht einmal wir selbst!“
„Vielleicht ist es besser so, als daß jemand unbesonnen beim Wein etwas ausplaudert. Der Preußenkönig, heißt es, hat überall seine Spione.“
Die Dragoner sollten an diesem Tag die Nachhut bilden und hielten deshalb noch am Lagerplatz, während das übrige Korps sich schon in Marsch setzte. Husaren waren vorausgeschickt, eine Furt zu suchen, der Troß fuhr diesmal nicht am Ende des Zuges, sondern zwischen den einzelnen Kolonnen. Der Grund für diese Maßnahme zeigte sich bald: in den sumpfigen Wiesen sanken die Räder der Wagen und der Kanonen tief ein, immer wieder mußten Infanteristen zugreifen und anschieben. In der Furt wurde es besonders mühsam. Das Wasser der Berste trübte sich bald dermaßen, daß sie nicht mehr sahen, wohin sie traten, es reichte ihnen bis an den Leib, einzelne Wagen blieben stekken. Den Reitern dagegen wurden kaum die Stiefel naß, sie brauchten nur ein wenig die Beine anzuziehen.
Obrist Ujházy mußte mit seinen Husaren die Berste nicht überschreiten. Frohgemut ritten sie bachaufwärts nach Norden, zunächst allerdings nur im Schritt, um die Pferde warm werden zu lassen und im sumpfigen Boden nicht unnötig zu ermüden. Als der Obrist seitwärts ritt, um seinen Zug zu überblicken, gewahrte er erstaunt eine andere Reiterschar, die ebenfalls nicht dem Korps folgte, sondern sich anschickte, die Stadt vorsichtig umgehend, nach Westen abzubiegen. Rasch entschlossen wandte er sein Pferd und sprengte ihnen nach. Seine Neugier war geweckt. Er hatte sie an ihren roten Uniformen als Husaren des Kroatischen Karlstädter Regiments erkannt. Wenn sie so weit von der allgemeinen Marschrichtung abwichen, mußten sie eine besondere Aufgabe erhalten haben! Die Vermutung bestätigte sich: Ujházy erkannte als Befehlshaber dieser Truppe jenen Rittmeister, der unmittelbar nach ihm ins Zelt des Feldmarschall-Lieutenants gerufen worden war. Der war gewiß ebenso zum Schweigen verpflichtet wie er selbst! Aber kaum parierte

der Obrist sein Pferd, um in engem Kreis zu wenden und wieder zurückzureiten, da kam schon der Rittmeister auf ihn zu und grüßte höflich.

„Hat der Herr Obrist einen Befehl für mich?“

Ujházy dankte ebenso höflich für den Gruß und lenkte sein Pferd so neben das des Rittmeisters, daß er ihm die Hand reichen konnte. „Ich wollte nach Eurem Ziel fragen, aber vermutlich dürft Ihr darüber so wenig sprechen wie ich über meine Aufgabe.“

„Ein erfahrener Kriegsmann wie der Herr Obrist wird es leicht erraten können: Sie haben offenbar die linke Flanke des Korps zu decken, ich habe noch weiter nach Westen zu sichern.“

Ujházy ärgerte sich ein wenig über die selbstsichere, fast überlegene Sprechweise des Rittmeisters, konnte aber in dessen ruhigem, wettergebräunten Gesicht nicht eine Spur von Überheblichkeit entdecken. „Das ist mir schon klar geworden“, antwortete er und zwang sich dabei, ganz ruhig zu sprechen. „Ihr habt vermutlich eine große Strecke zu bewältigen!“

„Ich habe mir die besten Pferde der Eskadron ausgesucht, sodaß ich ihnen auch einen schärferen Ritt zutrauen kann.“

„Dann viel Glück, Herr Rittmeister, Gott mit Euch!“

„Gott mit Ihnen, Herr Obrist.“

Ujházy blickte dem Rittmeister nach, wie dieser zu seiner Schar zurückkehrte und sich an ihre Spitze setzte. Es schienen wirklich lauter gute Pferde zu sein, kräftig, aber nicht zu schwer, auch kein Schimmel oder Scheck, Falbe oder Fuchs unter ihnen, sondern nur unauffällig braunes oder schwarzes Fell. Und sie führten keine Standarte mit sich! Wozu diente diese Sicherung — noch weiter westlich als er selbst?

„Daraus soll der Teufel klug werden!“ brummte Ujházy vor sich hin, während er seinen Husaren nachritt. „Aber wahrscheinlich ist das die Absicht des Feldmarschalls: wenn schon wir seine Pläne nicht erraten können, kann es der Feind noch weniger!“

Vom übrigen Korps hatten zuerst Husaren den Bach überquert.

Sie ritten gleich weiter und verschwanden bald im Buschwerk. Ihnen folgten die Grenzer, aber die brauchten jenseits des Baches nicht weit zu gehen, kaum fünfhundert Schritt, dann bezogen sie Posten, um den Übergang der anderen zu decken. Vom wolkenlosen Himmel lachte eine freundliche Herbstsonne und trocknete die nassen Hosen. Als sich ringsum nichts rührte und auch von den vorausgeschickten Husaren keine Meldung kam, fanden die Grenzer ihre Aufgabe sogar recht behaglich. Von jeder Wache blieb nur ein Mann unter Gewehr, die anderen hockten sich hin, zogen die Schuhe aus und breiteten die Fußlappen zum Trocknen ins Gras. Aus den Taschen kamen Brot, Käse und Wurst zum Vorschein, bald brannten auch die Pfeifen.
Inzwischen führte August Fürst von Sulkowsky die deutsche Infanterie durch die Berste und ließ hundert Schritt vom Ufer halten. Die Männer schauten einander verwundert an, als ihr junger Obrist befahl, Feuerstellen zu richten.
„Sonst ist er so streng", hieß es, „und jetzt gönnt er uns doch die Morgensuppe?"
Sogar der Adjutant des Fürsten wunderte sich. „Ich dachte schon, wir müßten nach dem Aufbruch mit leerem Magen weitermarschieren!"
„Hadik befahl es mir gestern abend so", antwortete der Fürst. „Der Gedanke ist gut: im Oktober geht niemand gern ins Wasser, aber wenn er am anderen Ufer die Suppe riecht, beeilt sich jeder! Was meinen Sie, wie lang uns der Bach aufgehalten hätte, wenn wir erst nach dem Frühstück den Übergang begonnen hätten!"
Der Anblick der Kessel, die über den Feuerstellen hingen, trieb das ganze Korps wirklich zur Eile, mehr als jedes Befehlswort es vermocht hätte. Die Offiziere brauchten nur darauf zu achten, daß ihre Kompanien und Eskadrons beisammen blieben, alles andere geschah von selbst, die Soldaten lachten dabei und scherzten. Als dann der Feldmarschall-Lieutenant die Feuerstellen entlangritt, sah er nur frohe Gesichter. Schließlich durf-

ten auch die Grenzer abkochen, während die deutsche Infanterie, die inzwischen ihren Hunger schon gestillt hatte, an ihrer Stelle die Feldwachen bezog. Als gar noch Dragoner ausgesandt wurden, die vorausgeschickten Husaren auf Vorposten abzulösen, staunte auch der älteste Kriegsmann. Generalfeldwachtmeister von Babocsay durfte es wagen, darüber dem Feldmarschall-Lieutenant einen leisen Vorwurf zu machen.

„Wenn Eure Exzellenz ein Wort der Kritik erlauben —"

„Alles erlaub ich, nur nicht die Anrede!" Hadik lachte hell auf. „Wolfgang, alter Freund, seit wann sind wir so förmlich? Also sag, was paßt dir nicht?"

Babocsay trat näher, Hadik stieg vom Pferd und reichte ihm die Hand. „Nimmst du es mir übel, daß ich nicht einmal dich in meinen Plan eingeweiht habe? Ich darf da keine Ausnahme machen, sonst ist leicht jemand beleidigt. Gestern hab' ich dich nicht rufen lassen, weil ich immer nur die Befehle für den nächsten Tag ausgebe, und da warst du eben noch nicht dran. Ist es das, worüber du ungehalten bist?"

„Ehrlich gestanden, gestern war ich es. Aber jetzt meine ich, du verwöhnst die Leute zu sehr. Wenn die Husaren schon einmal vorausgeschickt waren, dann könnten sie doch auch vorn bleiben und müssen nicht ihrer Suppe wegen zurückkommen. Schau dir die Truppe an: das ist ein Volksfest, eine Kirchweih, aber kein Korps, das gegen den Feind zieht!"

Der Augenschein gab Babocsay recht: vor ihnen hatte ein Marketender ein Faß Bier angezapft, nicht weit davon lagen ungarische Füsiliere halb ausgezogen auf dem Boden und sonnten sich, die Pferde grasten.

Hadik lächelte immer noch. „Eben deswegen, weil wir gegen den Feind ziehen, sollen sie sich's heute noch gutgehen lassen. Es dürfte der letzte ruhige Tag sein. Sie sollen wissen, daß ich nichts Unnötiges von ihnen verlange. Wenn es sein muß, kann ich schon hart sein, das weißt du. Ab morgen muß ich es sein, und sie werden alle Mühen auf sich nehmen. Und was die Hu-

saren betrifft: sie müssen sich jetzt noch einmal stärken, denn für etliche von ihnen habe ich eine besondere Aufgabe."
Babocsays Augen leuchteten auf. „Wohin schickst du uns?"
„Du reitest nicht mit, dich brauch' ich an meiner Seite. Aber jetzt such mir einen verläßlichen Rittmeister aus, nicht den schneidigsten, sondern den besonnensten! Was ich ihm zu sagen habe, kannst du mit anhören."
Babocsay überlegte nicht lang. Der Rittmeister, den er Hadik vorstellte, war ein kleiner Mann, dessen Beine so krumm waren wie sein Säbel; im Schnurrbart und in den Zöpfen, die vor den Ohren unter dem Kalpak herabhingen, glänzten viele silbrige Haare zwischen den schwarzen.
„Sie nehmen zwei Eskadrons, nur gute Pferde natürlich", sagte Hadik, „und reiten nach Beeskow. Wissen Sie, wo das liegt?"
„Nein, mein Feldmarschall." Der Rittmeister schien ein wenig verwirrt, sei es von dem unerwarteten Auftrag, sei es auch davon, daß ihn der Feldmarschall mit „Sie" ansprach, wie es nur vornehmen Personen gegenüber gebräuchlich war.
„Ihr Obrist wird es Ihnen nachher auf der Landkarte zeigen. Es geht ungefähr nach Nordosten, ein guter Tagesritt. Dort gibt es einen Fluß, die Spree, und eine Brücke. Diese Brücke besetzen Sie. Haben Sie es soweit behalten?"
„Ja, mein Feldmarschall. Ich besetze die Spreebrücke bei Beeskow."
„Sobald Sie die Brücke haben, schicken Sie mir Meldung. Wahrscheinlich bekommen Sie gar keinen preußischen Soldaten zu Gesicht; sollte der Feind kommen, dann von Nordosten, von Frankfurt an der Oder."
„Frankfurt an der Oder", wiederholte der Rittmeister.
„Sie benachrichtigen mich auch, wenn irgend etwas Besonderes vorfällt, etwa ein feindlicher Angriff. In diesem Fall müssen Sie die Brücke halten, und zwar um jeden Preis."
Der Rittmeister nickte ernst. „Um jeden Preis." Nach einer kurzen Weile fügte er hinzu: „Und wohin schicke ich Meldung?"

„Sie kommen heute an dem Städtchen Lübben an der Spree vorbei. Dorthin schicken Sie die Meldung, daß Sie die Brücke in Händen haben; wenn Sie es noch heute abends zustande bringen und sofort den Meldereiter absenden, erreicht er mich leicht bis Tagesanbruch. Wo ich weiterhin zu finden bin, erfahren Sie im Notfall aus dem versiegelten Brief, den Ihnen mein Adjutant übergeben wird. Aber, merken Sie wohl, nur im Notfall! Vom Adjutanten erhalten Sie auch eine Proklamation an die Bevölkerung von Brandenburg; die werden Sie in Beeskow bekanntmachen. Sie bleiben dort und warten auf mich, auch wenn es mehrere Tage dauern sollte.“
Der Rittmeister wiederholte auch diesmal den Auftrag, grüßte und begab sich zu seiner Eskadron. Es dauerte nicht lange, bis die Husaren aufgesessen waren und abritten. Hadik schaute ihnen nach. „Vielleicht hätte ich mehr als zwei Eskadrons schikken sollen“, sagte er halblaut zu Babocsay. „Die Brücke könnte unter Umständen sehr wichtig werden.“
Der halbe Vormittag war bereits vergangen, als sich das Korps endlich auf den Weg machte. Fünf Stunden ging es nun ohne Marschpause dahin, nur ab und zu ergab sich ein kürzerer Aufenthalt, wenn eine Kanone oder ein Troßwagen steckenblieb. Die sumpfigen Abschnitte waren jedoch selten; größtenteils ging es über Sandboden dahin, aus dem nur schütteres Gras wuchs, mitunter einzelne Büsche oder Hecken. Gegen Mittag kam leichter Ostwind auf und trieb die Staubwolken davon, die sich unter den Füßen und Hufen erhoben. Mehrmals zeigten sich Schafherden. Ein Hirt schwenkte grüßend die Mütze, andere liefen davon oder suchten ihre Tiere in Sicherheit zu bringen, die meisten gafften nur, auf ihre Stöcke gestützt, stumm die Soldaten an.

Der Fahrweg war so schmal, daß höchstens drei Mann nebeneinander gehen konnten. Als sich die Marschkolonne deshalb allzusehr in die Länge zog, ließ der Feldmarschall-Lieutenant

nur mehr Wagen und Kanonen dort weiterfahren, alle anderen mußten sich daneben ihren Weg suchen.
Am frühen Nachmittag brachte ein Reiter die Meldung, die Vorhut stehe bereits vor Lübben. Hadik war die letzte Zeit stumm, in Gedanken versunken, allein vor seinem Stab dahingeritten, nun wandte er sich um. „Folgen Sie mir, meine Herren!“ rief er laut. „Ich will mir die Situation selbst anschauen.“
Er freute sich, den langsamen Heereszug verlassen zu können, und sein Rotschimmel schien nicht minder froh darüber. Auf das erste leise Zeichen hin — die Sporen berührten kaum seinen Leib — sprang er im Galopp an. Unwillkürlich ordnete sich die Gruppe der Stabsoffiziere wie zur Jagd auf Hirsch oder Wildschwein: keiner ritt unmittelbar hinter dem anderen, um die Sandkörner und Erdschollen zu vermeiden, die unter den Hufen aufspritzten, jeder suchte die Lücke zwischen zwei Vordermännern und hielt diesen Platz, denn es hätte unhöflich gewirkt, jetzt noch jemanden zu überholen. Als Babocsays kleine Araberstute allzu heftig vorwärts drängte, lenkte er sie seitwärts und beschrieb einen weiten Bogen, um dann wieder seinen richtigen Platz einzunehmen.
So ging es flott dahin, über eine Hecke, einen schmalen, aber tief eingeschnittenen Wasserlauf, über Zäune. Der Meldereiter hatte schon vorhin auf dem Weg zum Feldmarschall-Lieutenant seinen Klepper tüchtig laufen lassen, nun konnte er mit den edlen Pferden der Stabsoffiziere nicht mehr Schritt halten. Allmählich blieb er zurück, doch es war nicht mehr nötig, daß er den Weg wies: schon leuchteten vor ihnen die Waffenröcke der Savoyen-Dragoner als blaue Punkte. Als hundert Schritt von ihnen entfernt Hadik sein Pferd in Schritt übergehen ließ, war auch schon der Kirchturm von Lübben zu erkennen.
Joachim Graf Gourcy, Obrist der Savoyen-Dragoner, ritt dem Feldmarschall-Lieutenant entgegen, erstattete formgerecht Meldung und erläuterte dann die Lage: „In Lübben scheint sich keine preußische Garnison zu befinden, zumindest haben wir

keinen einzigen Soldaten außerhalb der Stadt gesehen. Ein Angriff wäre nur frontal möglich, denn links fließt die Berste an der Stadt vorbei, rechts die Spree. Wenn die Bürger sich verteidigen wollen, kann es einen harten Strauß geben."

„Haben sie Euch schon als Feinde erkannt?"

„Ich glaube nicht. Blaue Dragoner gibt es auch in Brandenburg." Da Hadik nicht antwortete, wagte der Obrist weiterzusprechen. „Wenn ich mir einen Vorschlag erlauben darf: warten wir nicht, bis sie uns doch erkennen und die Sturmglocke läuten, sondern besetzen wir die Stadt sogleich! Ich bitte also für meine Dragoner um die Ehre des ersten Angriffs."

„Ihr Regiment, Herr Obrist", erwiderte Hadik nach kurzem Überlegen, „hat sich im vergangenen Juni bei Kolin genug ausgezeichnet, heute soll kein Blut fließen. Ich will einen Versuch machen, der mir binnen weniger Tage nützlich sein wird." Um allen weiteren Fragen zuvorzukommen, wies er den Offizieren ihre Aufgaben zu:

„Babocsay, du führst deine Husaren westlich um die Stadt herum, Baron Mittrowsky, Sie tun dasselbe von Osten her. Noch vor Sonnenuntergang ist Lübben von drei Seiten eingeschlossen. Wer die Stadt verläßt, wird durchsucht, größere Fuhren werden beschlagnahmt. Harmlose Leute können ihres Weges gehen."

„Dann wird bald ganz Brandenburg wissen, daß kaiserlich-königliche Truppen gegen Frankfurt an der Oder vorstoßen."

„Das will ich ja erreichen!" Hadik kümmerte sich nicht um die erstaunten Blicke des Freundes und der anderen Zuhörer, sondern gab ruhig seine weiteren Befehle. Fürst Sulkowsky und Graf Gyulay mußten der Infanterie entgegenreiten, um sie zu rascherem Marsch zu veranlassen, Obrist Baron Ried suchte einen geeigneten Platz, die Geschütze aufzustellen. Als Hadik noch einen Lagerplatz für die Truppe festlegte, und zwar hier außerhalb der Stadt und noch dazu in völlig ungewohnter Form, scheinbar unnötig in die Breite gezogen, da zeigten sich die Offiziere wiederum überrascht, aber niemand fragte mehr.

III. 13. OKTOBER 1757 ABENDS: DIE GENERALPROBE

Die Bürger von Lübben hatten längst die Reiter bemerkt, die da gut eine halbe Wegstunde vor der Stadt hielten, aber nur die regten sich auf, die eine hübsche Tochter oder einen vollen Weinkeller besaßen, und das waren nicht allzu viele. Einige der Wohlhabenden hatten sich schon bei Kriegsausbruch ein königlich-preußisches Dekret erkauft, das ihre Häuser vor Einquartierung bewahren sollte. Die Ärmeren wußten, daß man ihnen nicht viel wegnehmen konnte, nur die ganz Vorsichtigen holten die Speckseiten aus den Rauchfängen über dem Herd und versteckten sie im Stroh. Überhaupt hatte die Stadt schon so oft durchziehende Soldaten beherbergen müssen, daß es auf einmal mehr auch nicht ankam.

Als die letzten Sonnenstrahlen auf dem Kirchturmhahn blinkten, hörte der Bürgermeister lautes Pochen an seiner Tür. Er schickte die Magd öffnen, schlüpfte für alle Fälle aus den Pantoffeln und wollte Schuhe anziehen, kam aber nicht mehr dazu. An der Magd vorbei stürmte der Stadtpfarrer auf ihn zu.

„Bürgermeister, was ist mit Euch? Ihr sitzt so ruhig daheim?"

Der Bürgermeister richtete sich auf. „Gott zum Gruß, Herr Pastor, ja, schönen guten Abend. Was ist Euch, so aufgeregt?"

„Mit gutem Recht! Aber Ihr, Ihr schert Euch gar nicht um die Soldaten da draußen? Es werden ihrer immer mehr, und das sind keine preußischen Uniformen!"

„Wer sollte es sonst sein? Ihr werdet doch nicht glauben, daß die Kaiserlichen —"

„Weiß Gott, ich befürchte es." Der Pfarrer wischte sich die Stirn. „Wollt Ihr nicht die Sturmglocke läuten lassen?"

„Zuvor muß ich mir das Kriegsvolk doch anschauen. He, Anuschka! Anuschka! Hörst du nicht?"

„Was ist?" rief die Magd aus dem Hof herauf. „Ich melke die Ziege."

„Laß sie, jetzt gibt es Wichtigeres zu tun. Lauf zum Apotheker, hol das Fernrohr, mit dem er nachts immer in die Sterne guckt, bring es mir gleich zur Kirche, aber schnell!"
„Ist gut, ich geh ja schon."
Der Bürgermeister brauchte lange, um die Wendeltreppe im Innern des Kirchturms zu erklimmen. Bevor er noch, schnaufend und prustend, hinter dem Pfarrer die oberste Plattform erreicht hatte, hörte er schon am Fuß der Treppe die Stimme des Apothekers. Als dieser oben anlangte, keuchte er ebenfalls, der Hut saß ihm schief auf der Perücke.
„Was ist, Herr Bürgermeister? Eure Magd hatte es so eilig, da kam ich lieber gleich selbst."
„Ich weiß, Ihr laßt Euer Fernrohr nicht gern aus der Hand. Da, schaut selbst!" Er zerrte den Apotheker zu einem Turmfenster.
„Was meint Ihr? Der Abendstern steht doch im Westen, und um ihn zu sehen, muß man nicht auf den Kirchturm steigen. Außerdem wird heute der Nachthimmel viel interessantere Konstellationen —"
„Zum Teufel mit — Verzeihung, Herr Pastor, ich meine, ich verzichte auf alle Konstellationen. Wenn Ihr nicht hinunterblicken wollt, gebt mir das Fernrohr!" Er brauchte eine Weile, es richtig einzustellen, aber als es gelungen war, stieß er einen Schreckensruf aus.
Der Pfarrer nahm ihm das Instrument aus der Hand, schaute und stöhnte auf:
„Herr, bewahre unsere Stadt! Es sind wirklich die Kaiserlichen!"
Zuletzt durfte auch der Apotheker sein Fernglas benützen, doch nicht lang, dann entriß es ihm der Bürgermeister wieder. Er wollte den Umfang der Gefahr genau kennenlernen; der Apotheker meinte, das Fernrohr besser handhaben zu können, und beide wollten außerdem dem Pfarrer ihre militärische Erfahrung beweisen. So wanderte das Instrument von einer Hand zur anderen, und beide Männer redeten gleichzeitig:

„Die mit der weißen Uniform und der Bärenmütze, das sind österreichische Grenadiere!“
„Und die mit dem Hut, das sind Füsiliere.“
„Und die mit weißem Waffenrock und dunkelblauer Hose müssen ungarische Füsiliere sein.“
„Aber die Roten! Sind das Panduren? Gott beschütze uns und unsere Stadt!“
„Panduren gibt es nicht mehr. Grenzer sind das.“
„Auch schlimm genug.“ Der Bürgermeister fühlte sein Ansehen als Sachverständiger gefährdet, darum beeilte er sich, dem Pfarrer zu erklären: „Den Brustpanzer der Reiter nennt man Küraß, und die ihn tragen, sind Kürassiere.“
„Nein, wirklich? Ich dachte, es sind Marketender.“ Der Pfarrer sah so unschuldig drein, daß der Bürgermeister nicht recht wußte, ob der fromme Herr sich über ihn lustig machte. Der Apotheker jedenfalls lachte.
„Habt Ihr auch die Kanonen gesehen? Zwei sind gerade auf das Stadttor gerichtet, zwei andere gehen soeben in Stellung.“ Der Pfarrer sprach nun sehr ernst. „Nein, Ihr dürft nicht die Sturmglocke läuten lassen. Es hätte gar keinen Sinn, die Lübbener zum Widerstand aufzurufen, gegen diese Heeresmacht könnten wir nichts ausrichten.“
„So breit, wie sie aufgestellt sind, müssen es mindestens zehntausend sein“, fügte der Bürgermeister seufzend hinzu. Der Apotheker sagte gar nichts, sondern begann den Abstieg. Als die drei Männer ins Freie traten, sahen sie ihre Mitbürger schon in heller Aufregung. Vor dem größten Gasthof und vor dem Haus des Krämers wurden Wagen beladen, der Besitzer einer Weberei bestieg ein Pferd, das dicke Satteltaschen trug, während sein Knecht ein zweites Pferd bepackte. Der Geldverleiher machte sich zu Fuß davon, der Wirt vom Schwarzen Bären verrammelte Türen und Fenster. Ein anderer Wirt kam vom nördlichen Stadttor her, mit Mühe drängte er sich durch die Menschenmenge. „Draußen stehen Husaren“, rief er klagend, „als

ich hinausfahren wollte, haben sie mir meine Schnapsfässer vom Wagen herabgerissen."
Der Bürgermeister konnte seine Schadenfreude kaum verbergen, andere Männer lachten laut. „Recht geschieht dir! Uns hast du deinen Schnaps so teuer verkauft, jetzt haben ihn die Husaren. Wohl bekomm's ihnen!"
Ein Trompetenstoß ließ alle aufhorchen. Vom Südtor her kam ein Wächter gelaufen. „Herr Bürgermeister", rief er, „ein kaiserlicher Offizier und ein Trompeter begehren Einlaß."
„Mach Er das Tor auf! Wir müssen froh sein, wenn sie nicht sogleich schießen."
Die Neugier siegte über die Furcht. Alle, die sich auf dem Platz vor der Kirche versammelt hatten, blieben dort und wichen, als die beiden feindlichen Reiter kamen, nur so weit zurück, daß diese zwischen ihnen durchreiten konnten.
Der Bürgermeister trat ihnen entgegen. „Ich bin das Haupt dieser Stadt. Was wünschen die Herren?" Er fühlte, wie alle Blicke auf ihn gerichtet waren, und das stärkte seinen Mut.
Der Offizier grüßte geziemend. „Andreas von Hadik, Feldmarschall-Lieutenant ihrer kaiserlich-königlichen Majestät, entbietet Euch seinen Gruß. Es wäre ihm leicht, die Stadt an allen vier Ecken in Brand stecken zu lassen —"
„Das glaube ich ihm", murmelte der Bürgermeister.
„Er ist jedoch bereit, Lübben zu verschonen, wenn Ihr Brandsteuer zahlt und Euch seinen weiteren Befehlen fügt."
„Das klingt schon besser. Aber darüber werden wir nicht auf offener Straße verhandeln. Wollen mir die Herren ins Rathaus folgen?"
„Nichts da, hiergeblieben!" schrien die Umstehenden in deutscher und wendischer Sprache durcheinander. „Wir wollen auch zuhören! Wir müssen dabei sein, wenn unser Schicksal auf dem Spiele steht!" Zugleich drängten sie näher heran, sodaß der Bürgermeister für die Sicherheit der Unterhändler fürchtete. Der Trompeter faßte auch schon nach dem Säbel und blickte fragend

nach dem Offizier, doch dieser winkte ihm nur, seinen Schimmel etwas zur Seite zu treiben. Zugleich ließ er sein Pferd steigen, daß die Leute angesichts der erhobenen Vorderbeine zurückwichen, und beschrieb anschließend eine kunstvolle Pirouette wie in der Reitschule: das Pferd drehte sich in kleinem Kreis, wobei die Vorderbeine nach außen gerichtet waren, die Hinterbeine fast auf der Stelle galoppierten. Das schuf Raum! Niemand wagte sich mehr zu nahe heran.

Der Pfarrer hob beschwörend beide Hände: „So, jetzt habt ihr etwas gesehen, was ihr noch euren Kindern erzählen könnt. Aber nun laßt uns ins Rathaus gehen, der Bürgermeister braucht doch Ruhe, um nachzudenken und richtig entscheiden zu können. Die Stadträte werden dabei sein und euch nachher alles erzählen."

„Macht Euch nicht so viel Mühe", sagte der Offizier unerwartet freundlich. „Ich darf nicht zu lang verweilen; wenn ich binnen einer Stunde nicht zurück bin, gibt der Feldmarschall Signal zum Sturm auf die Stadt. Ihr braucht nur zu sagen, ob Ihr lieber die Stadt brennen seht oder doch Brandsteuer zahlt."

„Wieviel?"

„Tausend Reichstaler für die Kaiserin, weil sie gegen Euren König Krieg führen muß, Fleisch, Brot, Bier und Wein für die Soldaten, Hafer und Heu für die Pferde."

Solches Schweigen folgte auf die Worte des Offiziers, daß man die Kirchturmuhr schlagen hörte. Am Ende des Platzes weinte ein Kind.

„Tausend Taler", wiederholte der Bürgermeister leise; er stand wie erstarrt. Als erster erholte sich der Pfarrer von dem Schrekken. „Hol Er Papier und Schreibzeug", befahl er dem Küster, und zum Bärenwirt sagte er: „Bringt den Herren Wein, damit sie nicht ungeduldig werden." Beide eilten fort, der Bürgermeister mußte noch Tisch und Stuhl herbeischaffen lassen. Sobald alles beisammen war, setzte sich der Pfarrer hin.

„Ich zahle die zweiundvierzig Taler, die ich in der Kirchenkasse habe, und acht lege ich von mir noch dazu, bevor ich Kirche und

Pfarrhof abbrennen sehe." Er tauchte die Feder in das Tintenfaß und schrieb die Zahl fünfzig und seinen Namen auf ein großes Blatt Papier. „Bärenwirt, gebt Ihr auch so viel?"
„Wenn's sein muß, ja."
„Ich schreibe noch ein Faß Bier dazu. Kronenwirt, wieviel?"
„Auch fünfzig, ich lasse mich nicht lumpen."
„Adlerwirt?"
„Dreißig, Herr Pastor. Ich habe nicht viel Bargeld."
„Aber Ihr habt eine junge Frau. Wenn die Husaren —"
„Fünfzig, Herr Pastor", stammelte der Adlerwirt.
„Herr Bürgermeister, wieviel ist in der Gemeindekasse?"
„Zweiundsechzig Taler dreißig, aber davon —"
„Zweiundsechzig", wiederholte der Pfarrer, während er die Ziffer niederschrieb.
So ging es rasch weiter. Zwei Drittel der Summe waren bald beisammen, dann wurde es schwieriger, denn der Pfarrer wollte die ärmeren Bürger nicht um ihre Ersparnisse bringen. Er kannte sie ja alle und wußte, daß viele überhaupt kein Geld im Hause, andere sogar Schulden hatten. Da gab es manchen, der im ganzen Jahr nur fünfzig Taler verdiente! Im rechten Augenblick erinnerte sich der Bürgermeister an den Geldverleiher: der hatte sich ja davongemacht und wahrscheinlich viel mitgenommen? Er ärgerte sich darüber, daß dieser nichts zahlen solle, und sagte es dem Pfarrer. Der Offizier war inzwischen abgestiegen, stand mit dem Weinglas in der Hand — es war so groß, daß er es noch nicht ausgetrunken hatte — neben dem Pfarrer und hörte die Klage.
„Vielleicht haben ihn unsere Husaren aufgegriffen!" tröstete er. „Ich werde meinen Trompeter schicken, daß er alle Gefangenen herbeiholt."
Die Erwartung, der Wucherer werde ebenfalls bezahlen müssen, erregte bei den Zuhörern große Freude. Sie nannten noch andere Bürger, die nichts beigesteuert hatten, und der Bürgermeister schickte einen Stadtwächter aus, nach ihnen zu suchen. Ein

Fleischhauer beteuerte, er habe überhaupt von nichts gewußt, erklärte sich aber nach einigem Zureden bereit, für die Rettung der Stadt einen Ochsen herzugeben. Aber die Zeit schritt immer vor, es dämmerte schon stark.
„Herr Bürgermeister“, sagte der Offizier, „die Stunde ist um! Damit der Stadt nicht doch etwas widerfahre, schickt sogleich alle Lebensmittel, die Ihr beisammen habt, und Hafer und Heu hinaus zu den Soldaten und laßt sagen, das Geld werde demnächst nachfolgen.“
Das geschah, und bald flammten vor der Stadt Lagerfeuer auf. Allmählich wurde es kalt, doch nur wenige Bürger verließen den Platz vor der Kirche. Ihre Ausdauer wurde bald belohnt: der Trompeter kehrte zurück, mit ihm zwei Husaren, die etliche Gefangene mit sich führten, dahinter hochbeladene Wagen.
„Wenn ich abschätze“, sagte der Bürgermeister zu dem Besitzer der Weberei, „wieviel Ihr aus der Stadt fortbringen wolltet, sind hundert Taler nicht zu viel.“
„Fünfzig!“ ächzte der Mann.
Man einigte sich auf achtzig und durchsuchte den Sack und auch gleich alle Taschen des Wucherers. Was da zutage kam, reichte beinahe für den Rest der geforderten Summe; nur mehr zehn Taler fehlten.
„Zehn Taler noch“, rief der Bürgermeister, „zehn Taler, und Lübben ist gerettet!“ Aber niemand antwortete. Wer zu geben bereit war, hatte es bereits getan — der Küster sammelte immer gleich ein —, wer vorhin nicht konnte, war jetzt ebensowenig in der Lage. Die Stimme des Bürgermeisters klang schon weinerlich flehend: „Zehn Taler noch!“
„Da habt Ihr noch einen von mir“, brummte der Kronenwirt. Der Krämer, der Pfarrer, der Apotheker und schließlich der Bürgermeister selbst legten ebenfalls je einen hinzu.
„Und die letzten fünf?“
„Euer Wein war gut“, sagte der Offizier. „Fünf Taler ist er mir wert“, und holte einen Geldbeutel aus der Tasche. Ein Wappen-

schild war gold und rot aufgestickt. Alle schauten darauf hin; es fehlte nicht viel, fast hätten die Bürger dem feindlichen Offizier, der sich so gar nicht als Feind zeigte, offen zugejubelt. Die fünf Taler, die er für sie gab, bedeuteten ihnen im Augenblick mehr als die neunhunderfünfundneunzig, die er nun forttragen ließ. Der Bärenwirt lief ihm noch nach:

„Darf ich Euch ein Fäßchen mitgeben? Es ist echter Ungarwein aus der Freistadt Rust, darum hat er Euch so gemundet."

„Ich nehme es als Geschenk für den Feldmarschall mit. Ja, noch etwas, ich hätte es fast vergessen. Herr Bürgermeister, nehmt dieses Blatt und laßt es in der Stadt bekanntmachen. Es ist eine Proklamation an die Bewohner der Mark Brandenburg."

Der Bürgermeister nahm das Blatt entgegen, las es sogleich durch und kratzte sich den Kopf. „Ich werde noch heute abend und morgen wieder den Trommler durch alle Gassen schicken, damit er es verliest, aber ich fürchte, es wird nicht viel helfen."

„Wieso nicht?"

„Gut ein Drittel der Lübbener sind Wenden. Sie verstehen zur Not unser Deutsch, aber das kaiserlich-königliche Amtsdeutsch — das verstehe nicht einmal ich."

Der Offizier lächelte. „Dann erklärt Euren Mitbürgern: unsere Armee rückt in eurem Land vor, weil eben Krieg ist — den ja nicht wir begonnen haben. Wir wollen nur Schlesien zurückhaben, das euer König uns genommen hat, aber wenn sich die Bevölkerung ruhig verhält, werden wir ihr nichts zuleide tun."

„Eine zweite Armee wird ja nicht mehr zu uns kommen, so Gott will. Noch einmal tausend Taler könnten wir nicht aufbringen!"

„Das glaube ich Euch. Lebt wohl, Herr Bürgermeister."

„Lebt wohl! Wäret Ihr kein Feind, möchte ich sagen: Viel Glück auf allen Wegen!"

„Aber die Hand können wir einander noch reichen."

Auch der Pfarrer trat herzu. „Gott schaut nicht auf die Uniform, sondern auf das Herz des Menschen. Er wird Sie segnen."

Als Hauptmann Prinz Liechtenstein sich beim Feldmarschall-

Lieutenant melden ließ, um Bericht zu erstatten und das Geld abzuliefern, fand er die Stabsoffiziere vor dem Zelt versammelt. Hadik selbst kam heraus, sodaß alle mitanhören konnten, wie die Kontribution zustandegekommen war. „Ich danke Gott“, schloß der Hauptmann, „daß alles gut abgelaufen ist und wir dieses freundliche Städtchen nicht anzünden mußten.“
„Ich wollte es von vornherein vermeiden“, erwiderte Hadik. „Ich bin so froh wie Sie, Prinz. Außerdem war es eine Probe für das Unternehmen, das uns bevorsteht. Ich danke Ihnen.“
Auch die anderen gratulierten dem Prinzen, Hadik stellte das Fäßchen Ungarwein zur allgemeinen Verfügung. So wurde es ein recht fröhlicher Abend, nur Generalfeldwachtmeister Babocsay schaute düster vor sich hin.
„Wolfgang, was hast du?“ fragte Hadik. „Freust du dich nicht, daß alles ohne einen Tropfen Blutes abgelaufen ist?“
„Für heute bin ich wohl zufrieden. Aber — soll ich eine alte Geschichte erzählen?“
„Ja, erzählt bitte, General!“ klang es von allen Seiten.
„Also gut. Vor geraumer Zeit weilte ich einige Monate in Vicenza. Dort gibt es ein Theater, das nicht nur Possen spielt, wie man sie bei uns kennt, sondern großartige Opern. Sie sind langweilig, aber wegen einer Sängerin ging ich immer hin.“
„Das hat wohl manchen Beutel Dukaten gekostet!“ rief Graf Gourcy. „Nicht das Theater, aber die Sängerin.“
„Einmal“, fuhr Babocsay fort, „durfte ich auch der letzten großen Probe beiwohnen, und da sie einwandfrei verlief, gratulierte ich. Die Schauspieler waren jedoch gar nicht beglückt. Sie sagten, nur wenn die Generalprobe mißlinge, seien sie sicher, daß die Aufführung ohne bösen Zwischenfall ablaufen werde.“
Betretenes Schweigen folgte diesen Worten. „Na, in Frankfurt werden wir sehen, was uns erwartet“, rief schließlich Fürst Sulkowsky. „Übermorgen um diese Zeit sind wir dort.“
„Übermorgen werden wir es sehen“, sagte Hadik ernst. „Aber nicht in Frankfurt. Gute Nacht, meine Herren!“

IV. 14. OKTOBER 1757: DER RITT ZUR WAFFENSCHMIEDE

Noch war es stockdunkel, als das Signal zum Wecken ertönte. Halb schlaftrunken machte sich die Mannschaft daran, das Lager abzubrechen, während die Wachtmeister zur Eile trieben. Beim feierlichen Morgenlied wirkte sich die allgemeine Hast nicht günstig aus, denn einige Kompanien sangen schneller als gewöhnlich, andere schienen im Stehen noch ein wenig zu dösen. Nach dem Abmarsch atmeten die Fußtruppen auf: nun war kein rascher Handgriff, kein Entschluß mehr nötig, man brauchte nichts mehr zu überlegen — marschieren konnte man auch, ohne zu denken! Von den Reitern saß mancher schief oder krumm, mancher hing mehr im Sattel, als daß er saß, weil er noch ein wenig Schlaf nachholte, während das Pferd ruhig mit den anderen ging. Auf die Richtung, in die der Marsch führte, achtete kaum jemand.

Als die Sonne aufging, stellten einige Offiziere verwundert fest, daß sie doch nicht nach Frankfurt an der Oder marschierten, wie zuletzt jeder angenommen hatte. Sie hatten eine gute Straße unter den Füßen — die Kanonen und Wagen rollten dahin, ohne eine Verzögerung zu verursachen. Aber diese Straße führte nicht in der Richtung, die das Korps am Vortag gezogen war, nicht nach Nordosten, sondern in schwachen Windungen meistens nach Norden, zuweilen sogar mehr westlich!

Vor dem Aufbruch, unmittelbar nach der Morgenandacht, war Obristlieutenant Baron Vécsey zum Feldmarschall-Lieutenant gerufen worden und hatte im Schein einer Laterne die Landkarte studieren müssen. Nun trabte er mit zwei Eskadrons von der Straße weg in den Herbstmorgen hinein, froh über das selbständige Kommando und auch ein wenig neugierig. Über der Ebene lag Nebel, die Atemluft der Pferde bildete weiße Wölkchen vor den Nüstern. Sooft die Sonne durchkam, ließ sie

auf jedem Grashalm Tautröpfchen erglänzen, aber es gab nicht viel Gras, auch keinen richtigen Weg, nur Radspuren im Sand.
Als der Nebel wieder dichter wurde, ließ Baron Vécsey wieder im Schritt reiten, um besser hören zu können, wenn schon die Sicht beschränkt war. Nichts regte sich, keine Vogelstimme erklang, nicht einmal das Blöken irgendeiner Schafherde war zu hören. Die Husaren fröstelten, schauten um sich und nach den Offizieren hin und zeigten sich erst richtig beruhigt, als der Kommandant befahl, die Karabiner schußfertig zu machen. Er hatte dunkle Schatten links seitwärts bemerkt. Da keine Meldung vom Vortrupp kam, ließ er die Truppe weiterreiten, er selbst aber wendete sein Pferd ab, um nachzuschauen, was sich dort im Nebel verbarg.
Das Tier schnaubte ängstlich und wollte sich nicht von den anderen trennen, sodaß Baron Vécsey die Sporen gebrauchen mußte. Gleich darauf wurde ihm bewußt, wie unvorsichtig er war: wenn es sich um eine feindliche Truppe handelte, war er in unmittelbarer Gefahr, aber sein Tod würde auch das ganze Unternehmen vereiteln, denn er hatte den Auftrag des Feldmarschall-Lieutenants niemand anderem mitgeteilt. Umkehren aber war unmöglich, das hätte wie Feigheit ausgesehen. Also ritt er weiter, die Zügel in der linken Hand, in der rechten die Pistole. Die Schatten vor ihm wurden größer, dichter, bewegten sich aber nicht. Plötzlich erkannte er, was da aus dem Boden aufragte: Bäume waren es, einfache, armselige Föhren, die aus dem kargen Sandgrund wuchsen! Ärgerlich und zugleich auch erleichtert kehrte er um, nahm das Erlebnis aber als Warnung, so lächerlich es ihm nachträglich auch schien. Sobald er seine Reiter wieder erreicht hatte, ließ er die beiden Rittmeister holen und erklärte ihnen den Auftrag.
Als der Nebel schwand, freuten sich die Husaren, aber bald wurde ihnen klar, daß sie nun nicht nur selbst besser sehen konnten, sondern auch gesehen wurden. Leute, die auf einem nahen Feld gearbeitet hatten, rannten schreiend davon, ein

Hirt trieb seine Herde fort, ein Fuhrmann ließ seinen Wagen im Stich und flüchtete zu Fuß. Baron Vécsey schickte ihm zwei Husaren nach, und als der Fuhrmann zurückgebracht wurde, mußte er seinen Wagen wenden und hinter dem Reitertrupp herfahren.

Lichter Wald nahm die Husaren auf, schützte sie wieder vor Sicht und dämpfte das Geräusch der Hufe. Sie fielen in kurzen Galopp, um sich und die Pferde zu wärmen, und gingen erst wieder in Schritt über, als das Ende des Waldes zu ahnen war. Dort hielt auch die kleine Patrouille, die als Vorhut gedient hatte. In einer flachen Senke, weniger als eine Viertelstunde Weges entfernt, lag Alt-Schadow vor ihnen, das Ziel des Unternehmens. Die Sonne glänzte auf den Schindeldächern einiger langgezogener Gebäude, niedriger Häuser und Schuppen. Etliche hohe, schlanke Schornsteine ragten in die Luft.

Obristlieutenant Baron Vécsey gab seine Befehle, die Reiter ordneten sich, so gut es zwischen den Bäumen möglich war. Rasselnd und mit quietschenden Rädern kam auch der erbeutete Wagen nach, hinter ihm noch die zwei Husaren, die ihn beaufsichtigt hatten, und schließlich die Nachhut. Kaum waren sie alle beisammen, als die Vordersten schon ins Freie hinausritten, zunächst im Schritt, bald im flotten Trab. Die Spitze der einen Eskadron zog sich links, die der anderen rechts an der Häusergruppe vorbei. Schon hatten sie diese hinter sich und strebten wieder aufeinander zu, um sie richtig zu umzingeln. Alle Augen waren auf die Gebäude gerichtet, die Karabiner schußbereit. Aber nichts rührte sich.

Als die Reiter wieder zusammentrafen, schauten die beiden Rittmeister einander zweifelnd an. „Ich hätte nicht gedacht", sagte der eine, „daß wir den Ring schließen können, ohne einen Schuß zu hören. Jetzt kann wenigstens niemand mehr entfliehen."

„Ganz geheuer ist mir die Sache nicht", erwiderte der andere. „Wenn der Platz dem Preußenkönig so wichtig ist, wie der

Obristlieutenant glaubt, können schon etliche Kanonen postiert sein."

„Darum haben wir uns ja so weit auseinandergezogen. Was meinst du, wenn wir im dichten Haufen angeritten wären und die hätten mitten in uns hineingefeuert!"

„Aber wir haben viel Zeit verloren. Was ist denn jetzt los?"

Ein Meldereiter galoppierte heran. „Patrouille vor!" rief er und wendete schon wieder sein Pferd.

„Also gut. Wachtmeister!"

Ein Wachtmeister und vier Husaren sprengten auf die Häuser zu, die übrigen hoben die Karabiner, um ihren Kameraden Feuerschutz zu geben, sobald sich ein Feind zeigen sollte. Aber noch immer blieb alles still. Die fünf Reiter verschwanden zwischen den Häusern, tauchten wieder auf und schwenkten die Arme. Was sie riefen, war nicht zu verstehen, doch soviel war klar: der Platz, den sie so vorsichtig eingeschlossen hatten, war verlassen! Die Husaren senkten die Waffen und warteten nur mehr auf den Befehl vorzurücken, doch statt dessen stoben von dem Platz, wo der Obristlieutenant hielt, wieder Meldereiter auseinander. Von jeder Eskadron mußte ein Zug auf der Stelle halten, um die Sicherung zu übernehmen, ein zweiter sollte zur Aufklärung ausschwärmen, nur je ein Zug ritt auf Alt-Schadow zu, saß dort ab und durchsuchte die Gebäude.

In einer Schmiedewerkstätte fand sich unter der Asche noch Glut, in einer Gießerei lagen Geräte umher, auch die Wohnhäuser machten den Eindruck, als ob sie erst vor kurzem verlassen worden wären. Aus einem zerrissenen Sack waren Erbsen auf den Fußboden gerollt.

In einer Ecke stand ein Faß, aber als ein Husar hoffnungsvoll daran klopfte, gab es einen höhnisch hohlen Ton.

„Leer, alles leer!" meldete der Adjutant dem Obristlieutenant. „Wir haben uns umsonst bemüht."

„Davon bin ich noch nicht überzeugt. Schauen wir weiter." Als sie auf einen Schuppen zuschritten, kam ihnen ein Husar ent-

gegen. Sein Gesicht von den Stirnfalten bis zu den Schnurrbartspitzen, ja die ganze Gestalt drückte Enttäuschung aus.
„Nichts, Euer Gnaden“, meldete er, „gar nichts, nichts zu essen, nichts zu trinken, nur Eisen und so Zeug.“
Als Baron Vécsey den Schuppen betrat, stieß er einen Ruf des Erstaunens aus. Eine Unmenge schwarzer Kugeln lag vor ihm, sorgsam in Haufen geordnet, von Latten so umgeben, daß nichts davonrollen konnte. Der Ausruf des Obristlieutenants hatte viele aufmerksam gemacht; neugierig kamen sie herbei, schauten und wollten sich ärgerlich wieder davontrollen, doch der Kommandant hielt sie zurück. Ob es sie freute oder nicht, sie mußten die Beute genau untersuchen, die Stücke zählen und dem Adjutanten melden. Dieser legte ein Verzeichnis an. Es war noch nicht fertig, als einer der Husaren, die zur Aufklärung ausgeschickt worden waren, seine Meldung brachte:
„Auf eine halbe Reitstunde weit kein Mensch zu sehen, kein Pferd oder Rind, gar nichts. Nur ein Wagen mit zerbrochenem Rad ist liegengeblieben.“
„Den können wir brauchen!“ Der Obristlieutenant musterte die Leute, die sich inzwischen vor dem Schuppen gesammelt hatten. „Wachtmeister, treibt einen Wagner auf!“
„Bitte gehorsamst, ein Rad haben wir dort drüben gefunden.“
„Laßt den Wagen reparieren und herbringen.“ Als er die erstaunten Blicke sah, fühlte er, daß seine Männer eine Erklärung nötig hatten. „Hört einmal zu, Husaren!“ rief er. „Ihr seid traurig, daß wir keinen Speck, kein Brot, keinen Wein erbeutet haben? Wenn wir nur das brauchten, hätten wir ja gar nicht in den Krieg ziehen müssen, daheim gibt es Speck und Wein genug!“
„Ja, daheim!“ seufzte ein Corporal halblaut. „Aber hier wäre ein Schluck schon gut.“
Baron Vécsey kannte seine Husaren gut genug, um diese Zwischenbemerkung nicht übel aufzunehmen. Er wandte sich sogar unmittelbar an den Corporal: „Glaub mir, ich hab' auch einen

leeren Magen. Aber was wir da gefunden haben, ist viel wertvoller als zehn Mastochsen —“
„Zehn Mastochsen!“ Dieser Seufzer klang fast andächtig.
„Der Feldmarschall wußte, daß sich hier eine Kriegswerkstätte des Preußenkönigs befindet. Wir sollten Zaumzeug holen, und was haben wir? Lest vor!“
Der Adjutant trat mit der Liste heran und verlas: „223 Bomben, 798 Granaten für Haubitzen, 190 leichte Granaten, dazu 25 Gußformen.“
„Wißt Ihr, was das heißt?“ setzte der Obristlieutenant fort. „Eine einzige Granate kann fünf oder zehn von uns töten, und wir haben ihrer so viele den Feinden weggenommen!“
Die Husaren nickten einigermaßen befriedigt, nur einer flüsterte seinen Nebenmann zu: „Granaten sind wertvoller als nur Speck, hat er gesagt. Und ich sag dir, noch besser wären Granaten und Speck!“
Der erbeutete und der aufgefundene, nunmehr reparierte Wagen reichten bei weitem nicht aus, die Beute fortzubringen. Ein Rittmeister fluchte auf die Bauern, die den Reiterzug bemerkt und ihre Pferde und Wagen in Sicherheit gebracht, dazu noch die Werkstätte gewarnt hatten. Baron Vécsey dagegen meinte, das hätte nicht so schnell geschehen können: „Offenbar waren doch nicht alle Bewohner von Lübben so freundlich, wie es Prinz Liechtenstein gestern erzählte! Jemand muß noch gestern abends hiehergeritten sein. Wahrscheinlich sind auch alle Dörfer und Gehöfte der Gegend gewarnt worden.“
Was die Wagen ohne Schwierigkeit fassen konnten, wurde aufgeladen, der Rest mußte liegenbleiben. Lederzeug und Stricke hatten sich in genügender Menge gefunden, sodaß jeder Wagen mit vier Pferden bespannt werden konnte. Sie fuhren zuerst ab, die Husaren folgten nach kurzer Weile. Sie grinsten verständnisvoll, sooft sie eine Granate am Wegrand liegen sahen. Die war wohl nicht zufällig vom Wagen gefallen!
„Den Kerlen werde ich das Fell gerben!“ brummte ein Wacht-

meister. Der Corporal an seiner Seite stieß ihn vertraulich an: „Herr Wachtmeister, auf Ehre, was würdet Ihr tun, wenn Ihr Euer Pferd als Vorspann hergegeben hättet und jetzt sehen müßtet, wie das arme Vieh sich plagt, das schwere Zeug fortzuschleppen?"

Ob sich die Last so sehr verringert hatte oder der festere Untergrund es ausmachte, jedenfalls kamen die Wagenpferde flotter voran, sobald sie mittags die gute Fahrstraße erreicht hatten. Aber das dauerte nicht lang. Sie konnten gerade noch zwei Bauernwagen einholen, sie der Pferde berauben und diese vor ihre Beutewagen spannen, sodaß vier Husaren aus Fuhrleuten wieder zu Reitern wurden, aber gleich darauf sahen sie neben der Straße einen Corporal mit zwei Reitern auftauchen. Diese hatten sich hinter Buschwerk versteckt gehalten, nun kamen sie hervor und brachten den Befehl, von der Straße nach rechts abzuweichen. Dort bot Auwald guten Schutz gegen Sicht, aber der Weg wurde wieder beschwerlich.

„Heute mutet uns der Feldmarschall allerlei zu", sagte Baron Vécsey vertraulich zu seinem Adjutanten. Die anderen Reiter empfanden es ähnlich, aber kaum einer murrte richtig.

Als Baron Vécsey mit seinen beiden Eskadrons in tiefer Dämmerung das Korps erreichte, fand er es wieder in einem Lager nahe einer Ortschaft. So sehr sich alle zunächst nach einer kräftigen Mahlzeit, dann nach Ruhe sehnten, mußten die Husaren doch erst ihre Pferde versorgen, er selbst sich beim Feldmarschall-Lieutenant melden. Vor dessen Zelt fand er, wie er es erwartet hatte, die anderen Stabsoffiziere, wurde sogleich mit Fragen empfangen, kam aber nicht dazu, auch nur eine zu beantworten. Der Ordonnanzoffizier rief ihn gleich zum Feldmarschall-Lieutenant.

Hadik hörte den Bericht des Obristlieutenants an, ohne ein einziges Mal zu unterbrechen. Danach erst begann er zu sprechen. „Sie haben sich so verhalten, wie ich es von einem erfahrenen Offizier erwarten konnte; ich danke Ihnen. Am meisten freut mich, daß Sie keine Verluste hatten. Die Schwierigkeit, daß Sie nicht hinreichend viel Fuhrwerk auftreiben konnten, werden wir bei künftigen Unternehmungen einkalkulieren müssen. Leider kann ich Ihren Leuten nicht die Ruhe gönnen, die sie verdient haben. Sie bleiben zwar morgen beim Hauptkorps, aber auch das hat eine ausgiebige Strecke vor sich. Für heute — gute Nacht, Herr Obristlieutenant."

Vor dem Zelt besann sich der Baron, daß er auch seinerseits etwas auf dem Herzen hatte, aber die knappe, klare Art des Feldmarschall-Lieutenants hatte ihn gar nicht dazu kommen lassen, Fragen zu stellen oder persönliche Bemerkungen zu äußern. Als er darüber ein Wort verlor, klopfte ihm Babocsay auf die Schulter:

„Mach dir nichts draus! Wenn du dich an Hadik gewöhnt hast, wirst du seine Art schätzen lernen. Obwohl wir doch täglich warten müssen, bis wir einzeln drankommen, läuft der Befehlsempfang bei ihm viel rascher ab als etwa beim Herzog von Lothringen. Der ist umgänglich, gesprächig, alle reden mit, plaudern und trinken dazwischen — und die Zeit verrinnt. Geh dich jetzt ausruhen!"

„Erst soll er erzählen!" wandte Graf Gourcy ein.

„Wir alle haben schon gut gespeist, da dürfen wir nicht verlangen, daß ein Hungriger uns unterhält. Geh nur, Vécsey! Wenn es hier nicht zu lange dauert, sehen wir dich noch beim Marketender."

Der Baron folgte dem Rat, aber er mußte nicht allein gehen. Die Offiziere, die nicht namentlich zu Hadik gerufen, sondern nur aus Neugier hingegangen waren, schlossen sich ihm an in der Erwartung, genug Stoff zu Gesprächen zu bekommen. Es wurde auch eine angeregte Unterhaltung. Der Marketender, bei dem die Stabsoffiziere verkehrten, hatte seinen guten Ruf daher, daß er immer wußte, wer noch verspätet eintreffen würde; für diesen hielt er noch eine Mahlzeit bereit. Kaum hatten die Offiziere das Zelt betreten, wurde schon eine Bratwurst aufgetragen.

„Laßt mich einmal essen und erzählt inzwischen ihr“, bat Vécsey. „Wo sind wir überhaupt?“

„Wendisch-Buchholz heißt das Nest.“

„Wo ist übrigens Mittrowsky? Ich habe ihn vorhin nicht gesehen.“

„Er kontrolliert die Posten. Seine Husaren und die Grenzer mußten den Ort einschließen, kein Mensch darf hinaus. Offenbar will Hadik damit verhindern, daß unsere Anwesenheit in weiterem Umkreis bekannt wird.“

„Merkt ihr etwas?“ fragte Graf Gourcy dazwischen. „Als wir gestern Richtung Frankfurt an der Oder marschierten, war das kein Geheimnis. Heute durften wir die gute Straße nur zwei Stunden lang benützen, dann mußten wir uns durch Sumpf und Auwald quälen, und jetzt soll nichts bekannt werden! Dieses Versteckspiel kann nur einen Sinn haben: es geht —“

„Vorsicht, Graf“, unterbrach Fürst Sulkowsky. „Nehmen Sie es mir nicht übel, wenn ich Sie daran erinnere, wie leicht ein Wort aus diesem Zelt zu unberufenen Ohren dringt. Behalten wir unsere Vermutungen für uns, lassen wir lieber Vécsey erzählen.“

V. 15. OKTOBER 1757: IM JAGDSCHLOSS ZU KÖNIGSWUSTERHAUSEN

Am Morgen des 15. Oktober marschierte das Korps wiederum nach Norden, mit geringen Abweichungen nach Osten, wenn es galt, einen See zu umgehen. Schon vor dem allgemeinen Aufbruch hatte sich Obristwachtmeister Bosfort an der Spitze zweier Eskadrons der Birkenfeld-Kürassiere auf den Weg gemacht, aber nicht als Vorhut, sondern mit eigenem Auftrag.
„Insgeheim ärgerte ich mich schon", vertraute er dem Lieutenant an seiner Seite an, „daß immer nur Husaren zu besonderen Unternehmungen ausgeschickt werden. Ich argwöhnte, der Feldmarschall bevorzuge sie, weil er selbst Husar ist. Aber so nützlich die leichten Reiter zur Aufklärung sind, diesmal braucht er doch uns samt unseren schweren Pferden."
„Rechnen Sie mit einem Gefecht?"
„Ich hoffe darauf."
Die Landschaft wirkte öde in ihrer Einförmigkeit: die Bodenwellen waren gewöhnlich sandig, die tieferen Flächen mit Sumpfgras bedeckt, aber die Höhenunterschiede waren immer nur gering. Manchmal kamen die Kürassiere durch Wald; Stoppelfelder zeigten jedesmal an, daß sie sich einer Ortschaft näherten. Vor dem ersten Dorf waren die Reiter neugierig, was sie erleben würden, dann nicht mehr, denn stets wiederholte sich derselbe Vorgang: den Karabiner in der Hand, ritten sie unter Trompetenschall bis vor die Kirche oder das Rathaus. Sobald sich genug Leute versammelt hatten, wurde die Proklamation an die Bevölkerung von Brandenburg verlesen, dann erklärte der Obristwachtmeister seine Forderung: eine Brandsteuer und einen Tribut an Nahrung und Pferdefutter. Währenddessen saß die Mannschaft ab, jeder lockerte seinem Pferd den Sattelgurt, die Wachtmeister prüften den Zustand der Tiere und auch des Hufbeschlags.

Die Rast dauerte so lange, bis sich der Bürgermeister den Forderungen gefügt hatte. Das kostete nie viel Zeit; jeder zahlte, um sich Brand und Plünderung zu ersparen und nicht als Geisel mitgenommen zu werden. Die Pferde wurden getränkt, die Kürassiere erhielten ihren Imbiß, dann ging es wieder weiter. Nur ein Wachtmeister oder ein Corporal mit zehn Mann blieb zurück — jeweils diejenigen, deren Pferde am meisten ermüdet schienen —, um die Brandsteuer und den Tribut abzutransportieren. Säcke voll Mehl oder Buchweizen, Körbe mit Brotlaiben, Bier in großen und Branntwein in kleinen Fässern wurden auf Wagen verladen und mit starkem Vorspann fortgeführt. Die Begleitmannschaft hatte alles nach Königswusterhausen zu bringen, das als nächster Lagerplatz des Korps vorgesehen war. So verminderte sich allmählich die Stärke der Abteilung, gegen Abend zählte sie nicht viel mehr als eine Eskadron; doch da immer die zurückblieben, deren Pferde den Marsch verzögert hätten, kamen die anderen recht gut vorwärts. Es war schon fast Nacht, als sie auf einer Waldlichtung ihr Lager bezogen. Zelte gab es nicht; in ihre Decken gehüllt, rückten die Kürassiere nah aneinander, um sich gegenseitig zu wärmen.
Das Korps des Feldmarschall-Lieutenants zog die ganze Zeit durch Wald und Moorland. Dunkle Lachen schimmerten gefährlich, aber dort hielt jedesmal ein Husar der Vorhut und zeigte einen einigermaßen trockenen Übergang. Golden leuchtete das Laub der Birken vor dem dunklen Hintergrund der Föhren, das Espenlaub glühte rot, wie Bronze glänzten die Eichen.
„Wie daheim in Slawonien!“ seufzte ein Grenzer. „Ob mein Weib genug Heu für den Winter hat?“
Am frühen Nachmittag wurde Graf Gourcy zum Feldmarschall-Lieutenant geholt. „Herr Obrist“, empfing ihn Hadik, „Sie reiten mit der gesamten Kavallerie — außer den Husaren natürlich, die ich zur Sicherung brauche — voraus nach Königswusterhausen. Sie bereiten Quartier vor; wir schlagen nämlich

keine Zelte auf, um Zeit zu sparen. Die Nachtruhe wird sehr kurz sein. Wenn ich ankomme, sind Ihre Pferde bereits versorgt."

„Das wird meinen Leuten nur recht sein", erwiderte der Obrist. „Und die Verpflegung?"

„Obristwachtmeister Bosfort wird sie schon hingeschickt haben. Achten Sie darauf, daß für die Infanterie genug übrigbleibt. Erinnern Sie die Mannschaften auch an meinen Befehl, nicht zu stehlen, nicht zu plündern, und daß ja niemand sich besäuft!"

„Mein Wort darauf, Exzellenz, ich sorge für Ordnung."

Der weiche Boden verschluckte das Geräusch der Hufe, als sich die Kürassiere und Dragoner in Trab setzten; nur die Waffen klirrten leise. Unwillkürlich beschleunigten auch die Infanteristen den Schritt. Mancher hatte schon mit einem Reiter Zank gehabt, halb im Scherz und gegenseitigen Spott, zuweilen auch ernster, aber nun, da die Kavallerie fort war, fühlten sie sich einer Ergänzung, eines Schutzes beraubt, nahezu verlassen. Immerhin beruhigte es sie, daß der Feldmarschall bei ihnen geblieben war.

Am späten Nachmittag ging der Wald in eine Parklandschaft über. Wege waren mit Kies bestreut und von Steinen eingefaßt, an einer Kreuzung plätscherte ein Brunnen. Abseits des breiten Fahrweges waren einige Häuser zu sehen, kleine Werkstätten und eine Bäckerei. Ein Posten stand davor und wies gleich einer Kompanie deutscher Füsiliere dort ihr Quartier an. Die anderen zogen noch hundert Schritt weiter bis zu einem Gebäude, das einem Schloß ähnlich sah; eine Baumreihe hatte es bis zuletzt den Blicken entzogen. Dort begrüßte Graf Gourcy den Feldmarschall-Lieutenant.

„Und wo liegt jetzt Königswusterhausen?" fragte Hadik.

„Das ist es, Exzellenz. Es ist keine Siedlung, sondern nur ein Jagschloß des Preußenkönigs. Ein Dorf Wusterhausen gibt es nicht weit von hier, aber das Schloß bietet bessere Unterkunft."

Ein kurzer Rundgang überzeugte Hadik, daß der Obrist die

Zeit, die er früher angekommen war, gut genützt hatte: In den Stallungen hinter dem Schloß, in den Gesinderäumen und Schuppen konnte die Mannschaft gedrängt, doch trocken unterkommen — und vor allem gleich, ohne die Arbeit, die der Lagerbau sonst immer erforderte! Bald erfüllte der gewohnte Geruch nach Schweiß und Leder alle Räume.
„Jetzt ließe auch ich mir gern die Stiefel ausziehen", sagte Hadik zu Gourcy, „aber ich muß mir noch die Meldungen anhören. Hat Bosfort Verpflegung und Futter geschickt?"
„Reichlich, Exzellenz. Die Melder warten im Vorzimmer des Wohnraumes Eurer Exzellenz."
Ein holzgetäfelter Raum war mit Jagdtrophäen geschmückt, Hirschgeweihen und Rehkrickeln, einem ausgestopften Birkhahn, Kranichen und Schnepfen; auf dem Boden lagen Wolfsfelle. Als Hadik eintrat, gefolgt von Obrist Gourcy und seinem Adjutanten, nahmen die Meldereiter stramme Haltung an.

Ein Birkenfeld-Kürassier berichtete vom Unternehmen des Obristwachtmeisters Bosfort, drei Husaren über die Aufklärungsritte: die Poststraßen von Berlin nach Magdeburg, Halle und Leipzig seien besetzt, im Umkreis eines Tagesrittes habe sich kein feindlicher Soldat gezeigt. Ein Corporal der Baranyay-Husaren brachte eine schriftliche Meldung. Ihn behielt Hadik zurück, die anderen durften gehen. Der Adjutant brach das Siegel der Meldung auf, entfaltete das Blatt und reichte es Hadik. Ein kurzer Blick bestätigte seine Vermutung; sogleich öffnete er die große Ledertasche, die er umgehängt trug, und entnahm ihr die Tafeln zur Entschlüsselung des chiffrierten Textes. Obrist Gourcy wollte sich zurückziehen.
„Nein, bleiben Sie nur, Graf", sagte Hadik. „Jetzt kann ich auf die Geheimniskrämerei verzichten! Heute nacht wird uns niemand mehr den Weg verlegen, und was Ujházy berichtet, wird vielleicht auch Sie interessieren. Aber nehmen wir doch Platz!"

Der Adjutant und der Corporal beeilten sich, Stühle herbeizuschieben, für Hadik einen gepolsterten Lehnsessel.
Wort für Wort wurde die Meldung klar: „Teltow besetzt, Aufklärung durchgeführt bis Schöneberg und Potsdam. Alles ruhig."
Der Adjutant langte nach einer Landkarte, aber Hadik winkte ab:
„Ich habe mir alle diese Namen schon vor vielen Wochen eingeprägt! — Corporal, wie lange seid Ihr hergeritten?"
„Fünf Stunden, Eure Exzellenz."
„Wie lange hat Ihr Pferd schon Ruhe?"
„Gute zwei Stunden."
„Hält es durch, wenn Ihr sogleich wieder aufbrecht?"
„Gewiß, Eure Exzellenz."
„Und Ihr selbst, traut Ihr Euch einen Ritt in stockdunkler Nacht zu?" fragte Hadik. Als er sah, daß der Husar nur lächelte, wandte er sich an den Adjutanten: „Schreiben Sie an Obrist Ujházy — nein, nicht chiffriert, das ist nicht mehr nötig. Sind Sie bereit? Ich diktiere —"
Im Speisesaal des Schlosses war für alle Offiziere, vom Rittmeister oder Hauptmann aufwärts, eine lange Tafel gedeckt. Der Kastellan des Schlosses hatte Tischtücher und Servietten, Teller, Eßbesteck und Biergläser seines königlichen Herren herausrücken müssen; nun stand er vor Graf Gourcy und bat, mit den Lakaien des Schlosses bei Tisch aufwarten zu dürfen. Der Obrist schaute mitleidig und verwundert in das Greisenantlitz.
„Ihr wollt uns, Eure Feinde, noch bedienen?"
Der Alte nickte: „Nicht Euch zuliebe, Herr, sondern um des Geschirrs willen! Ich und die Lakaien, wir wissen damit sorgsam umzugehen, von Euren Husaren aber fürchte ich, mit Verlaub zu sagen, daß mir einer einen Teller zerbricht."
„Ich verstehe Eure Sorge, Ihr seid ein pflichtgetreuer Mann, aber ich kann Eure Bitte nicht erfüllen. Bei Tisch wird vielleicht allerlei gesprochen, das nicht für Eure Ohren bestimmt ist."
„Oh, ich kann schweigen!" beteuerte der Kastellan eifrig. „Ich

diente schon dem Vater unseres Königs. Wenn er da mit den Herren seines Tabakskollegiums beisammensaß —"

„Damals gebot Euch Eure Pflicht als preußischer Untertan, über alles, was Ihr hörtet, zu schweigen. Dieselbe Pflicht würde Euch diesmal gebieten, Eurem König über unsere Gespräche zu berichten."

Die anderen Offiziere, die wartend umherstanden, hatten zugehört. Als Graf Gourcy nicht mehr weitersprach, trat Fürst Sulkowsky hinzu. „Kastellan, Er überschätzt den Wert des Geschirrs, das Er zu hüten hat. Wenn ich in meinem Schloß Gäste empfange, steht besseres Porzellan auf dem Tisch, und mein Diener wird sich hüten, einen Teller zu zerbrechen."

„Was ist da Aufregung wegen Teller!" rief ein slawonischer Grenzerhauptmann. „Unsere Leute setzen Leben aufs Spiel und ist jeder Kerl mehr wert als ganze Einrichtung da!"

„Sie haben recht, Kamerad", sagte Prinz Liechtenstein und legte ihm beruhigend die Hand auf die Schulter.

„Aber der gute Mann denkt eben an das, was ihm anvertraut ist. — Sorg Er sich nicht", sagte er zu dem Kastellan. „Bei diesem Mahl werden nicht einfache Soldaten auftragen, sondern unsere persönlichen Diener. Er kann mir glauben, im Schloß meines Vaters wird auch gut aufgetischt, und wir trinken dazu nicht nur Bier." Er lächelte so freundlich bei diesen Worten, daß der Kastellan nicht mehr widersprach.

Der Greis hatte kaum den Speisesaal verlassen, als Hadik eintrat. Die Offiziere stellten sich hinter ihre Stühle und warteten auf das Tischgebet. Erst in diesem Augenblick wurde ihnen bewußt, daß die Regimentsgeistlichen fehlten. Die Diener hielten schon die dampfende Suppe bereit, besorgte Blicke wanderten im Saal umher, bis Hadik den Prinzen Liechtenstein bat, als jüngster Offizier das Gebet zu sprechen. Als sie sich dann gesetzt hatten und die Diener die Schüsseln herumreichten, erhob sich allgemein die Frage nach den Geistlichen. Ein Hauptmann der deutschen Füsiliere gab die Antwort darauf:

„Meine Leute drängen sich alle zur Beichte. Vielleicht ist es in den anderen Kompanien ebenso."
Hadik schaute erstaunt in die Runde: „Ich habe noch zu niemandem ein Wort davon gesprochen, was uns morgen bevorsteht."
„Dergleichen, Exzellenz, ahnen die Soldaten", erwiderte Graf Gourcy, und Generalfeldwachtmeister Babocsay erzählte, er selbst habe an diesem Abend ebenfalls schon gebeichtet. Als er die erstaunten, ja betroffenen Blicke der Kameraden sah, fügte er lächelnd hinzu: „Ich tat es nicht, weil mich eine besondere Sündenlast drückte; dazu bietet unser Marschtempo der letzten Tage keine Gelegenheit!"
Es sollte heiter klingen, vermochte aber nicht, die ernste Stimmung zu beseitigen. Um abzulenken, erzählte Fürst Sulkowsky von Festmählern, die er in anderen Jagdschlössern gleichfalls unter außergewöhnlichen Bedingungen miterlebt hatte. Er war erst dreiundzwanzig Jahre alt, hatte aber als halber Knabe dem berühmten Marschall von Sachsen in Frankreich als Generaladjutant gedient und auch als kaiserlich-königlicher Kämmerer viel von der Welt gesehen. Soweit seine Stimme reichte, hörte alles höflich und zum Teil auch interessiert zu, am unteren Ende der Tafel aber sagte der Grenzerhauptmann zu seinem Nachbarn:
„Und ich möcht' heute auch noch beichten, aber ist kein rechtgläubiger Pope da. Ob ich zu katholische gehen kann?"
Der Grenzer, der hinter dem Wirtschaftsgebäude Posten stand, war müde wie alle anderen. Um sich wach zu halten, summte er ein Lied aus seiner Heimat vor sich hin: „Oj, Lolo moja", wie es die Burschen zum Klang der Panduriza und des Dudelsacks sangen. Auf das Gewehr gestützt, wollte er mit dem Fuß den Takt dazu schlagen, da hörte er ein anderes taktmäßiges Geräusch. Er brach mitten im Lied ab und lauschte, bückte sich nieder und preßte das Ohr auf die Erde. Schritte? Ja, ein Pferd ging langsam; nun kam es vom Kies auf weicheren Grund, der

Boden gab keinen Widerhall der Hufe mehr, dafür raschelte trockenes Laub. Der Posten dachte angestrengt nach:
„Die Reiter haben ihre Pferde angebunden. Wenn sich eines losgerissen hat, geht es nicht so regelmäßig dahin. Es könnte ein Meldereiter sein, den der Feldmarschall ausschickt — das tut er zu jeder Tages- und Nachtzeit — aber der würde sich schneller bewegen. Jetzt muß er bald um die Ecke kommen!"
Als der Grenzer mit seiner Schlußfolgerung so weit war, nahm er sein Gewehr auf und spannte den Hahn. Es war wohl dunkel, aber wer an der slawonischen Grenze aufgewachsen war, merkte es auch in der tiefsten Nacht, wenn jemand vorbeikam. Dort waren es meist nur Schmuggler gewesen, aber hier, tief im Feindesland — der Hauptmann hatte besondere Wachsamkeit befohlen!
„Halt, wer da?"
„Gut Freund", erklang die Antwort.
„Kann jeder sagen. Gib Parole!"
Der Schatten, den der Grenzer angerufen hatte, verschwand, aber das Pferd, das er am Zügel nachzog, verursachte genug Geräusch, um die Richtung erkennen zu lassen. Der Posten hielt sich nicht mit weiterem Warnruf auf, sondern legte an und schoß. Gleich darauf hörte er den Ruf des nächsten Postens, dann dessen Schuß und das Geschrei mehrerer Stimmen.
Im Speisesaal sprangen die Offiziere auf und eilten zu den Fenstern, ein Rittmeister lief zur Tür und riß sie so plötzlich auf, daß jemand, der draußen gelauscht hatte, in den Raum stürzte. Es war der Kastellan. Der Rittmeister und ein Offiziersdiener packten sofort zu und schleppten ihn vor den Feldmarschalllieutenant. Hadik beachtete ihn zunächst aber nicht.
„Meine Herren!" rief er „Lassen Sie nicht gleich Alarm schlagen! Baron Ried, schauen Sie bitte nach den Wachen."
Als der Obrist fortgegangen war, gefolgt von seinen Hauptleuten, wandte sich Hadik dem Kastellan zu: „Daß ein Kammermädchen oder ein junger Lakai an der Tür horcht, ist nichts

Ungewöhnliches. Aber ein Mann in Euren Jahren —" Er sprach mit spöttischem Lächeln, doch seine Miene verdüsterte sich, als Graf Gourcy berichtete, der Kastellan habe ursprünglich helfen wollen, die Speisen aufzutragen.

„Das ist ein wenig auffällig —", begann Hadik wieder, wurde aber unterbrochen. Obrist Baron Ried trat ein; hinter ihm führte ein Grenzer einen jungen Mann, dessen Hände gefesselt waren. Die Offiziere kehrten nicht an ihre Plätze an der Tafel zurück, sondern bildeten einen Halbkreis; nur ein Hauptmann langte verstohlen nach seinem Bierglas.

„Exzellenz", meldete Baron Ried, „meine Leute haben den Kerl aufgegriffen, wie er sich heimlich fortmachen wollte."

„Vernehmen Sie ihn bitte, Herr Obrist", sagte Hadik und setzte sich nieder. „Wir werden für alle Fälle ein Protokoll aufnehmen." Er zog die Uhr aus der Westentasche. „Wenn einer der Herren sich zur Ruhe begeben will, steht es ihm frei — die Nacht wird kurz sein."

Niemand machte von der Erlaubnis Gebrauch, aber als Fürst Sulkowsky sich seinen Stuhl herbeizog, setzten sich auch die meisten anderen nieder. Inzwischen hatte Baron Ried schon das Verhör begonnen, der Adjutant des Feldmarschall-Lieutenants schrieb die Antworten des Gefangenen nieder. Er nannte einen gleichgültigen Namen, gab als Alter zweiundzwanzig Jahre an und behauptete, königlicher Jagdgehilfe hier im Schloß zu sein. Die Frage, weshalb er nicht in der Armee diene, beantwortete er nicht, aber sein nächtliches Unternehmen konnte er begründen: er habe seine Braut besuchen wollen.

„Dazu brauchtet Ihr ein Pferd?"

„Es ist eine halbe Stunde zu reiten."

„Nennt den Namen der Braut und ihres Vaters."

Der Bursch zögerte, dann sagte er: „Jettchen Knoppke. Ihr Vater ist Müller."

Obrist Ried schickte den Grenzer, zwei Ordonnanzhusaren und einige Leute des Schloßgesindes zu holen. Zuerst kam ein alter

Kammerdiener herein. Er wurde gefragt, ob er den Mann kenne; hilfesuchend schaute er zum Kastellan hin, und als dieser kaum merklich nickte, beteuerte der Kammerdiener, er kenne den Mann gut, nur falle ihm der Name eben nicht ein.

„Stellt Euch neben den Kastellan, aber beide bitte mit dem Gesicht zur Wand, damit keine Zeichen mehr gegeben werden", sagte Baron Ried; seine Höflichkeit klang ein wenig ironisch. „Der nächste!"

Eine ältliche Küchenmagd trat ein, sichtlich angstvoll. Sie zeigte sich erleichtert, als sie nur nach dem gefesselten Mann gefragt wurde, und erklärte, ihn nie gesehen zu haben. Obrist Ried wandte sich an Hadik:

„Soll ich noch zwei Husaren ausschicken, nach der angeblichen Braut zu suchen?"

„Es wäre schade um die Zeit", antwortete Hadik. „Im Notfall könnten wir es immer noch tun. — Nun, dreht Euch wieder um", sagte er zum Kastellan und dem Kammerdiener. „Ihr wißt, auf Spionage steht der Tod, und für zweifelhafte Fälle erlaubt die Prozeßordnung die peinliche Befragung. Soll ich euch nun foltern lassen oder will nicht doch einer gestehen?"

Der Kammerdiener warf sich auf die Knie und streckte flehend die Hände aus: „Herr! Schont mich alten Mann! Ich kenne jenen Kerl nicht."

Draußen, nahe dem Fenster, schrie ein Nachtvogel.

„Habt Ihr ihn nie gesehen? — Kastellan, ich lasse Euch krummschließen, wenn Ihr weiter Zeichen gebt!" Zum ersten Mal an diesem Abend hatte Hadiks Stimme zornig geklungen. „Also, wenn Ihr nicht gestehen wollt, muß ich Euch auf der Folter weiter befragen."

„Das dürft Ihr nicht!" stieß der Gefesselte hervor. „Nach Kriegsrecht sind gefangene Soldaten vor der Folter geschützt."

„Soldaten gewiß. Seid Ihr einer?"

„Ich bin Corporal im Füsilier-Regiment ‚Erbprinz von Hessen-Kassel'!"

„Wie wollt Ihr das beweisen? Erst nanntet Ihr Euch einen Jagdgehilfen."
„Ich war hier auf Durchreise, als Ihr ankamt, da lieh mir der Kastellan dieses Gewand, damit Ihr mich nicht gefangennehmt."
„Und wo ist Eure Uniform?"
„In einer Truhe auf dem Dachboden."
Er mußte genau beschreiben, wo die Truhe stehe, dann wurde ein Ordonnanzhusar mit der Küchenmagd ausgeschickt, die Uniform herbeizubringen, ein anderer sollte sich das Pferd genau anschauen, mit dem der Mann hatte fliehen wollen.
„Ich glaube ihm die Geschichte", sagte Generalfeldwachtmeister Baron Mittrowsky, „ich gehe schlafen." Er verabschiedete sich und ging. Generalfeldwachtmeister Babocsay bat für sich und die anderen Offiziere um die Erlaubnis, die Pfeifen anzünden zu dürfen, die Diener schenkten Bier nach.
Als die Küchenmagd mit dem Husaren zurückkam, schien sie kaum die Tränen zurückhalten zu können. „Was ist?" fragte Obrist Ried in strengem Ton. „Hat er Ihr etwas getan?"
„Nein, eben nicht, und es war doch so dunkel auf dem Dachboden. Nicht einmal angerührt hat er mich!" Sie heulte los und mußte aus dem Saal geführt werden. Der Husar legte die Uniform auf den Tisch. Der dunkelblaue, abgetragene Waffenrock, die gelbe Hose, die schwarzen Gamaschen, vor allem aber die Füsiliermütze mit dem niedrigen Metallschild bestätigten die Aussage des Gefangenen. Obrist Ried ließ ihm sogleich die Fesseln abnehmen, vermerkte aber mißtrauisch, daß der Mann noch keine so erleichterte Miene zeigte, wie es zu erwarten gewesen wäre.
Der Husar, der nach dem Pferd geschaut hatte, brachte dessen Sattel mit. „Schaut sonderbar aus", sagte er, „Pferd ist gut, aber schweres Vieh."
Die Offiziere prüften den Sattel und äußerten einhellig die Ansicht, er gehöre zu keinem Armee-Reitzeug, sondern stamme von einem Wagenpferd. Prinz Liechtenstein seufzte:

„Eben dachten wir, alles sei schon klar, und nun gibt es neuerlich Rätsel!"

„Pferd und Sattel könnte er hier bekommen haben — von vornherein ist ein Corporal der Füsiliere ja nicht beritten!" rief Fürst Sulkowsky. „Fragt doch den Kastellan!"

„Dem würde ich kein Wort glauben", antwortete Hadik. „Durchsucht den Mann."

Die Husaren zogen ihn bis aufs Hemd aus, kehrten die Taschen um, trennten sogar das Stiefelfutter auf, aber sie fanden nichts. Während alle enttäuscht dreinschauten, hob der Grenzer, der den Gefangenen hereingeführt hatte, die Hand:

„Ist gefällig, Exzellenz, wann ich mitreden darf?"

„Sprecht nur."

„Wann wir an Granica türkische Kundschafter erwischen, machen wir immer Sattel auf, ist oft was drin. Soll ich machen?"

Er prüfte den Sattel von allen Seiten und zeigte bald auf eine Stelle des Sitzpolsters. „Da, ist ganz neue Naht." Mit einem kleinen Messer, das er neben dem Dolch im Gürtel getragen hatte, öffnete er flink die Naht, griff hinein und brachte ein versiegeltes Blatt Papier ans Licht. Die Offiziere rückten näher, und wer entfernter saß, erhob sich, um besser sehen zu können. Graf Gourcy aber hatte schon die ganze Zeit über den Kastellan beobachtet; als er meinte, jener atme erleichtert auf, befahl er dem Grenzer, den Sattel weiter zu untersuchen. Tatsächlich fand sich eine zweite frische Naht und unter ihr ein Zettel. Diesmal zuckte der Kastellan zusammen.

„Lest vor!" befahl der Feldmarschall-Lieutenant.

„Verzeihung, Euer Gnaden Exzellenz", sagte der Grenzer, „kann ich nicht lesen."

Graf Gourcy nahm die Papiere und öffnete das Siegel. Es war ein Brief des Stadtkommandanten von Berlin, Generallieutenant von Rochow, an König Friedrich II. mit der Nachricht, in der Nähe der Hauptstadt hätten sich österreichische Reiter gezeigt; es bestehe Gefahr, daß sie die Vorhut eines stärkeren Korps

bildeten. Da er keine Kavallerie zur Verfügung habe, nicht einmal einzelne Ordonnanzreiter, schicke er die Meldung mit einem Corporal, der eben von einer Verwundung genesen sei. Das Pferd habe Ihre Majestät die Königin aus ihrem Stall geliehen.
Hadik nickte befriedigt. „Daß in Berlin keine Kavallerie liegt, höre ich gern. Und was ist mit dem Zettel?"
Er war sichtlich in Eile geschrieben und enthielt recht genaue Angaben über das Korps des Feldmarschall-Lieutenants, seine Stärke und Zusammensetzung; sogar die vier Kanonen waren genannt. Die Unterschrift lautete: „Eurer Majestät getreuer und stets ergebener Wilhelm Zoste, Kastellan zu Königswusterhausen."
In dem allgemeinen Schweigen, das den letzten Worten folgte, war die leise, eigentlich nur für den Nachbarn bestimmte Meinung eines Hauptmanns deutlich zu vernehmen: „Der Kerl gehört gehängt."
Hadik erhob sich „Meine Herren", sagte er, „Sie sehen, daß meine bisherige Milde nicht gut gelohnt wurde. Ich werde trotzdem weder den alten Mann aufhängen noch das Schloß in Brand stecken lassen — sosehr wir dazu berechtigt wären. Nicht einmal plündern werden wir, aber jeder von Ihnen möge sich etwas mitnehmen, das ihm gefällt und sein Gepäck nicht zu sehr belastet. Bitte, bedienen Sie sich."
„Bravo, Exzellenz, das hast du gut gesagt!" rief Babocsay. „Schnell, suchen wir uns etwas Passendes, und dann ab ins Bett!"
Die Offiziere standen einen Augenblick lang verblüfft und ratlos umher, denn allzuviel Lockendes bot weder der Speisesaal noch die Räume, die sie bisher betreten hatten. Schließlich trat Fürst Sulkowsky zu einer Vitrine, öffnete sie und nahm eine Porzellanfigur heraus. „Meißen", sagte er, „das wird meine Schwester mögen."
Prinz Liechtenstein betrachtete kritisch die Bilder an der Wand und entschied sich dann doch für ein Buch, andere verschmäh-

ten die Bilder nicht, ein Grenzerhauptmann steckte das Eßbesteck ein: „Soll mich zu Hause an dieses Tag erinnern, wann ich gut heimkomm', so Gott will.“
Als Hadik sein Schlafzimmer aufsuchte, begegnete er seinem Freund Babocsay. Dieser trug zwei Jagdgewehre und sagte, wie um sich zu entschuldigen: „Eines ist für Mittrowsky, damit er nicht bereut, zu früh schlafen gegangen zu sein. Und was hast du, Andreas?“
„Ein Paar Kinderstiefel. Der Kammerdiener sagt, der Preußenkönig habe sie einst getragen. Vielleicht passen sie meinem Jüngsten.“
„Wie viele Kinder hast du jetzt?“
„Sechs. Eine Zeitlang war es gar nicht leicht, sie alle immer ordentlich zu kleiden.“
„Ich habe drei, der Älteste ist schon auf der Militärakademie in Wiener Neustadt. Vor dem Einschlafen denke ich immer an sie.“
„Ich auch an die meinen! Gute Nacht, Wolfgang.“
„Gute Nacht, Andreas, schlaf gut.“

VI. 16. OKTOBER 1757: AM ZIEL

Den meisten Offizieren schien es, sie hätten kaum geschlafen, so bald weckten sie die Trompeten. Bei Kerzenlicht wuschen sie sich flüchtig und schlüpften in die Uniform, beim Schein von Kienfackeln sammelten sich die Abteilungen, unter Trommelschlag zogen sie ab. Der Nachtmarsch durch den Auwald am linken Ufer der Spree machte auch die Schlaftrunkenen munter, denn sie stolperten immer wieder über Wurzeln, durchnäßten sich die Kleider im feuchten Unterholz, tappten in Tümpel. Der Polarstern wies den Weg: über zwei Stunden lang ging es gerade nach Norden, dann bogen sie nach Nordost ab. Sobald sie den Wald verlassen hatten, konnten sie doch wenigstens einige Schritte weit sehen und dem Gestrüpp ausweichen. Der Heideboden dämpfte das Getrampel der vielen Füße.

Im ersten Morgengrauen erreichte das Korps wieder einen Wald. Nach kurzer Rast drangen zuerst die Husaren ein, dann folgte die Hauptmacht, voran die Grenzer. Nebelschwaden zogen über den Boden hin und wurden allmählich dichter. Das Dämmerlicht nahm zu, und als die Grenzer den Waldrand erreichten, sahen sie, daß es außerhalb der Bäume und über dem Nebel schon Tag geworden war. Obrist Baron Ried ließ sie sogleich ausschwärmen, wie es ihm Hadik befohlen hatte, und eine lockere Postenkette bilden, das übrige Korps marschierte nebeneinander in breiter Linie auf, die Kanonen in der Mitte, die deutschen Reiter an den beiden Flügeln. So standen sie und warteten, bis sich der Nebel verzog. Aus den letzten Schleiern galoppierten die Husaren heran, gingen in Trab, gleich darauf in Schritt und hielten bei den Vorposten. Generalfeldwachtmeister Baron Mittrowsky ritt auf Hadik zu und meldete:

„Vor einer Viertelstunde erste Berührung mit dem Feind. Wir ließen uns befehlsgemäß in kein Gefecht ein, sondern stellten nur seine Stärke fest: rund fünfhundert Mann Infanterie. Sie zogen sich ebenfalls zurück, ohne einen Schuß abzugeben.“

„Danke, Herr General. Beziehen Sie Ihren Platz am äußersten rechten Flügel, lassen Sie absitzen, aber nicht lagern."
Die Soldaten wußten und fühlten auch in den Beinen, daß sie an diesem Morgen bereits mehr als die Marschleistung eines ganzen Tages hinter sich gebracht hatten, aber da das taufeuchte Gras nicht zum Sitzen einlud, machte es ihnen nicht viel aus, eine Weile in gelockerter Ordnung stehen zu bleiben. Aus dem Brotbeutel und der hölzernen Feldflasche konnte sich jeder seinen zweiten Morgenimbiß selbst nehmen. Zwischen Kauen und Schlucken schauten sie auf die Stadt, die da vor ihnen lag. In der freien Ebene ließ sich die Entfernung nicht gut abschätzen; an die zweitausend Schritte mochten es sein. Die Stadt selbst, flach wie die Landschaft, machte keinen besonderen Eindruck; richtig aufmerksam wurden die Soldaten erst, als sich ihr Name herumsprach: Berlin! Das also war die Hauptstadt des feindlichen Königs? Auch die Offiziere waren enttäuscht; wer Wien oder Prag kannte, hatte sich mehr erwartet.
Eben begannen sie ungeduldig zu werden, da sahen sie von rechts her einen Meldereiter in der Uniform der Birkenfeld-Kürassiere auftauchen, und fast gleichzeitig galoppierten von links zwei Baranyay-Husaren heran. Diese trieben sichtlich ihre Pferde bis zuletzt an, um früher vor dem Feldmarschall-Lieutenant einzutreffen, und sprangen ab, bevor noch die Tiere ganz standen.
„Meldung von Obrist Ujházy: er rückt längs der Straße von Potsdam nach Berlin vor, war schon bei Dahlem, wird inzwischen nahe vor Berlin sein."
„Gut so. Reitet sofort zurück mit meinem Befehl: So schnell wie möglich vor das Potsdamer Tor vorrücken, aber die Stadt nicht betreten."
Während die Husaren den Befehl wiederholten, langte der Kürassier an, brachte das Pferd vorschriftsmäßig drei Schritt vor dem Feldmarschall zum Stehen und stieg ab:
„Meldung von Obristwachtmeister Bosfort: seine Abteilung

hält östlich von Berlin, fünfhundert Schritt vor dem Frankfurter Tor."
„Hat man in der Stadt schon Alarm gegeben?"
„Gerade, als ich abritt."
„Vortrefflich. Sagt dem Obristwachtmeister meinen Dank. Er soll vorläufig sichtbar, aber außer Schußweite vor der Stadt bleiben."
Beim Anblick der Meldereiter hatten sich die Stabsoffiziere schon ungerufen aufgemacht, sich beim Feldmarschall-Lieutenant zu versammeln. Hadik schaute ihnen der Reihe nach ins Gesicht.
„Meine Herren, wir sind am Ziel. Während Bosfort die Besatzung Berlins im Osten beunruhigt, Ujházy von Südwesten, werden wir von Südosten her angreifen. Wir rücken in breiter Front vor."
Heller Trompetenklang schnitt durch die Trommelwirbel, dumpf dröhnten dazwischen die Pauken der Kürassiere. Das Korps Hadik schritt zum Angriff auf Berlin.

VII. 16. OKTOBER 1757: SONNTAGMORGEN IN BERLIN

Vorne zog ein Hund, hinten schob eine Frau an: so kam der Milchkarren ganz flott vorwärts. Sooft die Räder über einen Stein holperten, schwappte die Milch in den Kannen, floß aber nicht über; dazu saßen die Deckel zu fest verschlossen. Der Staub, den der Hund, die Räder und die Frau aufwirbelten, flog in kleinen Wolken vor ihnen her. Das war die Wohltat des Ostwindes. Wie fast jeden Tag, so fegte er auch an diesem Morgen die Straße entlang. Am Frankfurter Tor trug der Wind noch eine Erinnerung an die Tümpel und Moore des Oderbruchs mit sich, nahm aber bald die Gerüche der Misthaufen aus den Vorstädten auf, dazu feinen Sand und Staub. Je mehr Karren sich dem ersten anschlossen, desto dichter wurden die Staubwolken. Auf zwei, zuweilen auch auf vier Rädern schwankten Milchkannen und Käselaibe heran, Gemüse und Obst, Heu, Getreide und Brennholz, meistens von Hunden gezogen, manchmal nur von Menschen, selten von einem kleinen, mageren Gaul. Der Nachtwächter ging von einer Laterne zur anderen, öffnete die vordere Glasscheibe und löschte das Licht. „Na, was gibt's Neues?“ rief er den Weibern zu. „Habt ihr schon Österreicher gesehen?“

„Nein, wozu denn? Wir brauchen sie nicht!“

Der Nachtwächter versuchte die Bäuerinnen zu necken: „Aber so ein schneidiger Husar, würde der euch nicht gefallen?“

„Besser als du schon!“ rief eine Frau erbost, und die nächste stand ihr lachend bei: „Jetzt sind ja nur Rekruten und Invaliden in der Stadt, und Jammergestalten wie du, da wäre mir ein frischer Reitersmann ganz willkommen!“

„Pfui, Nettchen, so etwas darfst du nicht sagen!“ mahnte eine der Frauen. „Wo doch dein Mann dem König dient!“

„Ich meine es ja nicht so arg, ich wollte nur den Nachtwächter ärgern.“

Auch auf dem Markt sprach alles nur von den Österreichern, die Verkäuferinnen sowohl wie die dienstfreien Soldaten und die Invaliden, die sich für geringen Lohn als Helfer anboten, die ersten Mägde, die zum Einkauf kamen, und dann die ärmeren Bürgersfrauen.
„Wo bleibt denn heute der gute Käse?“ fragte eine laute Stimme.
„Da liegt genug, Madame“, antwortete ein alter Mann. „Holländischen gibt es schon längst nicht mehr, aber unser eigener ist auch nicht zu verachten.“
„Ich nehme immer den aus Itzigs Meierei.“
„Itzigs Meierei?“ Der Alte lachte. „Von dort wird heute nichts hereinkommen. Die liegt doch vor dem Schlesischen Tor, und dort sind wohl schon die Kaiserlichen.“
„Schon vor dem Schlesischen Tor? Hat sie jemand gesehen?“
„Gesehen nicht, aber der Knoblauchgestank der Kroaten liegt bereits in der Luft!“ Der Alte lachte wieder.
Eine Gemüsehändlerin beugte sich über ihren Karren vor. „Ja, Madame, gestern wurde das ganze Archiv aus der Stadt weggeschafft und alle Truhen mit Geld, soviel unser König noch hat.“
„Das ist doch nur Gerede!“
„Ein Freund meines Schwagers sah es mit eigenen Augen!“
Nicht nur auf dem Neuen Markt, dem größten und schönsten von Berlin, sprachen Käufer und Händler von den feindlichen Truppen. Auf dem Köllnischen Markt und dem anschließenden Mühlendamm, unter dem die Spree dahinfloß, bei den großen Fleischbänken, auf dem Fischmarkt und gegenüber auf dem Kraut- und Obstmarkt, wo Frauen und Mägde die ersten Morgennachrichten auszutauschen pflegten, überall war nur vom Anmarsch der Österreicher die Rede. Das Thema blieb, auch wenn die Personen wechselten. Viele Marktweiber spannten die Hunde wieder an und zogen mit ihren Karren ab, dafür kamen die Wanderhändler:
„Kauft Mausefallen!“

„Halskragen nach der neuesten Mode!"
„Das unfehlbare Barometer! Nehmen Sie eines, Madame, Jungfer, kaufen Sie ein Barometer, die letzten drei Stücke, dann gibt es keine mehr!"
Damen und Fräulein im Sonntagsstaat, mit Mantille, Hut und Handschuhen, das Gesangsbuch unter dem Arm, kamen von der Kirche. Auch wenn sie nichts kaufen wollten, warfen sie gewohnheitsmäßig einen Blick auf den Markt, bevor sie endgültig heimgingen. Kohlköpfe, Rüben aller Art, Petersilie und anderes Grünzeug lagen auf eigens aufgebauten Verkaufstischen, oft auch einfach auf den Karren, Äpfel glänzten dazwischen. Mehr noch lockte ein kurzes Gespräch:
„Wissen Sie schon, Teuerste? Der Wirt vom Schwarzen Adler will seinen Keller zumauern, damit ihm die Panduren nicht über den Wein kommen!"
„Der Apotheker an der Ecke hat schon zur Flucht vorbereitet!"
Durch die Straßen, die zu den nördlichen Stadttoren führten, rollten einzelne Reisekutschen und Packwagen, auf der Spree wurden Frachtkähne mit Ballen von kostbarem Tuch, mit Truhen und Kisten beladen. Südöstlich der Altstadt zweigte ein Kanal von der Spree nach links ab, umfaßte den Stadtteil und strebte dann beim Weidendamm wieder dem Fluß zu. Auf diesem Kanal stauten sich die Boote und behinderten einander. Die Flüche und Drohungen klangen bis hinauf zum Königlichen Schloß.
„Ich möchte ja am liebsten zu Fuß weitergehen!" rief ein Mann verzweifelt. „Aber wo soll ich den Kahn lassen?"
„Wo du willst, nur nicht gerade hier!" antwortete der nächste.
„Verdammte Schweinerei! Da packen sie vorne Kisten über Kisten in die Boote und halten uns damit auf. Die soll doch der Leibhaftige —"
„Nicht so laut! Siehst du nicht, daß die Kistenträger aus dem Schloß kommen?"
„Darüber ärgere ich mich ja gerade! Die Lakaien könnten doch

ebensogut ihre Kähne drüben auf der Spree beladen, oder noch besser in Kutschen davonfahren. Pferde haben sie gewiß! Warum laden sie ausgerechnet hier im engen Kanal?"

„Reg dich nicht auf. Die werden schon wissen, was sie tun."

Im Schloß wußte niemand, was geschehen sollte, oder vielmehr wußte jeder etwas anderes, jeder riet oder befahl, packte zu und trug, schleppte und zerrte, wie es ihm gut schien. Die Kammerfrauen weinten, die Hofbeamten fluchten. Während ein Trupp Lakaien nach dem Kanal zu lief, beluden andere ein großes Boot bei der Anlegestelle an der Spree. Vor dem Schloß wartete eine vierspännige Karosse. Aus einem Fenster der Hinterfront reichte der Kellermeister staubbedeckte Weinflaschen seinen Gehilfen zu, die das kostbare Gut auf einen Karren schlichteten.

„Legt nur gehörig Stroh dazwischen!" mahnte er aufgeregt. „Daß ja nichts zerbricht! Ich bin seiner Majestät für jede Flasche verantwortlich."

Auf dem Markt begannen indessen die Bäuerinnen zu seufzen, manche schimpften auch. Sie wollten ihre Ferkel verkaufen, nicht den Winter über durchfüttern! Was ging es sie denn an, ob die Österreicher kamen oder nicht? Sie hatten den Weg in die Stadt auf sich genommen, noch in der Nacht waren sie losgezogen, dafür blieben sie nun neben ihren Wagen und Karren stehen. Kamen jetzt keine Käufer mehr, so könnten doch später noch welche auftauchen!

Ähnlich dachten die Milchweiber. Was sollten sie denn mit ihren halbvollen Kannen anfangen? Mochten die Töpfer und die Honigverkäufer wieder abziehen, die konnten jeden Tag wiederkommen, ihre Ware verdarb ja nicht! Aber Milch, das war doch das heikelste Gut hier auf dem Markt! Also harrten sie aus. Die Hunde schliefen zwischen den Karrenrädern. Die Markthelfer aber trollten sich allmählich, allen voran Unteroffizier Brennecke vom königlichen Infanterie-Regiment Loen.

VIII. SONNTAGVORMITTAG IN DER KASERNE

Unteroffizier Brennecke hatte es sich mit einem Kameraden so eingeteilt, daß an jedem Markttag einer die Rekruten des anderen mit seinen eigenen zusammen beaufsichtigte, der andere aber auf dem Markt ein paar Groschen verdiente und etwas zu essen mitbrechte: für sich, für den Kameraden und für den Feldwebel, der diese Abmachung stillschweigend duldete. Am Sonntag war der Dienst ja erleichtert, die Soldaten durften eine Stunde länger schlafen, wurden nur zum Gottesdienst gerufen und saßen sonst, abgesehen von Morgen- und Mittagsappell, bei Karten und Würfelspiel beisammen, plauderten und sangen. Einige hatten das Stricken erlernt und versorgten so — wenn sie irgendwie Wolle ergattern konnten — sich und die Kameraden mit neuen Socken, mit wärmenden Leibbinden und manchmal sogar Jacken.

Das waren also ruhige Stunden, da konnte ein Unteroffizier mit gutem Gewissen ein paar Stunden fortbleiben. Nachmittags war den verläßlichen Leuten Ausgang zugestanden, in erster Linie den geborenen Brandenburgern und Pommern. Die Ausländer, die irgendwo angeworben worden waren, galten als weniger verläßlich; zu oft schon hatte sich einer von ihnen davongemacht. Im günstigsten Falle durften sie für einige Stunden weggehen, mußten sich aber bei Einbruch der Dunkelheit zurückmelden, und vielen war es überhaupt verboten, die Kaserne zu verlassen. Die allerärgsten Halunken aber, die schon einmal einen Fluchtversuch unternommen oder sonst etwas Besonderes auf dem Kerbholz hatten, die durften nicht einmal in den allgemeinen Mannschaftsräumen wohnen, sondern hatten ihre Einzelkammern, Gefängniszellen ähnlich, hinter dem Wohnzimmer eines Unteroffiziers, sodaß sie nicht ungesehen fortgehen konnten.

Auch Unteroffizier Brennecke hatte solch einen unverläßlichen

Menschen, einen sogenannten „Schlafburschen“ zu beaufsichtigen, aber nicht seinetwegen beeilte er sich, zur Kaserne zurückzukommen. Der Kerl, der Gustav, war schon recht zahm geworden: ein Spießrutenlauf, damals nach seinem Versuch zu desertieren, hatte genügt, ihn heilsame Furcht zu lehren. Zudem war jener Gustav Frau Brennecke dankbar, weil sie ihm nach der Bestrafung den blutenden Rücken mit Öl eingerieben und verbunden hatte. Nein, Gustav würde ihm keine Sorge machen! Aber als alter Kriegsmann spürte Brennecke, daß es besser war, diesmal vorzeitig den Rückweg anzutreten. Wenn gar schon die Marktweiber von anrückenden Feinden sprachen, konnte plötzlich Alarm geschlagen werden, sogar am heiligen Sonntag, und da mußte er in der Kaserne sein!

Dem Corporal, der auf dem Werkplatz eines Zimmermanns die große Säge zog, rief Brennecke ein warnendes Wort zu, ebenso den beiden Gefreiten, die am Kanalufer halfen, einen Kahn zu beladen. Sie fügten sich sogleich und gingen hinter ihm der Kaserne zu, allmählich immer schneller.

„Wißt Ihr etwas Genaueres?“ fragte der Corporal.

„Nein, ich habe nur einen unguten Druck in der Magengegend. Alte Krieger werden feinfühlig, sie spüren alle Überraschungen voraus.“

Der Torposten nahm die Pfeife aus dem Mund und grüßte nicht übertrieben, doch ganz ordentlich stramm. Zwei Schritte hinter ihm stand aber tatsächlich der Feldwebel! Er trug volle Uniform, in der Hand hielt er den kurzen Spieß.

„Höchste Zeit, daß du kommst, alter Hase!“ rief er Brennecke entgegen. „Es liegt was in der Luft!“

„Dachte ich mir gleich. Was Bestimmtes?“

„Noch nicht. Aber ich darf für heute nachmittags keine Passierscheine ausgeben, wo ich doch selbst so gerne weggegangen wäre. Der Bärenwirt am Köpenicker Tor will ein frisches Faß Bier anstechen, und du weißt doch, solch eine ‚kühle Blonde‘ schätze ich!“

„Tröste dich vorläufig. Ich hab dir auch was mitgebracht." Brennecke öffnete die Patronentasche und zog ein Stück Käse heraus. „Und da, für dein Frauchen!" Er holte ein kleines Bündel Petersilie, ein Stück Sellerie und etliche gelbe Rüben hervor.

„Rüben?" rief der Feldwebel. „Bin ich ein Pferd?"

„Laß dir eine gute Suppe kochen, so mit einem halben Schweinskopf drin."

„Schweinskopf ohne Suppe ist mir lieber. Na, jedenfalls vielen Dank. Grüß deine Jule — und, wie gesagt, bleib wachsam. Heute wird sich, glaube ich, noch etwas rühren."

Bevor Brennecke antworten konnte, ertönte das Getrappel von Pferdehufen. Rechtzeitig sprangen er und der Feldwebel zur Seite, da trabten schon zwei Offiziere auf das Tor zu. Der Feldwebel senkte den Spieß zum Gruß, Brennecke nahm den Hut ab, wie es sich gehörte, und beide standen kerzengerade.

„Die Majors", flüsterte der Feldwebel, als die Offiziere in den Kasernenhof eingeritten waren. „Na, sagte ich nicht, daß etwas in der Luft liegt?"

Aus dem Hof erklangen Rufe, Ordonnanzen liefen hin und her.

Von der Unruhe, die sich allmählich in der Kaserne verbreitete, ahnte Gustav, der Schlafbursch des Unteroffiziers, noch nichts. Durch die Tür drangen Küchengerüche. Ja, Frau Brennecke kochte gern und verhältnismäßig gut, nur verwendete sie auch Sonntags billiges Fett. Es roch, als habe der Unteroffizier bei einem Fleischer oder gar einem Schinder ausgeholfen. Was von der Innenseite des Fells eines Hundes oder eines gefallenen Karrengauls abgeschabt wurde, das konnte etwa so duften!

Gustav zog sich zum Fenster zurück. Aus der trüben Scheibe glotzte ihn sein eigenes Gesicht an. Sonntäglich rasiert, erschien es noch blasser, noch schmäler als sonst. Die gerade Nase, die regelmäßigen Züge könnten wohl einem Mädchen gefallen, aber — Gustav seufzte — ein königlich preußischer Soldat, der

Schlafbursch eines Unteroffiziers, der nie die Kaserne und ab neun Uhr abends nicht einmal die Kammer verlassen durfte, wie sollte der zu einem Mädchen kommen?
Als er das Fenster öffnete und an den Gitterstäben vorbei in den engen Lichthof hinunterblickte, drangen ihm die Klänge eines Liedes entgegen. Eine Männerstimme war es. Gewiß, da sang ein Mann, aber es war eine ungewohnt weiche Stimme, fremdartig wie die Worte und die Melodie. Das kam aus dem Fenster, das sich in der Seitenwand des Lichthofes in gleicher Höhe befand, kaum drei Ellen entfernt. Dort hauste der Schlafbursch eines anderen Unteroffiziers. Mit dem letzten hatte sich Gustav öfters unterhalten, vor wenigen Tagen hatten sie Abschied genommen.
Gustav lauschte stumm. Erst als das Lied zu Ende war, rief er hinüber: „Schön hast du gesungen, alle Achtung! Bist du neu hier?"
„Ja", kam die Antwort zurück, und am Fenster drüben erschien ein dunkelhäutiges Gesicht mit glattem schwarzem Haar darüber. „Bist du schon lang in diesem Gefängnis?"
„Fast drei Monate. Wenn man sich einmal gewöhnt hat, ist es nicht mehr so arg."
„Drei Monate schon? Giltst du als ein so gefährlicher Bursche? Was hast du ausgefressen?"
„Nur einmal versucht, dem Militär zu entfliehen."
„Und dafür wirst du drei Monate allein gehalten?"
Gustav lachte. „Ich wunderte mich selbst schon und fragte neulich den Unteroffizier. Der erklärte mir: bisher hatte er immer seinen Schlafburschen zur Kompanie abgegeben, sobald er überzeugt war, der Kerl werde keinen Unfug mehr stiften, und dann bekam er einen neuen, den er erst wieder mühsam zurechtbiegen mußte. Nun will er sich weniger plagen und behält mich also. Das ist natürlich nicht in Ordnung, und er gibt es auch offen zu. Aber sonst hält er sich mit Recht für einen sehr anständigen Menschen."

„Es gibt nur zwei Arten von Menschen, sagt Pascal: die Gerechten, die sich für Sünder halten, und die Sünder, die sich für gerecht halten. Ich bin übrigens mit diesem Satz nicht völlig einverstanden."
Gustav horchte auf und zögerte, bevor er antwortete: „Ich hätte alles eher erwartet, als daß mir der Schlafbursche eines Unteroffiziers gerade Blaise Pascal zitiert. Hier in Preußen schätzt man, wie ich hörte, die lebenden französischen Dichter, aber einen ernsten Denker, der vor hundert Jahren gestorben ist —"
„Und ich wundere mich, daß du den Namen Pascal kennst. Hast du eine Schule besucht?"
„Das Gymnasium in Braunschweig," antwortete Gustav und seufzte wieder. „Und du?"
„Das Priesterseminar in Krakau."
Sie schwiegen eine Weile, in Erinnerungen befangen. Endlich begann der Schwarzhaarige von drüben wieder: „Ich heiße Jaroslaw. Wenn du —"
Gustav konnte ihn nicht weiter anhören, denn der Riegel an der Außenseite der Türe knirschte und knarrte, die Tür wurde geöffnet. Unteroffizier Brennecke schaute in die Kammer. „Er schnappt frische Luft? Heute wird Er noch genug bekommen. Mach Er sich fertig, wir marschieren aus."
„Am heiligen Sonntag?"
Brennecke lachte. „Mensch, Gustav, hab ich Ihn schon so verwöhnt, daß Er fragt, wenn ich befehle? Ich müßte Ihm eine mit dem Stock überziehen, für so viel Frechheit meine ich! Na, schau Er nicht so trotzig drein, ich tu's ja nicht, kann Ihn ja gut leiden. Also: sofort marschfertig, verstanden?"
„Jawohl, Herr Unteroffizier!" Gustav brauchte nur die Halsbinde umzulegen, die Weste zuzuknöpfen, Schuhe und Jacke anzuziehen und den Hut aufzusetzen, sonst war er vom Kirchgang her ordentlich gekleidet, der Zopf tadellos geflochten. Er wagte noch einen kurzen Blick zum Fenster, um sich von Jaro-

slaw, dem neuen Bekannten, zu verabschieden, aber von diesem war nichts mehr zu sehen. Schon stand Brennecke wieder unter der Tür:

„Vorwärts, Mann, nicht so schläfrig! Hol Er sich sein Zeug!"

Gustav trat ins Zimmer des Unteroffiziers und langte in den hohen, schmalen Schrank, in dem die Ausrüstung verwahrt wurde. Mit gewohnten Griffen hängte er sich alles um, Tornister und Schanzzeug, ohne zu überlegen, ob er es auch brauchen würde. Die Patronentasche war prall gefüllt und daher ziemlich schwer, der Brotbeutel leicht. Aber schon reichte ihm Frau Brennecke ein tüchtiges Stück Brot, dazu ein wenig Käse und eine Speckschwarte.

„Nimm, Junge", sagte sie. „Mit vollem Bauch schießt man besser, pflegte mein seliger Vater immer zu sagen."

Der Unteroffizier übergab Gustav Säbel, Gewehr und Seitengewehr. „Und jetzt komm Er!"

Gustav war sich bewußt, daß die unmittelbare, fast unausgesetzte Aufsicht, unter der er als Schlafbursche stand, auch ihre Vorteile hatte. Er war stets bereit, schon beim ersten Trommelschlag zum Sammelplatz der Kompanie zu laufen, während die anderen Musketiere, die Brennecke jetzt aufscheuchte, sich in aller Hast zurechtmachen mußten. Wer zuletzt ankam, konnte mit Stockhieben rechnen, und wenn gar jemand in der Eile ein Stück der Ausrüstung vergessen, einen Knopf nicht geschlossen, den Hut nicht richtig aufgesetzt hatte, büßte er es bitter. Der Unteroffizier verstand gut zu strafen, der Feldwebel noch besser.

Die Soldaten, die klug genug waren, es nicht erst darauf ankommen zu lassen, standen stets rechtzeitig im Hof und ordneten sich nach der Größe. Sie kannten schon ihren Platz und wußten ungefähr, neben und hinter wem sie zu stehen hatten, aber genau ließ es sich nicht beibehalten, denn sie bildeten ja nur einen Ersatztruppenteil, von dem immer wieder Leute zum Feldheer abgegeben wurden, während neu ausgebildete Rekru-

ten dazukamen. Also wunderte sich Gustav nicht über seinen neuen Vordermann, einen auffallend schlanken Burschen.
Es dauerte nicht lang, bis die erste Kompanie abrückte. Noch im Kasernenhof, bald nach der ersten Schwenkung, stellte Gustav erstaunt fest, daß diesmal anscheinend alle Soldaten, die in der Kaserne wohnten, angetreten waren, nur marschierten sie nicht alle gleichzeitig aus. Der neue Vordermann aber, der nun nach der Wendung neben ihm ging, war jener Jaroslaw aus dem Priesterseminar. Mit freundlichem Augenzwinkern begrüßten sie einander.
An der Spitze der Kolonne ritt ein Offizier. Wohin sie marschierten, warum überhaupt, das wußte keiner der Musketiere. Die gefüllten Patronentaschen erweckten allerlei Vermutungen, aber vorläufig mußte jeder seine Gedanken für sich behalten. Als Trommel und Querpfeife erklangen, schien es Gustav sogar vergnüglicher, durch die Stadt zu ziehen, als stumpfsinnig in der Kammer zu hocken. Die Leute auf der Straße schauten ihnen nach, kleine Jungen liefen hinter ihnen her, aus manchem Fenster winkte ein Mädchen.
So ging es im Gleischschritt weiter, durch die engen Gassen von Alt-Kölln, über eine Kanalbrücke nach Neu-Kölln und dann in das Köpenicker Viertel. Hier gab es keine geschlossenen Häuserzeilen mehr, bald überhaupt nur Hütten mit Strohdach. Auf den Misthaufen suchten Hühner und Schweine ihre Nahrung, herrenlose Köter strichen umher und kläfften die Soldaten an. Hinter den Hütten weideten Schafe und Ziegen, dazwischen dehnten sich Felder aus. Die meisten waren schon frisch bestellt, manchmal aber standen noch die Stoppeln von der Ernte her und verrieten, daß die Frauen und Greise mit der Feldarbeit nicht ganz zurechtkamen. Aber die Männer, die den Pflug führen sollten, mußten eben marschieren!
Die Truppe hielt vor einem langen, hohen Zaun aus starken Pfählen. Unzählige Male hatten es die Musketiere geübt, so gleichzeitig stehen zu bleiben, daß kein einziger Fuß nach-

klappte, und ebenso selbstverständlich führten sie die nächsten Befehle aus, wendeten sich auf dem linken Fuß, nahmen die Gewehre von den Schultern, schlossen eng auf und richteten sich nach dem rechten Flügelmann schnurgerade aus. Der Offizier trat vor die Front.

„Musketiere!“ sprach er mit lauter Stimme. „Ich schulde euch ja keine Erklärung, aber da heute Sonntag ist, sollt ihr erfahren, weshalb ihr ausgerückt seid. Da, seht: solche einfache Palisaden sind an dieser Stelle der einzige Schutz unserer Haupt- und Residenzstadt. Jede Kanonenkugel kann ein Loch reißen. Also, schüttet einen kleinen Wall auf, daß keine Kugel durchdringt. Fest an die Arbeit, ihr dürft es euch dazu bequem machen!“

Die Soldaten stellten die Gewehre in Pyramiden zusammen, legten Patronentaschen, Tornister und alles Riemenzeug ab, knöpften die Rockkragen auf, lockerten die Halsbinden und griffen nach den Spaten. Es war gar nicht so leicht, damit in den harten, steinigen Boden einzudringen, doch nach einer kurzen Weile brachte ein Karren Hacken und Schaufeln. So ging es besser, der Wall wuchs — aber leider nur an dieser einen Stelle!

Gustav dachte darüber nach, und als er zum ersten Mal einhielt, um sich den Schweiß von der Stirn zu wischen, wandte er sich an seinen Nachbarn. „Wir müssen den Wall also gegen die Kaiserlichen bauen, gut. Aber wenn sie schon kommen, woher weiß der Hauptmann, daß sie gerade da schießen werden?“

Jaroslaw grinste spöttisch. „Gar nichts weiß er! Er hat nur einen Befehl erhalten, und den führen wir aus. Ihm kommt es vielleicht genauso sinnlos vor wie uns. Aber was hilft es?“

Nach einer weiteren Viertelstunde unterbrachen beide die Arbeit, um die Röcke auszuziehen. „Ich hoffe doch“, sagte Jaroslaw dabei, „daß die Kaiserlichen gerade uns angreifen.“

„Weshalb? Willst du Heldentaten verrichten?“

„Im Gegenteil! Beim ersten Schuß werfe ich mich zu Boden und stelle mich tot. Wenn dann alles vorbei ist, mache ich mich davon."

„Daß du desertieren willst, verstehe ich, aber warum muß man da vorher feig sein?"

„Weil so eine dumme Kugel ganz leicht treffen könnte. Mögen sich die guten Preußen für ihren König totschießen lassen! Mich geht der ganze Krieg nichts an. Es gibt einen nützlichen Spruch: Lieber einen Augenblick lang feig als ewig in der Hölle."

„Bist du so sicher, daß du in die Hölle kommst?"

„Ganz sicher. Ich entgehe ihr nicht, aber ein wenig aufschieben möchte ich sie."

An die Hölle hatte Gustav bisher nie ernstlich gedacht; erstaunt schaute er Jaroslaw an: „Sag, habt ihr im Priesterseminar gelernt, wie es in der Hölle aussieht?"

„Nicht genau. Wahrscheinlich ist schon mancher Jesuit hineingekommen, aber meines Wissens noch keiner zurück, um davon zu erzählen."

Die Worte und der Gesichtsausdruck des Kameraden, so kalt und dabei höhnisch, berührten Gustav sonderbar, fast unheimlich. Jaroslaw sprach weiter:

„Ich schätze, daß es in der Hölle noch unerfreulicher zugeht als beim preußischen Militär. Dort unten scheint nämlich keine Sonne. Ich möchte sie aber noch eine Weile sehen!" Nun war alles Hämische aus Jaroslaws Gesicht verschwunden, seine Augen glänzten traurig.

„Aber wer sagt denn, daß die Österreicher wirklich kommen? Und wenn sie angreifen, können wir doch nicht kämpfen! Wir paar Kompanien hinter solch einem lächerlichen Zaun, wie sollen wir uns gegen eine ganze kaiserliche Armee halten?"

„Wir müssen den Abzug der Königin und der Minister decken. Sobald die hohen Herrschaften in Sicherheit sind, ist alles gut. Bis dahin müssen wir unsere Köpfe hinhalten."

„He! Ihr da! Wie lange braucht ihr noch zum Rockausziehen?"

Die Stimme klang nicht gerade freundlich. Gustav schaute sich nicht um, wer ihn an seine Pflicht mahnte, sondern griff gleich wieder nach dem Spaten.

Eine gute Stunde mochte vergangen sein, vielleicht noch mehr, bis sie rasten durften. Sie setzten sich auf den eben errichteten Wall, wischten sich Schweiß und Staub ab, spuckten Sandkörner aus und fühlten sich ganz zufrieden. Es war doch schön, eine Weile sitzen zu können! Das Wasser aus den Feldflaschen schmeckte nicht gerade gut, umso besser Brot, Käse und Speck von Frau Brennecke. Gustav teilte redlich mit dem Kameraden.

Zum Dank erzählte dieser, und zwar so lebhaft, als wollte er sich von anderen Gedanken ablenken. Er begann ganz ohne Einleitung mit einer polnischen Heldensage, ging auf eine Gespenstergeschichte über, flocht eine Szene aus seiner Kindheit ein, sprach von Kirchenmusik und ganz unvermittelt vom Mond und den Sternen. Gustav hörte gern zu, vergaß beinahe die unmittelbare Gegenwart und wurde erst wieder an sie erinnert, als zwei Kanonenschüsse krachten.

Damit war die Pause freilich beendet. Die Soldaten mußten aber nicht die Schanzarbeit fortsetzen, sondern der Hauptmann befahl, die Röcke wieder anzuziehen und die Uniformen in Ordnung zu bringen. Dann ließ er die Soldaten die Gewehre ergreifen, in Reih und Glied antreten und befahl, sogleich zu laden. Inzwischen waren weitere Kanonenschüsse zu hören.

„Paß auf“, flüsterte Jaroslaw, „gleich führen sie uns wie Schafe zur Schlachtbank. Merk dir, was ich gesagt habe: beim ersten Schuß gleich hinschmeißen!“

Gustav starrte gleich allen anderen einem Mann entgegen, der eilig angelaufen kam. Schon von weitem war er als königlicher Musketier zu erkennen.

„Befehl vom Stadtkommandanten!“ rief er keuchend. Seine übrigen Worte waren nicht zu verstehen, er sprach nur zum Hauptmann. Die Kompanie schulterte die Gewehre und marschierte ab: dorthin, woher die Schüsse erklungen waren.

IX. EIN TROMPETER

Zur gleichen Zeit wie die Musketiere hatten auch die Bürger von Berlin begonnen, die Befestigungen ihrer Stadt zu verstärken. Sie besserten Palisaden aus und füllten Erde zwischen Weidengeflecht, damit diese Schanzkörbe feindliche Geschosse auffangen könnten. Selbst der älteste lahme, halbblinde Karrengaul mußte Erde, Sand oder Pfähle befördern. Die Arbeiten gingen ziemlich planlos, aber in verbissener Hast vor sich.

Nicht allzu viele Berliner hatten an Flucht gedacht. Die Mehrzahl der Stadtbevölkerung war nicht so reich, daß sie Schätze in Sicherheit bringen mußte; lieber blieb sie daheim, um ihre Häuser vor Plünderung zu schützen. Bei den Ärmsten, die nichts zu verlieren hatten, war sogar die Neugier größer als die Furcht.
Solche Neugier führte auch rasch eine Menge zusammen; einer rief dem anderen zu, ein österreichischer Reiter sei als Unterhändler erschienen. Wirklich, da kam er die Köpenickerstraße entlang, von zwei Soldaten der Torwache begleitet. Das Gewehr mit aufgepflanztem Bajonett über der Schulter, ging jeder auf einer Seite des Pferdes. Einer hatte den Schimmel am Zügel führen wollen, doch das hatte sich der Reiter sofort verbeten. Ihnen folgten Schuljungen, Lehrlinge, bald auch Erwachsene. Ein Invalide humpelte eifrig hinterher.
„Sagt, Herr Nachbar", fragte ihn ein Bub, „das ist doch ein Husar?"
„Freilich, das müßtest du schon an seinem Kalpak erkennen, dieser Fellmütze mit dem herabhängenden Tuchzipfel."
„Warum hängt der Zipfel herunter?"
„Das tragen alle Husaren so, unsere ja auch."
„Warum schicken die Kaiserlichen gerade einen Trompeter?"
„Das ist in allen Heeren so üblich. Überall schickt man Trompeter, wenn man verhandeln will."
„Und reiten alle Trompeter auf Schimmeln?"

„Alle. Damit man sie weithin sehen kann, wenn sie zum Sammeln blasen."
Der Schimmel des Husaren bot viel Stoff zu Gesprächen. Wer sachkundig war oder dafür gehalten werden wollte, stellte fest, daß es eigentlich ein kleines Pferd sei, aber trotz seiner Magerkeit anscheinend kräftig. Das Spiel seiner Ohren verriet, wenn es sich ärgerte, weil ihm jemand zu nahe kam; dann schnaubte es, hob sich auf den Hinterbeinen, daß die Vorderhufe gefährlich in der Luft tanzten. Mehrmal biß das Pferd um sich, einmal blieb es stehen und feuerte mit beiden Hinterhufen gleichzeitig aus.
„Schau dir den Husaren an, wie ungestört er sitzen bleibt, was das Pferd auch aufführen mag. Der kann reiten, der ist mit seinem Vieh verwachsen!" rief ein Lehrbub. Der nächste kränkte sich über solches Lob für einen Feind.
„Meinst du, unsere Husaren können das nicht? Mein großer Bruder hat einen Freund —"
Sie kamen durch enge Gassen auf einen Platz, in dessen Mitte eine hölzerne Kirche stand, gleich danach auf einen Markt; dort hielten die beiden Soldaten an.
„Da ist das Rathaus", sagte der eine, „da werdet Ihr den Magistrat finden. Geht hinein, ich halte Euer Pferd."
„Aber Vorsicht, er beißt!" antwortete der Husar und stieg ab. Ohne das Gebäude genauer zu betrachten, ging er in den Hausflur und packte den ersten Menschen, der ihm begegnete, am Ärmel:
„Führt mich zu Bürgermeister!"
Der Amtsdiener starrte ihn mit halb erschrockener, halb tadelnder Miene an. „Der Herr Stadtpräsident ist jetzt nicht zu sprechen."
„Für mich ist Bürgermeister zu sprechen. Oder soll Feldmarschall in Brand schießen ganze Stadt?"
Der Amtsdiener riß den Mund auf, aber brachte nicht viel hervor. „Wartet!" rief er und eilte davon.

Es dauerte nicht lange, bis er zurückkehrte. Er führte den Trompeter vom Flur eine Stiege hinauf und durch mehrere Vorräume in einen großen, holzgetäfelten Saal. An seiner Schmalseite, der Eingangstür gegenüber, befand sich ein niederes, von hölzernen Schranken umgebenes Podium. Dort saßen fünf Herren in dunkler Kleidung mit weißen Perücken, sehr würdig anzusehen. Der Husar trat näher, grüßte militärisch und wartete auf Gegengruß und Anrede, aber vergeblich. Aus den Blicken der Herren sprach nur Staunen und Mißbilligung. In die Stille tönte der Schlag einer Turmuhr: ein Viertel nach elf.

Endlich öffnete einer den Mund: „Er redete vorhin von Brand und Schießen."

Der Husar schwieg.

„Was ist?" fragte der Herr weiter. „Versteht er nicht Deutsch?"

„Ganz gut, aber hab ich nicht erkannt, daß der Herr mit mir redet. Kaiserlich-königlichem Trompeter gebührt Anrede ‚Ihr', nix ‚Er' ".

Die Herren schauten einander an. Einer fragte: „Sollen wir den frechen Kerl überhaupt anhören?"

„Wird gut sein", sagte der Husar ungerührt. „Weil nämlich, wenn ich nicht bin zurück in einer Stunde, Feldmarschall läßt Kanonen schießen."

„Wer ist denn dieser Feldmarschall?"

„Da, bring ich Brief von ihm." Der Husar zog ein gefaltetes und gesiegeltes Blatt Papier aus der Tasche, die er neben dem Säbel um die Schulter gehängt trug.

„Öffne Er — öffnet selbst und lest vor, so ihr lesen könnt."

„Kann ich, haben wir gute Schule in Peterwardein." Der Husar brach das Siegel auf, entfaltete den Brief und las mit lauter Stimme:

„An den löblichen Stadt-Magistrat der königlich preußischen Residenzstadt Berlin. Es wird im Namen Ihrer kaiserlich-königlichen Majestät, meiner allergnädigsten Frauen, der königlich preußischen Haupt- und Residenzstadt Berlin hiermit eine

Brandsteuer von dreimal hunderttausend Reichstaler auferleget, und hat der aldasige Magistrat, von Zeit des Empfang dieses, vor Verfließung einer Stund vier Deputierte von ihren Mitgliedern zu mir herauszuschicken, um wegen der Abführung obgedachter Summa das weitere von mir zu entnehmen. Wo in Widrigem nach Umlauf einer Stund die äußersten Zwangsmittel, wozu die Waffen durch den Krieg und billige Repressalien berechtiget werden, Feuer und Schwert ergriffen und die Kanonade anzufangen nicht säumen werde. Wonach sich also der Magistrat zu achten und vor Unglück und Schaden zu hüten wissen wird. Gegeben vor Berlin den 16. Octobris 1757. Dero Römischen Kaiserlichen, auch in Ungarn und Böhmen Königlichen Majestät bestellter Generalfeldmarschall-Lieutenant und Obrist über ein Regiment Husaren und kommandierender General der in die Mark Brandenburg eingerückten kaiserlich-königlichen Truppen: Andreas von Hadik."

Unterdessen hatte sich der Saal gefüllt. An die zwanzig Herren, die meisten schon in höherem Alter, waren einzeln oder in Gruppen hereingekommen, manche keuchend nach eiligem Wege, zwei von ihnen hatten die Röcke nicht vollständig zugeknöpft. Viele trugen Degen an der Seite. Die Herren auf dem Podium ließen sich den Brief geben und beugten sich darüber. Während die anderen sich eifrig hinzudrängten, schaute sich der Husar im Saal um. Die Wappen und Bilder an den Wänden interessierten ihn wenig, wohl aber die Fenster. Sie mußten auf dem Marktplatz hinausführen, wo sein Pferd stand, und da er nur eine Stiege heraufgegangen war, befand er sich vermutlich nicht allzu hoch. Im Notfall konnte er wohl aus einem Fenster springen!

Der Amtsdiener wurde gerufen, erhielt einen Befehl und ging fort, den Brief in der Hand. Die Männer im Saal sprachen halblaut miteinander. Der Husar prüfte unauffällig die Fenster — niemand achtete darauf, wohin er schaute — und stellte befriedigt fest, daß sie anscheinend nur einfach verriegelt waren. Je länger er warten mußte, desto stärker wurde sein Verdacht,

daß man ihn nur hinhalten wolle. Wahrscheinlich rüstete sich Berlin inzwischen zur Verteidigung!
Die Turmuhr schlug eben zwölf, als der Amtsdiener zurückkehrte und den Herren auf dem Podium eine kurze Meldung erstattete. Den Brief des Feldmarschalls und ein zweites Schreiben legte er auf den Tisch. Nach kurzer Beratung wurde ein Amtsschreiber gerufen. An einem Pult stehend, schrieb er, was einer der Herren — offenbar der Stadtpräsident selbst — so laut diktierte, daß alle Anwesenden es gut verstehen konnten:
„An den Feldmarschall-Lieutenant von Hadik, kommandierenden General der angeblich in die Mark Brandenburg eingerückten kaiserlich-königlichen Truppen. Der Magistrat der königlich preußischen Haupt- und Residenzstadt Berlin ist nicht überzeugt von der Richtigkeit des Befehls der Bezahlung einer Brandsteuer. Er sieht sich auch nicht in der Lage, eine Antwort zu erteilen, da er dem in Berlin befindlichen Militär-Gouvernement untersteht. Auf Befragung teilte das genannte Gouvernement mit, daß es, wenn feindliche Truppen in größerer Zahl so nahe vor der Stadt stünden, davon Nachricht hätte. Eine Streifschar von Husaren aber, die vielleicht unbemerkt herangeritten sei, werde keinerlei Zahlung erpressen können. Derlei zu verhindern, befindet sich ja der Militär-Gouverneur mit hinlänglicher Besatzung in der Stadt. An ihm muß alles gelangen, was die Stadt angeht. Ein weiterer Brief wäre also an ihn zu richten."
Während noch die Feder des Amtsschreibers über das Papier kratzte, wandte sich der Stadtpräsident an den Trompeter: „Er hat mitgehört und weiß Bescheid. Bring Er die Antwort seinem Feldmarschall."
Die Turmuhr schlug ein Viertel nach zwölf.
„Feldmarschall hat eine Stunde Frist gegeben", sagte der Husar. „Zeit ist um. Wird sich jetzt Antwort selbst holen."
Einige Herren lachten spöttisch, der Stadtpräsident dagegen schien erbost: „So freche Antworten wird Er sich abgewöhnen,

Husar! Bisher stand er unter dem Schutz des Kriegsrechts, das Unterhändlern freies Geleit gibt, aber wenn die Feinde wirklich angreifen, ist dieser Schutz erloschen. Er ist unser Gefangener. Liefere Er seinen Säbel ab!"
„Holt ihn Euch selbst!" rief der Husar und zog blank. Während er zum Fenster eilte, streckten sich ihm zwei Degen entgegen — diese dünnen Klingen schlug sein Säbel leicht zurück. Mit raschem Griff öffnete er den Riegel und riß das Fenster auf. Noch ein Blick zurück in den Saal: alle Ratsherren waren aufgesprungen, der Amtsdiener lief zur Tür, der Stadtpräsident rief nach der Wache, aber niemand wagte sich unmittelbar heran. Der Husar nahm den Säbel zwischen die Zähne und schwang sich aufs Fensterbrett.
Der Platz unten war mit Steinen gepflastert; das ließ einen freien Sprung nicht ratsam erscheinen. Aber etwa in der Höhe des Fußbodens im Saal lief draußen ein Gesims das Gebäude entlang. Die Beine voran, ließ sich der Husar hinabgleiten und konnte ohne Schwierigkeiten auf dem Gesims Fuß fassen. Er sah noch, wie nun endlich die Ratsherren auf das Fenster zuliefen, dann ging er, die Brust an die Hauswand gepreßt, mit kleineren, schnellen Schritten nach rechts bis zur Wölbung über dem Eingangstor. Dort bot eine steinerne Figur Halt. Der Husar faßte sie um den Hals, stieg ihr auf die Zehen, glitt weiter, hielt sich am steinernen Schwert der Figur, und schon war er so weit hinuntergelangt, daß der Sprung nicht mehr allzu gefährlich war.
Die Ratsherren über ihm beugten sich aus den Fenstern und schrieen. Das lenkte die beidenSoldaten unten für den Augenblick ab. Bis sie begriffen, was die Ratsherren ihnen zuriefen, saß der Husar schon im Sattel seines Pferdes.
„Halt!" brüllte einer der Soldaten, zwei Gewehrhähne knackten, aber als die Schüsse krachten, verschwand der Husar hinter einem Fuhrwerk.
Die Leute auf dem Markt stoben auseinander. Der geschwun-

gene Säbel scheuchte zwei Männer zurück, die sich in den Weg stellen wollten. Weiber kreischten, Hunde bellten, ein Pferd vor einen Heuwagen wieherte dem galoppierenden Schimmel zu. Wieder drohten drei Männer, diesmal richtig gefährlich: es waren Bauern mit langen Heugabeln! Der Husar erkannte, daß dagegen sein Säbel nichts helfen würde, die hölzernen Gabelzinken sein Pferd aber leicht verletzten könnten. Also hielt er den Schimmel in sicherer Entfernung an, nahm den Säbel wieder in den Mund und zog die Pistolen aus den Halftern neben den Satteltaschen. Die Zügel konnte er unbesorgt loslassen, seinem Pferd durfte er unbedingt vertrauen. Er hob die Waffen und drückte ab. Einem Bauern flog der Schlapphut vom Kopf, der andere ließ die Heugabel fallen und griff fluchend nach seiner Schulter. Der dritte schien die Lust zu einer Heldentat verloren zu haben, denn er wich rasch an die nächste Hauswand zurück. Der Weg war frei.

Das Geschrei in seinem Rücken mahnte den Trompeter, den Marktplatz so schnell wie möglich zu verlassen. Er wählte nicht lang, sondern nahm die nächste Straße ohne zu wissen, ob es die war, durch die ihn die beiden Torwächter hergeführt hatten. Trotz des harten Bodens ritt er in flottem Trab, bis er eine Kolonne preußischer Soldaten gewahrte. Ihm war klar, daß er weder zurückreiten durfte, denn da hinten johlten noch immer ein paar Verfolger, noch sich mit Gewalt freie Bahn schaffen konnte. Die Pistolen waren leergeschossen, und nur mit dem Säbel gegen so viele Soldaten wäre der Kampf aussichtslos gewesen.

Wie er ratlos um sich schaute, entdeckte er eine Brücke, eigentlich einen breiten, von Häusern flankierten Damm quer über einen Fluß. Dort hinüber fliehen? Oder vom Damm hinunter in den Fluß springen? Das täte vielleicht Königssohn Marko oder eine andere Gestalt der alten Heldenlieder, wie sie der blinde Bettler daheim zum Kirchweihfest sang! Ein Wunderpferd aus jenen Balladen könnte solch einen Sprung unverletzt überstehen, sein Schimmel aber wahrscheinlich nicht, und ein Flußbad im Oktober lockte überhaupt wenig.

Lieber versuchte es der Husar mit der Frechheit. Ohne viel nach den Soldaten hinzuschauen, ritt er an ihnen in gleichmäßigem Trab vorbei. Zwei Erfahrungen seiner eigenen Dienstzeit verliehen ihm Zuversicht: erstens, daß Soldaten im Stadtbereich gewöhnlich mit ungeladenen Gewehren marschierten, zweitens, daß sie in Marschkolonne nichts nach eigenem Ermessen taten. Selbst wenn sie die beiden Schüsse vorhin gehört hatten, durfte es ihnen noch kein Grund sein, einen vorbeireitenden Trompeter aufzuhalten, solange es ihnen niemand ausdrücklich befahl.

Wirklich schien alles gut zu gehen, der Husar hatte den größten Teil der Kolonne schon hinter sich gelassen, da ertönte von hinten das Geschrei der Leute, die vom Markt her nachliefen. Der Offizier an der Spitze drehte sich um — und er konnte die Uniform eines kaiserlich-königlichen Husaren von der eines preußischen unterscheiden! Er brüllte ein Kommando und hob das Sponton. Wie ein Spieß war die Waffe gegen den Schimmel gerichtet. Der Husar erkannte die Gefahr und schlug seinem Pferd die Sporen so hart in die Flanken, wie er es noch selten getan hatte. Der Schimmel flog dahin, riß einen Mann um und galoppierte weiter. Der Husarensäbel schlug das drohende Sponton zur Seite — wieder war die Bahn frei!

Der Trompeter hütete sich, zu lang geradeaus zu reiten. Hinter ihm erklangen Kommandorufe, bald mußten die Preußen ihre Gewehre geladen haben — und daß sie gut schießen konnten, das wußte jeder kaiserlich-königliche Soldat! Nach links öffnete sich eine Querstraße — das Pferd raste vorbei. Die nächste durfte er nicht mehr versäumen! Er parierte seinen Schimmel, kam noch gut um die Ecke und ritt in raschem Trab weiter. Die Gasse war leer. Sie erwies sich jedoch gar nicht als richtige Gasse, sondern als Uferkai an einem Kanal. Der Husar erwog kurz, sich zwischen Holzstößen und Schuppen zu verbergen, aber mit dem Pferd zusammen schien das schwierig, und von ihm sich zu trennen, das kam nicht in Frage. Lieber weiter, wieder weg vom Kanal, über einen kleinen Platz und nach links in die nächste Gasse!

Das Schild eines Gasthofes „Weißes Roß" erinnerte den Trompeter trotz allem, was er erlebt hatte, daß sein Magen leer war. Und hinter einem hohen Nußbaum schon wieder ein Gasthof! Ihm galt ein Seitenblick voll Sehnsucht, während das Pferd weiterlief, doch dabei übersah der Husar auch nicht einen hübschen Mädchenkopf. Im nächsten Haus hatte sich ein Fenster geöffnet, eine helle Stimme schimpfte auf ihn herab:

„Du Schinder! Siehst du nicht, daß dein Pferd ganz außer Atem ist? Auf hartem Pflaster sollst du überhaupt nicht traben! Laß das arme Vieh lieber rasten, gib ihm Wasser zu saufen!"

Der Husar erschrak nur kurz, dann lachte er. Plötzlich zuckte ein Gedanke auf. „Mach auf Haustor, schönes Mädchen, werd' ich Pferd saufen lassen."

„Ja, komm nur!"

Als der Kopf verschwunden war, begann der Husar, sich Sorgen zu machen. War es nicht Leichtsinn, eines Mädchens wegen Zeit zu verlieren? Nein, nicht nur ihretwegen wollte er in das Haus hinein: wenn er drinbleiben könnte, bis der Feldmarschall Berlin besetzt hätte, wäre alles in schönster Ordnung. Gewiß war ein Unterschlupf hier besser, als durch unbekannte Straßen zu flüchten, sich zu verirren, nochmals preußischen Soldaten zu begegnen und im günstigsten Fall ein verschlossenes und bewachtes Stadttor zu erreichen. Aber kostbare Zeit verging! Besorgt blickte der Husar zurück.

Schon meinte er, irgendwo Schritte laufender Menschen zu hören. Endlich ging das Tor auf. Das Mädchen dahinter schien ihm verändert, die Haare heller, aber zunächst war ihm nur wichtig, das Pferd hineinzuführen. Zur Vorsicht war er während der Wartezeit im Sattel geblieben, nun sprang er ab und zog den Schimmel hinter sich durch die Toreinfahrt in den Flur.

„Nur gerade aus weiter, dann kommt Er gleich in den Hof!" rief das Mädchen.
Wieder dieses widerliche „Er" als Anrede — und auch die Stimme klang anders als vorhin am Fenster. Aber noch nahm sich der Husar nicht die Zeit, darüber viel nachzudenken. Das Tor hinter ihm war geschlossen, eine Sorge geschwunden, nur leider tauchte gleich die nächste auf. Also fragte er:
„Sag, schönes Kind, gibt sich da andere Ausgang, hinten wo hinaus?"
„Dacht' ich mir's doch gleich, Er will sich verstecken! Sind die Feinde denn schon in der Stadt?"
Sie hatten inzwischen den Flur durchschritten und gelangten in einen kleinen, ringsum von Gebäuden umschlossenen Hof. In der Mitte stand ein Brunnen. Der Husar zögerte: das Pferd war erhitzt, Hals und Flanken von Schweiß bedeckt; kaltes Wasser würde ihm jetzt nicht gut tun! Er erklärte dem Mädchen, daß er mit dem Tränken noch warten wolle, lockerte nur den Sattelgurt und schlang die Zügel um einen Pfosten. Als er sich umwandte, erstarrte er mitten in der Bewegung. Neben dem Mädchen, das ihn eingelassen hatte, stand das andere, das er am Fenster gesehen hatte. Aber nein, es war kein Mädchen! Eine junge Dame stand vor ihm, mindestens so groß wie er, schlank, dunkelhaarig — aber ihr Gesicht schien gar nicht freundlich.
„Du Faulpelz!" rief sie. „Willst du nicht das Pferd trockenreiben? Hol dir Stroh, dort rechts in der Kammer, zweite Tür, liegt genug."
Sie schien keinen Widerspruch zu kennen, und er dachte auch gar nicht daran. Gehorsam ging er zur Kammer, packte zwei Handvoll Stroh, nahm den Sattel ab und rieb und wischte, bis das Fell seines Schimmels wieder glänzte. Während der Arbeit hörte er, wie die Dame mit dem Mädchen sprach; dabei fiel ihm auf, daß ihre Sprechweise zuweilen an das Deutsch der kaiserlich-königlichen Armee erinnerte. Das Mädchen, wohl die Magd oder Zofe, redete ganz so, wie er es vorhin im Rathaus

gehört hatte. Als er fertig war, danach einen Eimer Wasser aus dem Brunnen geschöpft und das Pferd getränkt hatte, die Satteldecke wieder auflegte, unwillkürlich auf ein Wort der Anerkennung wartete und zu der Dame hinschaute, da sah er, daß sie seine Satteldecke aufmerksam betrachtete.
„Du bist kein preußischer Husar", sagte sie.
„So wenig wie Ihr, hochgeborene Frau, seid Berlinerin. Vielleicht aus Wien oder Ofen? Oder Deutsch gar nix Eure Muttersprache? Govorite li hrvatski?"
Sie schüttelte den Kopf. „Ich verstehe nicht Kroatisch. Beszél ön magyarul?"
Der Husar strahlte vor Freude. In fast verzweifelter Lage, mitten in der fremden, feindlichen Stadt eine Ungarin zu treffen, das war schon mehr als unerwartetes Glück! Welcher Nation er selbst angehöre, darüber hatte er sich noch nie den Kopf zerbrochen, ja diesen Begriff erst sehr spät kennengelernt und bisher nicht völlig erfaßt. Die Mutter hatte kroatisch mit ihm gesprochen, der Vater zuerst überhaupt kaum, dann ungarisch, die Spielkameraden beide Sprachen. In der Schule war dann als dritte Sprache Deutsch hinzugekommen. Aber soviel war sicher: diese Dame hier gehörte nicht zu den Leuten, die ihn verfolgten!
Sie schaute ihn fast freundlich an, um ihren Mund zuckte ein belustigtes Lächeln. Der Husar indes vergaß nicht den Ernst der Lage. Als sie ihn einlud, ihr ins Haus zu folgen, nahm er die beiden Pistolen mit. So ging er eine kurze Stiege hinauf und durch ein Vorzimmer, das auf ihn sehr herrschaftlich wirkte. Unter der Tür zum nächsten Raum wandte sie sich um und fragte vorwurfsvoll, aber immer noch mit leicht spöttischem Unterton:
„Traust du mir nicht? Du stehst unter dem Schutz der Gastfreundschaft!"
Hatte ihn ihr deutscher Tonfall vertraut berührt, so klang ihr Ungarisch fast fremd: viel reiner und gewählter, als es unter den Husaren üblich war. Er folgte ihr weiter und blickte sich scheu

in dem Zimmer um. Die Dame zog die Vorhänge vor das Fenster, er aber wagte nicht recht, ihrer Aufforderung zu folgen und auf einem Polstersessel Platz zu nehmen. Endlich erinnerte er sich an die Frage.

„Nein, hochgeborene Frau“, antwortete er, „ich mißtraue Euch nicht. Ich habe meine Pistolen nur mitgenommen, weil sie leergeschossen sind und ich sie laden muß.“

„So gehört es sich. Laß dich nicht stören. Aber wann und auf wen hast du geschossen? Wie kommst du überhaupt in die Stadt? Erzähle!“

Die Zofe brachte Brot und Salz, Schweineschmalz in einem irdenen Töpfchen und ein Gläschen Schnaps. „Wohl bekomm's!“ sagte sie deutsch, die Dame ergänzte ungarisch:

„Stärk dich erst einmal. Laß die Pistolen! Wenn du sie sofort wieder schußbereit haben willst, kann ich sie inzwischen laden.“

So wenig er ihr das zutraute, griff er doch gern nach dem Brot, bestrich es dick mit Schmalz, streute Salz darüber und biß hinein. Die Zofe erhielt inzwischen kurze Befehle und ging hinaus. Als sie wiederkehrte, brachte sie auf einem kleinen Tablett ein zweites Glas und einen Tonkrug. Sie schenkte ihrer Herrin ein und legte dann einige Flocken Wolle auf den Tisch; ihr Gesicht drückte etliches Befremden aus.

Die Dame trank einen Schluck, dann griff sie nach der ersten Pistole. Der Husar staunte, wie sicher sie damit umging: sie zog den Ladestock unter dem Pistolenlauf hervor, umwickelte ihn mit einer Wollflocke und reinigte so den Lauf von den Rückständen des Schusses, ließ sich eine Patrone reichen und biß die Spitze der Papierhülse mit ihren Zähnen so ab, wie es jeder einfache Soldat tat. Aus der geöffneten Hülse schüttete sie das Pulver in den Lauf, nahm dann aus der Hülse die Kugel, knüllte das Papier zusammen, steckte es in den Lauf und drückte es mit dem Ladestock fest, damit es als Pfropfen die Pulverladung abdichte. Zuletzt kam die Kugel hinein und wurde ebenfalls festgedrückt. Dann versorgte die Dame den Ladestock wieder, ließ sich die Pulverflasche geben, öffnete die Zündpfanne der Pistole, schüttete Pulver darauf, schloß sie wieder und legte schließlich die Waffe auf den Tisch.

Als er sich satt und zufrieden den Mund abwischte, hatte sie auch die zweite Pistole geladen. „Also, jetzt erzähl!"

„Darf ich?" fragte er mit einem Blick nach dem Krug, schenkte sich das Glas wieder voll, trank und erzählte dann. Die Dame hatte inzwischen einen Stickrahmen ergriffen und beschäftigte sich mit der weiblichen Handarbeit so, als habe sie nie eine Pistole in der Hand gehalten. Ihre Augen funkelten aber munter.

„Das waren bewegte Stunden!" rief sie, als der Husar geendet hatte. „Trink weiter, wenn du magst, oder willst du eine Pfeife rauchen?"

Die Pfeife lehnte er dankend ab, schenkte sich aber wieder ein und stellte dann den Krug ganz nah neben seinem Glas ab.

„Erzähl noch: wie kam das kaiserliche Korps überhaupt unbemerkt bis Berlin?"

„Das verstehen wir selbst nicht. Bis heute früh wußten wir nicht, wohin der Marsch ging. Unser Feldmarschall ist eben unglaublich tüchtig! Und er versteht zu schweigen. Niemand kannte seine Pläne, vielleicht nicht einmal die höchsten Offiziere."

„Wie alt ist er?"

„So gegen die fünfzig, vielleicht ein wenig jünger."

„Sieht er gut aus?"

„Sehr gut! Ein rechter Kavalier."

„Ich würde ihn gern kennenlernen." Die Wangen der Dame hatten sich leicht gerötet.

„Vielleicht ist er bald in Berlin. Gefallen Euch, verzeiht die Frage, hochgeborene Frau, gefallen Euch mutige Männer?"

„Ja, wenn sie auch klug sind. Das ist Euer Hadik gewiß."

„Ja, klug ist er. Euer Wohl!" Der Husar hob wieder das Glas an die Lippen, die Dame folgte dem Beispiel.

X. DIE KÖNIGIN

Der Palast, den König Friedrich II. für seinen jüngeren Bruder Heinrich erbauen ließ, war noch nicht völlig fertiggestellt, aber soweit gediehen, daß man sich in den neuen, lichten, eleganten Räumen der Vorderfront schon recht wohl fühlen konnte. Er lag an der schönen Promenade Unter den Linden, fern von der engen Altstadt wie auch vom königlichen Schloß. Hier draußen lebte Prinz Heinrich, wenn er überhaupt in Berlin weilte, nach seinem Geschmack, der französischen Mode und dem französischen Wesen zugetan. Böse Zungen sagten, er lebe allzu locker; jedenfalls fühlte er sich hier freier, als es in der unmittelbaren Umgebung des Königs möglich gewesen wäre.

In diesem Kriegsjahr befand sich Prinz Heinrich freilich beim Heer, und als die Königin um die Mittagszeit des 16. Oktober in vierspänniger Karosse vor seinem Palast ankam, war es nur die erste Station ihrer Flucht aus Berlin. Noch wollte sie selbst es nicht wahrhaben, nur die Erste Kammerfrau hatte in Eile zwei Koffer, groß und fest wie Truhen, hinten auf den Wagen packen lassen, um in den nächsten Tagen über das Nötigste an Kleidern und Wäsche verfügen zu können. Im Palast war rasch ein Imbiß für die Königin gerichtet worden, um ihr die Wartezeit zu verkürzen, aber es litt sie nicht lange drinnen, die Gesellschaft dreier Minister langweilte sie. Sie fragte sich, wozu jene sich hier eingefunden hätten. Wollten sie die Sorge um ihre Königin als Vorwand dafür nehmen, daß sie sich selbst eilig davonmachten? Sie zeigten sich wirklich recht unruhig und wechselten besorgte Blicke.

Vor dem Palast warteten der Kutscher der königlichen Karosse und der Reiter, der auf dem linken vorderen Pferd zu sitzen und den Weg freizuhalten hatte; das hatte vor dem Krieg ein eigener Vorreiter besorgt. Sie hatten jeder schon die dritte Prise Schnupftabak genommen, bis die Kammerfrau wieder auf der Freitreppe des Schlosses erschien, bald danach die Königin.

Die Königin trug einen pelzverbrämten Umhang, dunkel wie das Kleid darunter, als wäre sie in Trauer. Ihr Gesicht, so rund es war, schien bleich und vergrämt, die Lippen zuckten, aber sie faßte sich, als von der Stadt her ein Offizier heransprengte, ein schon älterer Herr mit weiß gepuderter Perücke.
„Grüß Gott, lieber Rochow“, sagte die Königin, als er noch kaum vom Pferd gestiegen war. „‚Guten Tag‘ kann ich nicht sagen, denn dieser Tag zählt zu den bitteren in meinem Leben.“
General-Lieutenant Hans Friedrich von Rochow, Stadtkommandant von Berlin, neigte sich, die Hand der Königin zu küssen. „Eure Majestät mögen unbesorgt sein“, sagte er, sobald er sich wieder aufgerichtet hatte. „Der Weg nach Spandau ist frei. Wenn Eure Majestät dort für zwei Tage Quartier nehmen, ist der ganze kaiserliche Spuk wieder verflogen. In längstens zwei Tagen wird seine Majestät der König mit seinen Truppen da sein, ja, Seydlitzens Kürassiere oder wenigstens die Husaren des Szekely könnten schon morgen auftauchen. Vielleicht gelingt es mir mit Gottes Hilfe, die Stadt so lange zu halten.“
„Dann müßte ich also nicht unbedingt fliehen?“ fragte die Königin. Ein bittendes Lächeln machte ihr Gesicht einen Augenblick lang beinahe hübsch.
Rochow wollte antworten, unterbrach aber schon das erste Wort, als er den Blick der Königin an sich vorbei auf die Straße gerichtet sah. Er wandte sich um und gewahrte einige Männer, die in sichtlicher Eile herankamen, und zwar zu Fuß; ihre Gesichter waren gerötet, die Schuhe dick mit Staub bedeckt. Erstaunt erkannte er den Stadtpräsidenten, die vier Bürgermeister und zwei Stadträte, also die Obersten des ganzen Magistrats. Daß sie nur kurz grüßten und ihre weitere Anrede die übliche Form der Höflichkeit vernachlässigte, fand er verzeihlich. Nach den ersten Worten verstand er auch ihre Aufregung, fand seinerseits aber die Sache nicht allzu erschütternd. Vor etwa einer Stunde hatte ihm ja ein Amtsdiener den Brief eines kaiserlich-königlichen Feldmarschall-Lieutenants überbracht, er hatte ihn

gelesen und erklärt, er glaube nicht an die Anwesenheit eines ganzen kaiserlichen Armeekorps; man solle den Trompeter einfach festhalten, damit könne man Zeit gewinnen.
„Aber der Trompeter, der den Brief brachte, der ist entflohen!“ rief ein Bürgermeister.
„Das ist Ihre Schuld, meine Herren, nicht meine. Soll ich mich um jede Kleinigkeit bekümmern?“
Die Stadtväter drangen weiter in ihn, etwas zu unternehmen, er aber schaute über sie hinweg drei Reitern entgegen, die sich die Promenade Unter den Linden entlang näherten. Der Kies spritzte unter den Hufen weg, so jäh hielten sie die Pferde an. Sie sprangen ab. Einer von ihnen, ein Offiziersdiener, blieb bei den Pferden, die beiden anderen traten heran und grüßten geziemend erst die Königin, dann den Stadtkommandanten. Rochow winkte ihnen, noch näher heranzukommen.
„Majestät kennen die Herren?“ fragte er.
„Den Polizeipräsidenten selbstverständlich“, antwortete die Königin und reichte dem älteren der beiden Herren die Hand zum Kuß. „Guten Tag, werter Obrist von Krimmenau.“
„Und das ist Obristlieutenant von Zitzewitz“, stellte Rochow den anderen Offizier vor.
Die Königin gönnte es auch ihm, sich über ihre Hand zu neigen; dabei lächelte sie über sein verblüfft-verlegenes Gesicht.
„Zu viel der Ehre, Majestät“, flüsterte er, doch sie lächelte weiter.
„Zu viel gewiß nicht! Die ganze Stadt spricht davon, so erzählte eine Zofe, daß Sie es waren, Herr Obristlieutenant, der heute morgens mit fünfhundert Mann die ganze feindliche Vorhut zurückgeworfen hat. Man feiert Sie bereits als Helden!“
Zitzewitz verneigte sich. „Majestät geruhen zu scherzen“, sagte er. „Es war beiderseits nur eine Erkundung, bei der kein einziger Schuß fiel.“
„Gott gebe, daß überhaupt kein Schuß —“
Kanonendonner unterbrach die Rede der Königin. Die Stadt-

väter erschraken sichtlich, Zitzewitz zeigte sich keineswegs gerührt. „Zwei leichte Feldgeschütze“, stellte er fest. „Hätten wir nur gleichfalls Artillerie! Aber mit den wenigen Stücken im Zeughaus ist nichts anzufangen, ohne Bespannung, ohne ausgebildete Mannschaft!“

„Geruhen Majestät uns zu entschuldigen“, sagte der Stadtkommandant. „Ich habe mit den Herren dringend zu sprechen.“

„Und ich?“ fragte die Königin mit gekränkter Stimme.

„Wenn Majestät inzwischen den Wagen besteigen wollen — ich stehe gleich wieder zur Verfügung.“ Ohne eine Antwort abzuwarten, begab sich Rochow mit den beiden Offizieren ein Stück abseits. Die Stadtväter wollten folgen, doch ein Blick des Polizeipräsidenten wies sie zurück. In diesem Augenblick krachte der dritte Kanonenschuß, gleich darauf zwei weitere, etwas dumpfere, fast gleichzeitig.

„Sechspfünder“, murmelte Zitzewitz.

Rochow nickte. „Also viel Artillerie haben die Österreicher nicht. Nach meiner Schätzung sind es nur zwei leichte und zwei mittlere Geschütze.“

„Aber da sie Artillerie mithaben, handelt es sich um mehr als nur um eine Streifschar von Husaren, wie wir anfangs gehofft hatten. Herr General, darf ich zu meinen Bataillonen reiten?“

„Geduld bitte!“ Der Stadtkommandant selbst sah jedoch ungeduldig, fast ärgerlich aus, als er kurz erläuterte, was er für nötig hielt. „Vor allem muß ich daran erinnern“, schloß er seine Ausführungen, „daß sich auch vor dem Frankfurter Tor, also im Osten, und vor dem Potsdamer Tor im Südwesten der Stadt Feinde gezeigt haben. Da wir diese Plätze nicht entblößen dürfen, bleiben für den Süden, woher die Schüsse gekommen sind, wirklich nur Ihre beiden Bataillone übrig, lieber Zitzewitz. Die sind jetzt, soviel ich weiß, irgendwo mit Schanzarbeit beschäftigt. Setzen Sie die Leute in Marsch und kommen Sie sogleich wieder zurück.“

„Ich darf nicht mitfechten?“

„Sie sind mir zu wertvoll, und vor allem braucht der König Sie noch lange."
Zitzewitz grüßte und ging zu seinem Pferd. Der Polizeipräsident Krimmenau schaute Rochow besorgt an: „Er ist Ihnen zu wertvoll, Herr General? Soll das heißen, daß Sie die beiden Bataillone für verloren halten?"
„Leider ja. Jener Trompeter wäre nicht aus dem Rathaus entflohen, wenn er nicht sicher wüßte, daß seine Leute sehr bald Berlin in der Gewalt haben werden. Ich fürchte, die ganze Armee des Feldzeugmeisters Marschall rückt an, und dieser Hadik, der den Brief geschrieben hat, führt die Vorhut. Er will nur schnell Brandsteuer einkassieren, um nicht das Geld und den Ruhm mit dem Feldzeugmeister teilen zu müssen."
Wieder krachten zwei Kanonenschüsse. Die Herren vom Magistrat duckten sich unwillkürlich: Als nun auch Gewehrfeuer zu hören war, traten sie auf die Offiziere zu, und diesmal ließen sie sich nicht abweisen.
„Eine feindliche Armee", sagte der Stadtpräsident, „schießt unsere schwachen Befestigungen zusammen, bald werden Österreicher eindringen, morden und plündern, und die Herren beraten immer noch! Da unsere Truppen doch nicht zur Verteidigung ausreichen, will der Herr General nicht die Stadt übergeben, bevor das ärgste Unheil losbricht?"
Auch die Königin näherte sich. Mehr zu ihr, als zu den Stadtvätern gewendet, antwortete Rochow:
„Meine Waffenehre als preußischer Offizier verbietet mir, vor einem Feind zu kapitulieren, dessen Stärke ich noch gar nicht kenne. Hätte ich nur eine, ja nur eine halbe Eskadron Husaren zur Verfügung, wüßte ich längst, woran ich bin, aber ohne Aufklärung ist das eben unmöglich. Soweit es unter so mißlichen Verhältnissen möglich ist, habe ich meine Maßnahmen getroffen. Binnen kurzem wird die Lage geklärt sein."
„Solange bleibe ich in Berlin", sagte die Königin mit fester Stimme.

„Ich bitte Eure Majestät, doch abzureisen. Ich bin für Euer Majestät Sicherheit persönlich verantwortlich."
„Dann, Herr General, müßten Sie mich nach Spandau begleiten. Wollen Sie etwa jetzt schon fortgehen?"
Rochow starrte zu Boden. Sein Blick war so finster, daß die Königin ihn beruhigend am Arm faßte. „Ich weiß, lieber Rochow, Sie würden lieber als Soldat sterben, als daß Sie sich in Sicherheit bringen, zusammen mit ein paar heulenden Weibern."
Wie zur Bestätigung dieser Worte war das Schluchzen der Kammerfrauen und Zofen zu hören. Auch die Stadtväter schauten sehr betreten drein.
„Im Schloß befinden sich zwölfhundert Rekruten", sagte Obrist Krimmenau halblaut. „Wenn wir die noch einsetzen —"
Rochow schüttelte den Kopf. „Die können noch nicht mit den Waffen umgehen. Ich will kein sinnloses Blutvergießen. Wenn Zitzewitz nicht die Lage meistert, können jene Rekruten auch nichts mehr helfen."
Das Gewehrfeuer war seit einer Weile verstummt, doch plötzlich ertönte eine Gewehrsalve, gleich darauf noch eine.
„Das waren Zitzewitzens Bataillone!" rief General Rochow.
„Gott stehe ihnen bei!" flüsterte die Königin.

XI. DER ANGRIFF

Als der Trompeter vormittags um elf Uhr losgeritten war, der Stadtverwaltung von Berlin den Brief zu überbringen, hatte Feldmarschall-Lieutenant Hadik noch an die Möglichkeit gedacht, ohne Schuß und Schwertstreich die Brandsteuer zu erlangen. Er sprach darüber zu Generalfeldwachtmeister Babocsay, während sie nebeneinander über die ebene Fläche ritten, die sich hier, südlich von Berlin, zwischen Wald und Stadt ausdehnte. Es war dürftiges Weideland; bei jedem Schritt der Pferde stieg eine kleine Staubwolke auf.

„Wenn sie vernünftig sind", sagte Hadik, „zahlen sie die dreihunderttausend Taler und ersparen sich und uns alle weiteren Scherereien."

„Glaubst du das ernstlich, Andreas?" fragte Babocsay.

„Daß so etwas möglich ist, hat die Generalprobe in Lübben bewiesen."

„Aber in Berlin liegt eine Garnison!"

„Du hast recht: ganz glatt wird es kaum abgehen. Darum treffe ich ja alle Vorbereitungen zum Angriff."

Sie schauten dem Trompeter nach. Er befand sich schon weit vor ihnen, aber das weiße Pferd war noch gut zu erkennen.

„So jung wie der Kerl müßte man sein!" rief Hadik, seufzte und lächelte dann selbst darüber.

„Na, vielleicht kommen wir heute noch zu einer schönen Attacke!"

„Du schon, Wolfgang, aber ich darf mich keiner Gefahr aussetzen, ich muß heute den Kopf, nicht den Säbel verwenden. Herrgott, wie lange bin ich schon nicht mehr meinem Regiment vorausgaloppiert!"

„Aber mir wirst du es nicht mißgönnen?"

„Mißgönnen gewiß nicht. Lieber wär's mir freilich, du bliebest vernünftig an meiner Seite. Schließlich hast du drei Kinder."

„Dich würden deine sechs auch nicht vom Kampf abhalten, wenn du dich nicht als Oberkommandant davon ausschließen müßtest!"

„Hast wieder einmal recht, Wolfrang. Ein alter Husar ist immer zuerst einmal Reiter. Daß er auch Familienvater ist, daran denkt er nicht, wenn er den Säbel in der Hand hält. Also, ich versprech dir's: wenn es hart auf hart geht, darfst du voran reiten."

„Ich danke dir, Andreas."

„Aber jetzt brauche ich erst das Fußvolk und die Geschütze." Er drehte sich nach den Ordonnanz-Husaren um, die mit dem Adjutanten hinter ihm herritten, und befahl ihnen, die Obristen Fürst Sulkowsky und Baron Ried herbeizubringen. Sie wiederholten den Befehl, wendeten die Pferde und jagten davon.

Hadik und Babocsay befanden sich gut zwanzig Schritt vor der Truppe. Die Soldaten rückten in weit auseinandergezogener Front vor, so wie sie am Waldrand gestanden waren, um ein stärkeres Korps vorzutäuschen. Freilich konnten sie nicht so schön ausgerichtet wie auf dem Exerzierplatz marschieren, denn kleine Gräben und Buschwerk brachten immer wieder Aufenthalt. Die Reihen lockerten sich noch mehr, je schwieriger das Gelände wurde. Auf den Feldern, wo die Wintersaat die ersten Halmspitzen zeigte, klebte sich das Erdreich an die Schuhe. Hadik selbst ritt auf einer Straße, die beiderseits von Bäumen begleitet wurde. Vergessene Äpfel leuchteten rot aus dem Laub. Die Straße führte gerade auf eine Brücke zu, weiter hinten zeigten sich Gebäude. Wenige Schritte vor der Brücke hielt Hadik an und winkte der ganzen Truppe, gleichfalls stehen zu bleiben. Das geschah nicht auf einen Schlag, sondern so, wie die einzelnen Offiziere die Weisung wahrnahmen und als Befehl weitergaben. Der Feldmarschall-Lieutenant kümmerte sich nicht darum, sondern schaute nur nach vorne und auf die Landkarte. Er hatte das erste Ziel des Unternehmens erreicht! Sie standen am Floßgraben, der rechts von ihnen in die Spree mündete. Die Straße aber führte zwischen den Häusern hindurch

weiter bis zum Schlesischen Tor, geradewegs an die Südostecke von Berlin.
Das Korps war schon morgens beim Ausritt aus dem Wald ungefähr so aufgestellt worden, wie Hadik es brauchte. Was noch nicht ganz dem Angriffsplan entsprach, mußte jetzt umgruppiert werden. Ordonnanzen jagten hin und her, Offiziere holten sich die letzten Anweisungen. Der Graben sollte vorläufig nicht überschritten werden, die Mannschaften durften sich vielmehr noch ein wenig Ruhe gönnen und wieder einen Imbiß zu sich nehmen. Es war gerade Mittagszeit.
Der Feldmarschall-Lieutenant schaute mehrmals auf die Uhr. So genau er alles geplant hatte, nun, unmittelbar vor dem Angriff, befiehl ihn doch eine Unruhe, die er nicht unterdrücken konnte: keine peinigende Sorge, eher das Herzklopfen, das sich vor großen Ereignissen einzustellen pflegte. Und war es nicht ein großes Ereignis? Österreichische Truppen vor der Hauptstadt des Feindes! In keinem Franzosenkrieg noch war Paris erobert worden, in keinem der vielen Türkenkriege Konstantinopel; Prinz Eugen hatte höchsten Ruhm für die Eroberung Belgrads geerntet, obwohl diese Stadt schon vorher einmal in kaiserlichem Besitz gewesen war. Und nun stand ein kleines Korps vor Berlin, war hiehergelangt, ohne einen einzigen Mann zu verlieren, und dieses Korps befehligte kein Erzherzog, kein General aus fürstlichem Geblüt, sondern er, Andreas von Hadik, der Sohn eines armen Rittmeisters!
Der Vater stammte aus kleinem ungarisch-slowakischen Offiziersadel und hatte für seinen Sohn eine ähnliche Laufbahn gewünscht, doch Andreas hatte nicht von Kriegsruhm geträumt. Von Kindheit an war er entschlossen, sein Leben dem lieben Gott und der Kunst zu widmen. Im zehnten Lebensjahr war er an die Schule des Jesuitenkollegiums zu Güns gekommen und dort neun Jahre lang geblieben, hatte erst lateinische und griechische Grammatik gelernt, dann Syntax und Stilistik, zuletzt Poesie. Gegen den Willen der Eltern ging er dann nach Kaschau

ans Jesuitenkolleg, um weiterzustudieren und in den Orden einzutreten. Der Vater aber wollte aus seinem Sohn einen Husaren machen — und der Wille des Vaters war zunächst stärker. Andreas mußte Kaschau wieder verlassen. Indes, er trat nicht in das Heer ein, sondern begann Jus zu studieren.

Zwanzig Jahre war er damals alt, nur mittelgroß, sehr zart. Wenn ihn ein Mädchen anblickte, errötete er. Das Leben außerhalb der schützenden Mauern des Kollegs verwirrte ihn, machte ihn unsicher, darum saß er lieber über seinen Büchern. Ein künftiger Jurist mußte jedoch mit Menschen umgehen können, mußte praktische Erfahrungen sammeln! Das sah er ein und widersprach nicht, als man ihn nach Eisenburg an das Komitatsgericht versetzte.

Zwei Jahre lang hatte er mit gemütlichen, trunkfesten Vorgesetzten, eifrigen oder auch bestechlichen, nachlässigen und abenteuerlustigen Kollegen zu tun und erlebte mit, wie Streitfälle geregelt wurden, ob es um eine Erbschaft ging oder uneinbringliche Schulden, zweifelhafte Vaterschaft, ein gebrochenes Verlöbnis. Mit wieviel Herzklopfen hatte er selbst den ersten Raufhandel bestraft! Auch Diebe wurden ihm vorgeführt, denn daß ein Pferd oder Rind, Schafe oder ein Schwein abhanden kam, daß ein Zigeuner ein Huhn mitgehen ließ, war durchaus nicht selten.

Dabei wurden ihm die Sprachen der Landschaft vertraut; neben dem väterlichen Ungarisch und dem amtlichen Latein verwendete er das Deutsche und das Kroatische, aus eigenem Ehrgeiz befaßte er sich noch mit dem Französischen. Es war ein einfaches Leben in dem ebenerdigen Haus, hinter dessen Garten sich die weite Ebene ausdehnte, die unendliche Puszta. Auf dem Anger weideten die Gänse, die Schweine suhlten sich auf der Straße, wenn ein Regen Lacken hinterlassen hatte. Eintönig waren die Tage aber nicht, denn allmählich wagte sich der junge Jurist ins Leben hinaus. Es begann damit, daß er auf eine Jagd eingeladen wurde, ja mitgehen mußte, weil Wildenten eingefallen waren und der Vizegespan für eine Familienfeier noch einige Braten wünschte.

Von den vielen Erinnerungen an eine längst vergangene, nun plötzlich gegenwärtige Zeit, die dem Feldmarschall-Lieutenant durch den Sinn gingen, trat diese erste Jagd ganz besonders deutlich vor Augen: da standen die Schützen den Weiher entlang, zwischen dem Buchswerk in lockerer Kette. Die Enten schwammen noch ruhig. Beim ersten Schuß würden sie aufflattern, also mußte der erste Schuß treffen! Wem stand die Ehre zu? Dem Herrn Vizegespan natürlich, aber der junge Andreas war auf der Lauer, unmittelbar nach dem würdigen Herrn drückte er ab. Nur — er traf nichts! Aus dem zweiten Lauf der zweite Schuß — wieder nichts! Die Enten waren schon hoch, wütend riß Andreas dem Jagdgehilfen die Flinte aus der Hand, feuerte wieder beide Läufe ab, wieder vergeblich! Und es blieb nicht nur beim Ärger des Augenblicks, nachher kam noch der Spott: „Bei dir, lieber Hadik, hat es viel gekracht. Wolltest du die Schlacht von Malplaquet imitieren?“

Damals nahm er sich vor, besser schießen zu lernen. Dem Jagdgewehr folgte die Pistole, dem Schießen dann das Fechten, das Reiten, und aus der Übung, die zunächst nur seine Eitelkeit verlangt hatte, wurde eine Leidenschaft. Er benützte statt des schweren Sattels der Herrschaften gern den leichten der Pferdehirten, der von keinem Sattelgurt festgehalten wurde. Bei Tagesanbruch, wenn die ersten Sonnenstrahlen in den Tautropfen glitzerten, in die Puszta hinauszureiten, das war ein Erlebnis, das ihn jedesmal neu begeisterte. Draußen die Einkehr bei einem Schafhirten, dann die langen Abende beim Wein, wenn der Zigeuner dazu seine Geige singen und schluchzen ließ ...

Plötzlich war diese glückliche Zeit um: den Vater hatte der Schlag getroffen. Nun brachte es Andreas nicht mehr über sich, dem Wunsch des Vaters Widerstand zu leisten. Im Alter von dreiundzwanzig Jahren meldete er sich beim nächsten Husarenregiment. General Baron Dessewffy kannte den Namen Hadik schon vom Vater her, nahm den Sohn gut auf und machte ihn gleich zum Cornet. Die Ehre, daß er die Standarte tragen durfte, schmeichelte dem jungen Mann, und in vieler Hinsicht wurde der Militärdienst erfreulich. Weite Ritte nach Osten bis an den Plattensee, wo Pferde und Reiter nach langem Galopp sich im Wasser erfrischten, oder nach Süden bis an die Mur und die Drau, wo der Auwald Jagdwild jeder Art bot — das war schon ein Leben! Der Dienst war auch leichter, als Andreas sich vorgestellt hatte, denn alles, was er bisher gelernt hatte, nützte ihm, nicht nur das Reiten und die Übung im Waffengebrauch, sondern auch die Genauigkeit, an die ihn die Jesuiten gewöhnt hatten. Die Kenntnis des Latein machte ihn im Schriftverkehr den Kameraden überlegen, mit seiner juristischen Erfahrung konnte er sich ihnen wie den Vorgesetzten nützlich erweisen. Er avancierte rasch. Als im Jahre 1740 der österreichische Erbfolgekrieg ausbrach, war er bereits Obristlieutenant im Husarenregiment der Jazygier und Kumanier.

Eine Episode aus jenem Krieg trat ihm vor Augen, nicht wichtig im Kriegsgeschehen, aber entscheidend für sein weiteres Leben: In Schlesien, südlich von Troppau, das alte Schloß Grätz. Ein Turm, auf dem Falken horsten. Abends, wenn er die Posten seiner Eskadron kontrolliert, Fledermäuse und Nebel. Im Schloß aber ein Flüchtling, die junge Gräfin Lichnowsky: schöner als jeder Traum, gebildet, geistreich. Er muß alles an Wissen zusammenkramen, was er von der Jesuitenschule her noch weiß, um in den abendlichen Gesprächen am Kamin neben ihr bestehen zu können. Die Gespräche werden immer länger. Ist es nur der alte Wein aus dem Schloßkeller, der ihn festhält, oder sind es die grauen Augen der Gräfin?

Dann eines Nachmittags Alarm: eine Streifschar preußischer Reiter hat sich gezeigt. Schon trabt sie auf das Schloß zu. Hadik läßt jeden, der im Schloß eine Waffe halten kann, Diener und Knechte, aus den Fenstern schießen, denn seine Husaren braucht er zu einem Ausfall. Wie die Feinde eben zum Feuergefecht ab-

sitzen, bricht aus dem Schloßtor die Eskadron hervor. Die Holzbrücke dröhnt, Karabiner und Pistolen krachen, dann blitzen die Säbel. Ein kurzes Gefecht auf der Wiese, wo sonst die Wäsche zum Bleichen ausgelegt wird. Hadik weiß, daß aus einem der Fenster die schöne Gräfin zuschaut. Das Glück ist ihm hold, er verjagt die Feinde, bringt noch Gefangene ein, dazu erbeutete Pferde. Abends sagt dann die Gräfin — und sie errötet über die Offenheit ihrer Worte —, daß sie bereit wäre, mit solch einem Helden ihren Reichtum zu teilen.
Ein anderes Bild: er kehrt aus dem Krieg heim als Generalfeldwachtmeister. Vom schlesischen Besitz seiner Frau ist so gut wie nichts geblieben, das eigene kleine Gut bei Gran bringt wenig ein, denn es fehlt an Arbeitskräften. Aber Besuche kommen, Freunde und Kameraden, und bleiben wochenlang. Jagd und Fischfang, Wein und Kartenspiel. Wie die Gäste fort sind, zeigt seine Frau die leere Vorratskammer. Aber die Kinder wollen essen! Wochenlang gibt es Hirsebrei und Mais, Mais und Hirse, höchstens Bohnen zur Abwechslung, nur sonntags ein Stück Wild. Und dann muß das Geld aufgebracht werden für die Schule, für standesgemäße Kleidung der Kinder . . .
Schließlich mußte er sich noch das Geld für eine neue Uniform ausleihen, aber er brauchte sie, denn er war Feldmarschall-Lieutenant geworden. 1753 erhielt er ein eigenes Regiment, wieder Husaren. Wilde Leute und doch fügsam, treu wie — wie eben Husaren sind. Mit ihnen —

„Exzellenz haben mich rufen lassen?"
Hadik schrak aus seinen Erinnerungen auf. Ja, vor ihm lag Berlin! „Herr Obrist, haben Sie die 150 Freiwilligen beisammen?"
Baron Ried lächelte stolz. „Es war nicht leicht. Alle hatten sich gemeldet, keiner wollte zurückstehen."
„Ich weiß, daß ich mich auf die Grenzer verlassen kann. Sie bilden also mit den Freiwilligen die Vorhut. Achten Sie nur

darauf, daß Sie nicht in die Schußlinie der eigenen Geschütze geraten. Gott befohlen, Herr Obrist!"

Bald rückten die Freiwilligen des Gradiskaner und des Sluiner Grenzregiments an, die Taschen mit den Handgranaten am breiten weißen Riemen umgehängt. Die dunkelblauen Uniformen wirkten ernst, aber die Gesichter unter den Fellmützen waren froh gespannt, fast munter, gleich den roten Westen, die aus den offenen Uniformröcken hervorleuchteten. Rot hingen auch die Zipfel der Grenadiermützen neben dem Bärenfell herab. Hinter ihrem Obristen überschritten sie die Floßgrabenbrücke.

Ihnen folgten zwei mittlere Feldgeschütze, Sechspfünder, dahinter in roter Uniform Füsiliere des Otočaner Grenzregiments. Für den Fall, daß sie durch einen Gegenangriff zurückgeworfen würden, standen diesseits der Brücke auf beiden Seiten zwei Bataillone deutscher Infanterie bereit, weiter links noch Kürassiere und Husaren. Sie füllten das freie Feld bis zu einem Hügel hin. Dort ragten die Flügel einer Windmühle in den blaßblauen Himmel. Ganz rechts aber fuhren die beiden Falkonets auf. Die leichten Feldgeschütze mußten gleich hinter der Brücke von der Straße abweichen und hinter der Häuserzeile und den Gärten ans Ufer der Spree fahren, ganz weit vorne hin, bis knapp vor die Stadtmauer. Dort, wo die Spree in die Stadt floß, war die Mauer unterbrochen; über das Wasser hinweg bot sich ein Blick in die Vorstadt und auf eine Brücke. Der Mittelteil dieser Brücke war in die Höhe gezogen, Ketten hielten ihn hoch, ähnlich wie die Zugbrücke einer Festung. Sonst geschah das, um Schiffen die Durchfahrt zu ermöglichen, diesmal sollte wohl der Übergang gesperrt werden.

Die Geschütze hielten an, die Zugpferde wurden ausgespannt und weggeführt, die Rohre gegen die Brücke gerichtet. Jeder Artillerist hatte die nötigen Handgriffe oft genug geübt, in ganz kurzer Zeit war alles fertig. Auch der Mann mit dem langen Wischstock stand bereit, der nach dem Schuß das Rohr rei-

nigen mußte. In diesem Augenblick sprengte auch schon der Feldmarschall-Lieutenant heran.
„Zwei Falkonets feuerbereit!" meldete der Artilleriehauptmann. Hadik überlegte. Mit vier, fünf Schüssen würde die Brücke zerstört, feindlichen Truppen die Möglichkeit des Übergangs genommen und damit die eigene rechte Flanke gesichert sein. Aber eine unversehrte, für die eigenen Truppen benützbare Brücke wäre noch besser! Nur — wie wäre das zu erreichen?
„Herr Hauptmann, bringen Sie es fertig, nur die Kette der Zugbrücke zu zerschießen?"
„Ich versuche es, Exzellenz. — Oberfeuerwerker Thum!"
„Zur Stelle!" Ein mittelgroßer Mann mit grauen Schnurrbart trat vor. Er hatte die Frage Hadiks mitangehört und hielt auch schon das Zielgerät in der Hand, dieses neuartige Ding, das einen haargenauen Schuß ermöglichen sollte. Er setzte es auf das Rohr des ersten Geschützes, richtete sorgfältig, wiederholte es beim zweiten Geschütz und trat wieder zurück. Zu dem Rohr trat ein Mann mit brennender Lunte.
„Feuer!" kommandierte der Hauptmann.
Fast gleichzeitig krachten die Schüsse. Die Brücke stand unberührt. Das Gesicht des Oberfeuerwerkers rötete sich, aber Hadik beruhigte ihn:
„Besser vorbei, als die Brücke zerstört. Versuchen Sie es noch einmal!"
Die Rohre wurden gereinigt und frisch geladen. Thum richtete nicht mehr mit dem Zielgerät, sondern nach seinem Augenmaß, wie er es zwei Jahrzehnte lang getan hatte, ließ sich die Lunte reichen und zündete selbst sehr vorsichtig, um das Rohr nicht mehr zu verrücken. Klirrend zersprang die Kette, der aufgezogene Brückenteil rasselte herab.
„Meine Herren, ich danke Ihnen!" rief Hadik. „So gut soll's weitergehen!"
Zwei Kompanien Grenzer rückten im Laufschritt an und postierten sich am Flußufer, die Gewehre gegen die Brücke gerich-

tet. Sie taten es gerade im rechten Augenblick, denn dort zeigten sich Leute, die anscheinend die Kette ausbessern wollten. Auch Soldaten tauchten auf, wichen aber vor dem Gewehrfeuer der Grenzer.

Der Feldmarschall-Lieutenant galoppierte davon. Mit weitem Sprung setzte sein Rotschimmel über einen Zaun, jagte unter Obstbäumen hindurch, geriet in eine Schafhürde und war schon wieder draußen, bevor die Tiere noch richtig aufgeschreckt waren. Der Adjutant hatte Mühe zu folgen. Als sie zwischen zwei Häusern sich der Straße näherten, krachten dort die ersten Schüsse der Sechspfünder.

Die Freiwilligen unter Obrist Baron Ried konnten die Wirkung der Schüsse genau beobachten: zwei Löcher klafften im Tor. Sie waren bis unmittelbar an das Schlesische Tor vorgerückt und standen nun beiderseits der Straße an den Hauswänden, um den Geschützen die Schußlinie freizuhalten. Hinter ihnen aber drangen die Füsiliere des Otočaner Grenzregiments in die Häuser ein. Sie pochten laut an die Tore, und wo nicht freiwillig geöffnet wurde, schlugen sie mit Äxten und den Gewehrkolben die Torflügel ein.

Ein Haustor widerstand; da versuchte es ein Corporal am Kellerfenster daneben. Die Holzverschalung gab nach, eine dunkle Öffnung gähnte ihm entgegen. Der Corporal hob ein Steinchen auf und warf es hinein. Der Aufschlag verriet, daß der Boden nicht allzu tief unter dem Fenster lag. Also ließ sich der Corporal, die Füße voran, langsam hinab, zwei Füsiliere folgten. In den dumpfen Kellergeruch mischte sich der Duft von Äpfeln. Sobald sich die Augen an die Dunkelheit gewöhnt hatten, entdeckten die drei Männer an den Wänden Holzverschläge mit dem Wintervorrat an Obst. Rasch stopften sie ihre Brotbeutel voll, einer wollte noch nach anderem suchen, aber der Corporal mahnte weiterzugehen. Lichtschimmer, der durch Ritzen drang, wies den Weg zur Kellertür. Sie war leicht zu öffnen, die drei Grenzer gelangten in den Hausflur und räumten die Balken

weg, mit denen das Tor von innen verrammelt war. Noch drei Füsiliere kamen herein.
An der Rückseite des Hauses fanden sie eine Treppe ins obere Stockwerk und stiegen zusammen hinauf. Von einem langen hölzernen Balkon führten Türen ins Innere. Alle waren verschlossen, aber nach den ersten Kolbenstößen öffnete sich eine. Ein alter Mann, ärmlich gekleidet, hüstelte ihnen entgegen. Die Grenzer beachteten ihn kaum, schauten sich auch nicht lang in dem Zimmer um, sondern gingen gleich zum einzigen Fenster. Der Corporal befahl drei Mann, hier zu bleiben.
„Das Fenster ist nur für einen breit genug", sagte er, „aber wenn jeweils die beiden anderen laden, während einer schießt, geht's gut aus. Nur wartet noch mit dem Schießen, bis es befohlen wird."
Der Greis hatte gewiß keines der kroatischen Worte verstanden, doch als der Corporal ihm das blanke Seitengewehr unter die Nase hielt und befahl, zur nächsten Tür zu gehen, begriff er rasch. Er klopfte an, rief mit dünner, kläglicher Stimme etwas, die Tür ging auf. Eine Frau schaute heraus, wollte beim Anblick der Soldaten die Tür gleich wieder zuschlagen, aber der Corporal hatte schon seinen Fuß dazwischengeklemmt. Die Frau schrie gellend um Hilfe und beruhigte sich erst, als sie sah, daß der Corporal sie nicht beachtete, sondern aufs Fenster zuschritt. Als er seine Leute dort postiert hatte und sich umschaute, waren sowohl die Frau als der Greis verschwunden. Er sorgte sich nicht weiter um sie, sondern holte einen Apfel hervor und biß hinein.
„Sauer", sagte er, „aber besser als nichts."
Die beiden anderen folgten seinem Beispiel. Dazwischen warfen sie immer wieder einen Blick aus dem Fenster. Unten hatte sich nicht viel verändert: die Kanonen schossen, so schnell die Bedienungsmannschaft mit dem Laden fertig wurde; das dauerte freilich immer eine kleine Weile.
Im gegenüberliegenden Haus hatten Schützen des Oguliner

Grenzregiments die Fenster besetzt. Als ihr Corporal sah, wie die Otočaner Äpfel aßen, verspürte auch er Durst und beschloß, sich im Haus umzuschauen. Ein Bub kam ihm entgegen, drehte sich um und flüchtete, aber der Corporal folgte ihm und schlug mit dem Stiefel gegen die Tür, die der Bub hinter sich zugeworfen hatte. Als er auch mit dem Kolben pochte, wurde die Tür einen Spalt weit geöffnet. Ein verschrecktes Frauengesicht erregte sein Mitleid: seine Lucija daheim würde sich auch vor einem bewaffneten Fremden fürchten! Also verzog er den Mund zu einem Lächeln und bemühte sich, mit recht sanfter Stimme zu sprechen.
„Dobar dan", grüßte er zuerst, dann kleidete er seinen Wunsch in die einfachsten Worte: „Molim, voda!"
„Er sieht nicht gefährlich drein!" rief die Frau ins Zimmer hinein. „Habt ihr ein Wörtchen verstanden?"
„Gewiß", erwiderte eine brüchige Männerstimme. „Wasser will er. Soll er haben."
Ein Stuhl wurde gerückt, dann erklang eine Knabenstimme: „Laßt, Großvater, ich laufe schon."
Der Bub, der vorhin geflüchtet war, kam nun zur Tür, einen tönernen Krug in der Hand. Mit scheuem Blick schlich er an dem Corporal vorbei, gewann die Treppe und verschwand. Dann quietschte im Hof ein Brunnenschwengel. Um die Leute nicht neuerlich zu erschrecken, blieb der Corporal vor der Türe stehen, bis der Knabe zurückgekehrt war, hob den Krug an die Lippen und trank in langen Zügen.
„Er wollte wirklich nur Wasser!" rief der Bub. „Großvater, woher kennt Ihr die Sprache der Panduren?"
„Das sind keine Panduren. Siehst du nicht, daß er einen weißen Waffenrock trägt?"
„Aber die dort drüben?"
„Die haben rote Uniformen an, das mögen Panduren sein."
„Nix Panduri", sagte der Corporal, „my jsmo graničari."
„Grenzer sind es", sagte der Großvater und erklärte, daß in

der Gegend von Kottbus, wo er geboren war, nicht alle Leute deutsch sprachen, sondern so ähnlich wie dieser Soldat.
„So ähnlich?“ fragte der Bub.
„Vielleicht nicht ganz“, gab der Großvater zu, „aber etliche Wörter klingen schon ungefähr so.“
„Versucht es doch, Großvater!“
Der Alte kratzte sich im Genick, um das Gedächtnis zu stärken, und mit den Wörtern, die ihm einfielen, mit einigen Brocken Deutsch, die der Grenzer beherrschte, und mit gutem Willen auf beiden Seiten kam eine Art Unterhaltung zustande. Der Bub lauschte begeistert und klatschte Beifall, als der Grenzer den Tabaksbeutel heranzog und dem Großvater hinhielt. Dieser schnupperte.
„Ja, das riecht besser als unser brandenburgischer Eigenbau!“
Während er ging, seine Pfeife zu holen, flüsterte die Frau aufgeregt mit ihm:
„Ihr könnt doch nicht einem Feind schöntun! Schämt Ihr Euch nicht, Vater?“
„Gar nicht! Was heißt da Feind? Er ist ein netter Bursche. Besser, er schenkt mir Tabak, als daß er deinen Sparstrumpf sucht!“

Nicht überall ging es so freundschaftlich zu. Im Nachbarhaus hatte es zwar auch mit der Bitte um Wasser begonnen, aber dort lehnte der Hausvater den angebotenen Tabak ab, und das empfand der Grenzer als Beleidigung. Er schlug den Mann ins Gesicht und hätte ihm wohl etwas zuleide getan, wäre nicht gerade in diesem Augenblick auf der Straße unten ein Trommelwirbel erklungen. So ließ er von dem Manne ab und eilte zum Fenster. Gleich ihm schauten alle Füsiliere in den Häusern beiderseits der Straße zu den Fenstern hinaus. Ob sie sich mit den Bewohnern gut vertragen oder sie kaum beachtet, ob sie Küchen und Vorratskammern nach Eßbarem durchsucht hatten, sogleich war alles vergessen. Die Trommel mahnte zur Pflicht.

Der eine Flügel des Schlesischen Tores war halb zerschmettert, der andere ebenfalls schwer beschädigt. Die Kanonen stellten ihr Feuer ein, unter dem Klang von Trommel und Dudelsack gingen die 150 freiwilligen Grenadiere vor. Die ersten holten faustgroße Metallkugeln aus den Umhängtaschen, steckten mit Lunten die Zündschnüre daran in Brand und schleuderten diese Handgranaten gegen das Tor. Krachend zerbarsten die Kugeln, die Sprengstücke rissen weitere Löcher. Äxte, Beile und Brechstangen setzten das Werk fort.

Hinter den zerfetzten Torflügeln zeigte sich preußische Infanterie. Schüsse blitzten auf.

„Vorwärts!" rief Obrist Baron Ried und schwenkte den Säbel. Im gleichen Augenblick bäumte sich sein Pferd, und als es wieder stand, zitterte es am ganzen Leib. „Was hast du denn?" fragte der Obrist und klopfte dem Tier beruhigend den Hals. Der Handschuh wurde blutig! Während Ried abstieg und die Pistolen aus den Halftern nahm, kam sein Diener heran.

„Sind Herr Obrist verwundet?"

„Ich nicht, aber Pedro. Führ ihn zurück und bring mir die Darina."

„Wollen Herr Obrist inzwischen mein Pferd nehmen?"

„Nicht nötig, wenn du rasch wieder da bist."

„Ich eile, so schnell Pedro noch laufen kann."

Hinter dem zerstörten Tor standen die Preußen in mehreren Reihen hintereinander, um den Zugang in die Stadt zu versperren. Sie standen auf verlorenem Posten: aus allen Fenstern längs der Straße wurden sie beschossen — dazu hatten ja die Füsiliere die Häuser besetzen müssen —, auf der Straße selbst aber rückten die Grenadiere vor. Zur Verstärkung der Angreifer trabten noch Husaren über die Floßgrabenbrücke, ihre Säbel blitzen durch den Pulverdampf. Aber bevor sie noch das Tor erreichten, hatten schon die Füsiliere die Häuser verlassen und sich auf der Straße gesammelt. Nicht in vorbildlicher Ordnung, dafür umso eifriger folgten sie den Grenadieren durch das Tor und dann geradeaus weiter, der fliehenden Torwache nach. Die Grenadiere indes wandten sich nach rechts der Spreebrücke zu. Auch hier fanden sie Widerstand, aber sie ließen es gar nicht erst zu einem Feuergefecht kommen: mit dem aufgesteckten Seitengewehr griffen sie an. An ihrer Spitze ging Obrist Ried, in der rechten Hand den Degen, in der linken eine Pistole. Die Trommel dröhnte, dazwischen pfiff und quickte der Dudelsack, einzelne Handgranaten krachten. Die Grenadiere brüllten gleich gereizten Stieren, um einander anzueifern und den Gegner einzuschüchtern. Die Preußen kamen nicht mehr dazu, eine Salve abzugeben; sie wichen vor der Übermacht der Angreifenden. Die Brücke war erobert.

XII. DAS GEFECHT

Unmittelbar vor dem Tor, aber etwas seitwärts, um die vorbeiziehenden Füsiliere nicht zu behindern, hielt der Feldmarschall-Lieutenant. Als hinter den Grenzern die Husaren anritten, trabte er ihnen entgegen, gerade auf Generalfeldwachtmeister Babocsay zu.

„Siehst du jetzt, Wolfgang", rief er ihm zu, „weshalb ich nur das Tor, nicht die Mauern angreifen ließ?"

„Weil wir keine Sturmleitern mithaben!"

„Die Befestigungswerke scheinen ziemlich schwach", sprach Hadik weiter, während er neben dem Freund herritt, „sie wären wohl zu überwinden gewesen, aber dann hätten sich meine Leute zerstreut, und so viele sind es nicht, daß ich das zulassen dürfte. Hier auf der Straße, bei dem einen Tor, habe ich sie schön beisammen."

„Und geht alles plangemäß?"

„Bis jetzt wunderbar, unberufen!"

Um den Überblick zu behalten und nicht abgelenkt zu werden, hatte Hadik alle Melder zu Fuß und zu Pferd, die zu ihm geschickt wurden, an den Adjutanten verwiesen. Er selbst spähte umher und beobachtete, der Adjutant notierte, verläßlich wie immer. Insgesamt befanden sich schon 700 Grenzer innerhalb des Tores; sie hatten die Spreebrücke besetzt und sich jenseits davon ausgebreitet. Dort mußten sie bleiben, um die rechte Flanke zu sichern, sollten aber nicht mehr weiter vordringen; die Gegend nördlich des Flusses war nicht wichtig.

Babocsay ritt an der Spitze seiner Husaren weiter. Als nächster höherer Offizier kam Generalfeldwachtmeister Baron Mittrowsky mit den Baranyay-Husaren, dann Obrist Graf Gourcy. Hinter seinen Kürassieren und Dragonern marschierten wieder Grenzer durch das Tor, an die 400 kroatische Füsiliere.

„Mehr will ich im Augenblick nicht herinnen haben", sagte Hadik zu seinem Adjutanten. „Schauen Sie nach, ob draußen die Reserven richtig aufgestellt sind. Ich hoffe, daß ich sie nicht brauchen werde.“ Kaum hatte er das Wort ausgesprochen, bereute er es. Es erschien ihm vermessen. Wohl war bisher alles genau so verlaufen, wie er geplant hatte, aber der Erfolg sollte ihn nicht vorzeitig sicher machen. Er stand ja erst am Beginn der Entscheidung!

Nachdenklich, wieder in Überlegungen versunken, ritt er hinter seinen Soldaten allein durch das Tor. Rechts dahinter erblickte er Häuser, links einen Meierhof, dann Gärten und Felder. Er hatte das erste Tor, aber noch nicht Berlin selbst erreicht; die Vorstadt, in der er sich befand, war hier offenbar nicht allzu dicht besiedelt. Ein Blick nach rechts, zur Spree hin: von dort drohte keine Gefahr. Vor ihm entwickelte sich seine Kavallerie aus der Marschkolonne zur Gefechtsformation, ordnungsgemäß Zug neben Zug, Eskadron neben Eskadron. Halblinks davon marschierten die kroatischen Füsiliere.

Aber die Pfeifen und Trommeln, die da weiter nördlich erklangen, der Marschtritt dazu — das wirkte fremdartig. Das waren keine eigenen Soldaten mehr!

Hadik bedauerte, daß es hier keinen Hügel gab, von dem aus die ganze Fläche innerhalb der Stadtmauer zu überblicken wäre. Um zu erkennen, was dort drüben herankam, mußte er hinter seinen Kürassieren vorbei nach links reiten, bis nahe an die Innenseite der Stadtmauer. Zur Sicherheit müßte er noch das nächste Tor links, das Kottbuser Tor, besetzen — dann könnten die Preußen schon kommen!

Und sie kamen wirklich, er hatte sich vorhin nicht getäuscht. Er sah sie, sobald er den linken Flügel seiner Kürassiere erreicht und an ihnen vorbei freien Ausblick hatte. Neben ihm hielten seine Deutschen Reiter, fünf Eskadrons Kürassiere und Dragoner. Sie bildeten das zweite Treffen. Als erstes Treffen standen weiter vorne die vier Eskadrons Husaren. Etwa 500 Schritt entfernt hatte sich die preußische Infanterie aufgestellt, wohl zwei Bataillone stark. Sie waren aus zwei Straßen der Vorstadt

gekommen, ihr Kommandant hielt anscheinend das freie Feld hier für den günstigsten Kampfplatz.
In diesem Augenblick wurde Hadik abgelenkt. Sein Adjutant war in höchster Eile herangekommen, dem Pferd stand der Schaum in großen Flocken ums Maul. Zwei Ordonnanzhusaren folgten ihm.
„Sie kamen mir vorhin in den Weg", erklärte der Adjutant, „da brachte ich sie gleich mit, da ich meinte, Eure Exzellenz würden jetzt Meldereiter brauchen."
„Gewiß werde ich sie brauchen. Und wie steht es draußen?"
„Die Reserven sind so aufgestellt, wie Eure Exzellenz befohlen haben. Fürst Sulkowsky bedauert, nicht einrücken zu dürfen."
Hadik nickte stumm. Als er wieder nach vorne blickte, wich seine Zufriedenheit starker Spannung. In dieser kurzen Frist hatte sich die Lage verändert! Der feindliche Kommandant wollte offenbar nicht abwarten, ob die Reiter ihn angreifen würden, sondern setzte seine Truppe wieder in Marsch. Sie zog gegen das Kottbuser Tor, wo eine kleinere Abteilung als Besatzung und Reserve zurückblieb, und kam von dort die Innenseite der Stadtmauer entlang immer näher.
„Alle Achtung, die Preußen sind mutig!" sagte Hadik zu seinem Adjutanten. „Schauen Sie: wenn die Kerle nicht bald anhalten, kommen sie genau in unsere linke Flanke. Wollen Sie uns zum Rückzug zwingen? Das soll ihnen nicht gelingen!"
Er rief einen der Ordonnanzhusaren und war eben dabei, ihm einen Befehl an Generalfeldwachtmeister Babocsay aufzutragen, da setzten sich die Husaren schon in Bewegung. Babocsay tat aus eigenem Ermessen genau das, was Hadik befehlen wollte: seine Husaren trabten geradeaus vor, aber nicht auf die Feinde zu, sondern knapp in Schußweite ihre Linie entlang. Für alle Fälle schickte ihnen Hadik doch den einen Ordonnanzhusaren mit genauer Weisung nach, der zweite überbrachte einen Befehl an die Deutschen Reiter. Der Feldmarschall-Lieutenant konnte mit den Augen verfolgen, wie der Husar hinter der

Front entlangsprengte und dann zwischen zwei Eskadrons durchritt. Dort mußte er den Obristen Graf Gourcy gesehen und ihm den Befehl überbracht haben, denn nun rührte sich auch das zweite Treffen. Die Dragoner auf dem rechten Flügel trabten an und beschrieben eine leichte Wendung nach links, die Kürassiere neben ihnen folgten.
Hadik beobachtete das Manöver aufmerksam und ein wenig besorgt. Eine Schwenkung in breiter Front war schon für eine Kompanie Infanterie keine leichte Aufgabe, denn dabei mußte jeder genau auf seinem Seitenmann und die ganze Linie achten. Und wenn schon Fußvolk damit seine Schwierigkeiten haben konnte, wie erst eine so große Menge von Reitern, wo der Mangel an Aufmerksamkeit oder der Ungehorsam einiger Pferde gleich ganze Abteilungen durcheinanderbringen konnte! Deshalb waren ja die Preußen so kühn gegen die Flanke der Kaiserlichen vormarschiert: sie hofften, damit eine Wendung zu erzwingen, die die ganze Truppe in Verwirrung bringen mußte!
Aber die Reiter hielten bessere Ordnung, als die Feinde es ihnen zugetraut hatten. Die Dragoner ganz rechts außen trabten ziemlich scharf, denn sie mußten einen weiten Weg zurücklegen, während die Birkenfeld-Kürassiere links den kleinsten Teil der Schwenkung vor sich hatten. Ihr linker Flügelmann bildete den Drehpunkt, er durfte nur einige Schritt weit reiten. Eine Drehung um neunzig Grad: sie gelang nicht wie mit Zirkel und Lineal auf dem Zeichenbrett, doch ohne besondere Störung. Der Feldmarschall-Lieutenant war zufrieden.
Noch mehr freute es ihn, daß die Husaren weiter vorne für sich dieselbe Schwenkung vollzogen. Was ihnen an Übung des Exerzierplatzes fehlte, ersetzte die Wendigkeit ihrer Pferde. Trotz des Staubes, den die vielen Hufe aufwirbelten, konnte Hadik sehen, daß seine Absicht erreicht war: die Reiter standen nun parallel zur Marschkolonne der Preußen, der rechte Flügel der Husaren dehnte sich sogar noch weiter aus und konnte die Feinde also in ihrer linken Flanke angreifen. Der Vormarsch

hatte die Preußen in eine Falle geführt: die Stadtmauer, die ihnen im Rücken Schutz bieten sollte, nahm ihnen die Möglichkeit zur Flucht! Um nun auch noch ihre rechte Flanke zu bedrohen, mußten kroatische Füsiliere anrücken. Da kein Ordonnanzhusar mehr verfügbar war, den Befehl zu überbringen, machte sich der Adjutant selbst auf. Sein Pferd wirkte recht erschöpft, aber darauf durfte er keine Rücksicht nehmen; er mußte dem armen Tier die Sporen geben, um ihm die letzten Kräfte abzufordern.
Der Feldmarschall-Lieutenant behielt seinen Platz am linken Flügel der Kürassiere. Vor sich, kaum 300 Schritt entfernt, hatte er die Preußen. Er konnte ihren Kommandanten gut erkennen und sah die Bewegungen, glaubte die Stimme zu hören, wie jener „Halt“ und „Links um“ befahl. Nun standen die Preußen also mit dem Rücken zur Stadtmauer in langer Linie, die Kompaniefahnen wehten über ihnen. Auf die nächsten Befehle hin nahmen die Preußen die Gewehre von den Schultern und machten sich schußbereit. Ihnen gegenüber hielten die Reiter. Hadik wußte, daß die Augen aller Eskadronskommandanten, ja wahrscheinlich der ganzen Truppe auf ihn gerichtet waren. Er zog den Degen, hob ihn hoch und senkte ihn rasch: das Zeichen zur Attacke.
Neunhundert Pferde gingen vorwärts, trabten langsam an, trabten schneller, fielen in Galopp und steigerten das Tempo noch mehr, um die letzte, gefährlichste Strecke möglichst rasch hinter sich zu bringen. Neunhundert blanke Klingen blitzten, bereit zum Einhauen.
„Warum schießen die Preußen noch nicht?“ dachte Hadik besorgt. „Je früher sie es tun, desto weniger sicher treffen sie!“
Die Preußen warteten in bewundernswerter Ruhe. Endlich senkte der Major das erhobene Sponton: „Feuer!“
Die erste Salve krachte. Pferde stürzten und überschlugen sich, Reiter flogen aus dem Sattel. Viele rappelten sich wieder auf, einige blieben liegen. Bis dahin war die Attacke in ganz guter

Ordnung verlaufen, die Reiter hielten ihre Pferde in ungefähr gleicher Linie, aber nun, da die ersten Lücken gerissen waren, jagten die anderen weiter, so schnell die Tiere laufen konnten.
Die Obristen Joseph Komaromy vom Husarenregiment des Feldmarschall-Lieutenants und Baron Orczy von den Jazygiern besaßen prächtige Renner, sie kamen ihren Leuten weit voraus. Babocsay sah es und erkannte die Gefahr für die Kameraden. Zügelten sie die Pferde, würde es vielleicht wie Feigheit aussehen, zumindest den Angriff der anderen hemmen; behielten sie aber die Geschwindigkeit bei, kämen sie vor allen anderen an den Feind und wären am meisten dem feindlichen Feuer ausgesetzt. Sicherlich würden die Preußen noch eine zweite Salve abgeben! Und wenn die beiden auch durchkämen, wie sollten sie zu zweit in die Reihe der preußischen Bajonette einbrechen? Um die Kameraden nicht allein zu lassen, spornte Babocsay seinen Rappen noch mehr an.
„Schneller! Vorwärts, vorwärts!“ rief er den Husaren zu. Schon sah er die Preußen nahe vor sich. Das vordere Glied, das die erste Salve abgegeben hatte, kauerte nun am Boden, um das zweite Glied nicht zu behindern. Die Gewehre lagen im Anschlag, das Mündungsfeuer blitzte auf. Mehr sah der Generalfeldwachtmeister nicht. Er spürte nur noch einen Schlag gegen die Brust, dann wurde es dunkel vor seinen Augen, er sank seitwärts aus dem Sattel. Die schwarze Stute lief noch ein kurzes Stück mit den anderen Pferden, doch bald kehrte sie zu ihrem Herrn zurück.
Neben ihm arbeitete sich Obristwachtmeister Gräven unter seinem gestürzten Pferd hervor. Die linke Schulter schmerzte, der Arm hing fast unbeweglich herab, das Pferd regte sich nicht mehr. Viel Schaden zugleich, dachte Gräven und hatte schon einen Fluch auf den Lippen, da sah er seinen Regimentskommandanten liegen.
Als die Reiter angriffen, fiel es Hadik nicht leicht, sein Pferd zurückzuhalten. So gern wie der Rotschimmel hätte auch er

selbst am Kampf teilgenommen. Mit leiser Wehmut sah er der mustergültigen Attacke zu, sah und hörte die erste Salve der Preußen und freute sich, daß sie nicht so verheerend wirkte, wie er befürchtet hatte. Kaum zwanzig von den neunhundert Pferden mochten gestürzt sein. Hatten die Feinde doch nicht kaltblütig genug gezielt?

Die zweite Salve warf mehr Angreifer nieder. Die dritte würde verhängnisvoll werden! Zu dieser dritten Salve kam es nicht mehr. Die Preußen streckten die Bajonette vor, um die Reiter abzuwehren, aber nur wenige Augenblicke lang. Vor dem ungehemmten Ansturm der Pferde klafften die Reihen auseinander. Säbel und Pallasch übten blutige Vergeltung für die gefallenen Kameraden, bis die Preußen die Waffen streckten.

Während die Trompeter zum Sammeln bliesen und die Rittmeister und Lieutenants sich bemühten, ihre Leute wieder zu ordnen, ritten die Stabsoffiziere zu ihrem Feldherrn. Als erster erstattete Obrist Graf Gourcy Meldung:

„Von zwei feindlichen Bataillons kein Mann entkommen, alle sechs Fahnen erobert."

„Ich danke, Herr Obrist", erwiderte Hadik. „Sie alle haben sich prächtig gehalten. Was ist mit Ihrem Arm? Verwundet?"

„Es scheint nur eine Prellung zu sein."

„Erzählen Sie bitte!"

„Ich ritt gerade auf den preußischen Major zu. Er stieß mit dem Sponton nach meinem Pferd. Zum Glück hatte ich heute früh nicht den Degen, sondern meinen Pallasch umgeschnallt. Die schwere Klinge war stark genug, das Sponton zur Seite zu schlagen, aber als ich zum Hieb ausholte, gebrauchte auch der Preuße sein Sponton als Hiebwaffe und erwischte mich ganz schön. Prinz Liechtenstein befreite mich aus der unerfreulichen Lage."

Die Pflicht der Höflichkeit hatte Hadik geboten, sich die Geschichte erzählen zu lassen. Nun mußte er auch Baron Ried nach

dessen Erlebnis fragen. Der Grenzerobrist kam nämlich zu Fuß daher, sein Gesicht war sehr düster.
„Was ist Ihnen widerfahren, Herr Obrist?“
„Ein einzelner Reiter an der Spitze von Fußvolk bietet leider immer ein willkommenes Ziel! Nachdem mein erstes Pferd verwundet worden war, ließ ich mir das andere bringen, um vom Sattel aus besseren Überblick zu haben. Nun ist auch dieses verwundet, und bei den Preußen ist keines als Ersatz zu erbeuten, weil das doch alles nur Infanteristen sind.“
Generalfeldwachtmeister Baron Mittrowsky hatte sich ebenfalls dazugesellt und die letzten Worte mitangehört. „Sie können das beste Pferd unseres Korps haben, nur ist der Anlaß, daß es frei wurde, sehr traurig.“
Hadik erschrak. „Das beste Pferd? Das ist Babocsays Araber! Er wird doch nicht —“
Mittrowsky nickte ernst. „Leider. Unser guter Wolfgang von Babocsay ist gefallen.“
Hadik nahm den Kalpak vom Kopf und bekreuzigte sich, die anderen folgten dem Beispiel.
Trotz der Trauer um den Freund, trotz der vielen einzelnen Berichte und Meldungen durfte Hadik nicht die unmittelbaren Aufgaben vernachlässigen. Die Reiter hatten sich nach ihrer Attacke wieder gesammelt, die Gefangenen waren bereits entwaffnet und wurden bewacht — dafür sorgten die Rittmeister, um die eigenen Verwundeten kümmerten sich die Regimentschirurgen und die Feldscherer. Aber noch stand die Reserve der preußischen Infanterie, schätzungsweise 300 Mann, beim Kottbuser Tor! Nein, sie stand nicht mehr, sie begann bereits zu fliehen.
„Herr Obrist Baron Orczy, darf ich Sie bemühen?“ fragte Hadik.
Das bekümmerte Gesicht des Barons hellte sich auf. „Wie gern ich noch einmal losreite!“
„Exzellenz“, rief Baron Mittrowsky bittend, „schicken Sie alle

Husaren! Keiner ist so müde, daß er nicht für Babocsays Tod Rache nehmen möchte!“

„Am liebsten würde ich selbst mitreiten“, sagte Hadik, während die Offiziere sich entfernten. Baron Ried machte sich auf, Babocsays Pferd zu suchen. Allein Graf Gourcy blieb zurück; er schaute sehr ernst drein.

„Gestatten Exzellenz ein freies Wort?“

„Gern, lieber Graf“, erwiderte Hadik erstaunt.

„Als Mensch und Christ sollten Eure Exzellenz anders denken als vorhin. Man erschlägt wohl den Feind, der einem entgegensteht, aber seinen eigenen Schmerz im Blut der Fliehenden zu ersäufen, das ist nicht christlich, nicht ritterlich.“

„So hätte auch mein Beichtvater gesprochen“, sagte Hadik mit leiser Stimme. Er war sehr betroffen.

„Nehmen mir Exzellenz meine Offenheit bitte nicht übel!“

„Im Gegenteil, lieber Graf. Ich danke Ihnen vielmehr.“ Dennoch blieb eine gewisse Beklemmung, eine fremde Stille zwischen ihnen. Beide fühlten es, und um zu überbrücken, fragte Hadik: „Worauf führen Sie es zurück, daß wir verhältnismäßig geringe Verluste hatten?“

„Die Preußen hielten sich so tapfer wie bei Kolin, aber hier handelte es sich anscheinend um Soldaten, die noch nicht fertig ausgebildet sind. Sie haben zu hoch geschossen“, antwortete Gourcy, sichtlich erleichtert über den Wechsel des Gesprächsthemas. Aber Hadik gab noch einen Beweis, daß er dem Obristen nichts nachtrug:

„Meinen ersten Unterhändler, den Trompeter“, sagte er, „haben die Berliner nicht zurückkehren lassen. Jetzt werden sie doch nachgeben, meinen Sie nicht? Ich hatte einen Husaren geschickt, diesmal soll es einer von Ihren Deutschen Reitern sein, aber neben dem Trompeter auch ein Offizier, der mit Nachdruck auftreten kann. Lassen Sie jemand holen, dem Sie diese Ehre gönnen.“

Obrist Graf Gourcy freute sich herzlich, sowohl über diese Auszeichnung wie über die Möglichkeit, einem seiner Leute eine Freude zu bereiten. Er grüßte, wendete sein Pferd und ritt zu seinen Eskadrons zurück. Währenddessen überlegte er: Nach Lübben hatte er einen Dragoneroffizier geschickt, der Gerechtigkeit wegen müßte es jetzt ein Kürassier sein! Wer hatte sich besonders tapfer geschlagen? Prinz Liechtenstein — doch wieder ein Dragoner, und gerade derjenige, der schon in Lübben die Verhandlungen geführt hatte. Nein, er brauchte einen Kürassier! Die hatte er nicht fechten gesehen, gewiß waren sie alle tapfer gewesen, wen sollte er da auszeichnen? Als beste Lösung fiel ihm ein, einen zu bestimmen, der gern mitgekämpft hätte, aber nicht konnte, weil seine Eskadron zur Reserve vor der Stadtmauer bestimmt war.

XIII. DER ZWEITE UNTERHÄNDLER

Außerhalb der Stadtmauer, noch jenseits des Floßgrabens, warteten die Truppen, die Hadik als Reserve zurückgelassen hatte. Den beiden Bataillonen deutscher Infanterie hatte Sulkowsky erlaubt, die Gewehre zusammenzustellen, die Tornister abzulegen und sich daraufzusetzen. Nach dem langen Nachtmarsch hatten sie sich soviel Ruhe verdient! Viele schliefen, sobald das Artilleriefeuer verstummt war, die Rücken aneinandergelehnt oder den Kopf auf die Arme gestützt. Sie schreckten erst auf, als die beiden Salven der preußischen Infanterie krachten, einige ließen sich nicht einmal davon stören.

Der Obrist selbst war vom Pferd gestiegen und ging, die Hände auf dem Rücken verschränkt, langsam auf und ab. Als ein einzelner Dragoner vom Schlesischen Tor hergaloppierte, begann Sulkowsky zu hoffen, er würde nun doch den Befehl erhalten, in die Stadt einzurücken, doch der Dragoner ritt an der Infanterie vorbei weiter zu den Kürassieren.

Auch die Reiter hatten es sich bequem gemacht, soweit es möglich war, schliefen neben ihren Pferden oder standen plaudernd in kleinen Gruppen beisammen. Der Meldereiter erweckte bei ihnen ähnliche Hoffnungen wie bei Fürst Sulkowsky und dann ähnliche Enttäuschung, als er nicht den Befehl zum Aufsitzen brachte, sondern nur nach einem einzelnen Offizier fragte.

Rittmeister Maximilian Baron Walterskirchen war sehr überrascht. Ein Kamerad lachte:

„Will dich Hadik gerade jetzt wegen deiner Spielschulden zur Rede stellen?"

„Hat er vielleicht etwas von deinem Duell in Radeburg erfahren?" rief ein anderer.

„Oder von einem galanten Abenteuer?"

„Spottet nicht!" sagte ein Rittmeister ernst. „Hoffentlich ist kein Offizier gefallen, dessen Platz nun Walterskirchen einnehmen soll."

Als der Dragoner hinzufügte, der Rittmeister solle einen Trompeter mitnehmen, wurde allen klar, daß es um neuerliche Unterhandlungen ging. Walterskirchen zögerte nicht, winkte dem nächsten Trompeter, sein Diener klopfte ihm schnell noch den Staub von der Uniform, wischte mit seinem Ärmel über die Stiefel des Rittmeisters und zog den Sattelgurt des Pferdes fester. Walterskirchen schwang sich in den Sattel.

„Viel Glück in Berlin!" riefen ihm die Kameraden nach.

„Knüpf nicht schnell eine Liebschaft an!"

„Wenn man dich zu einem Festmahl einlädt, besauf dich nicht!"

„Sag dem Feldmarschall, daß hier noch mehr Offiziere sich langweilen!"

Am Schlesischen Tor mußte Walterskirchen eine Weile warten. Die Kürassiere, die — von ihm beneidet — vor etwa einer Stunde hineingeritten waren, kamen nun wieder heraus, mancher mit einer Schramme im Gesicht, mit Spuren von Pulverrauch am weißen Waffenrock, mit zerfetztem Ärmel, mit einem Küraß, der die Spur einer Kugel trug.

Hinter ihnen kamen Männer mit Tragbahren. Walterskirchen sah frische Verbände, die schon wieder von Blut gerötet waren, blickte in verzerrte Gesichter, hörte Röcheln und leises Wimmern.

An den Verwundeten vorbei drängte er sein Pferd durchs Tor. Er fand den Feldmarschall im Kreis der höheren Offiziere stehen. Alle Generale und Obristen, von denen ein Rittmeister wie er gewöhnlich nur einen zu sehen bekam, waren hier versammelt! Rasch sprang er vom Pferd, riß den Hut vom Kopf und meldete in der strammsten Haltung, deren er fähig war:

„Rittmeister Baron Walterskirchen vom Kürassier-Regiment Alt Modena gehorsamst zur Stelle!"

Hadik dankte kurz mit erstauntem Blick, dann fragte er: „Was führt Sie her?"

Nun war es der Rittmeister, der erstaunt dreinschaute. Bevor er antworten konnte, sprach Obrist Graf Gourcy: „Exzellenz haben mir aufgetragen, einen Offizier auszuwählen, der nach Berlin reiten soll."

„Ausgerechnet den haben Sie bestimmt, Herr Obrist?" Hadik betonte das Wort „den" so, daß Walterskirchen es fast als Beleidigung empfand. Die Antwort des Obristen aber versöhnte ihn.

„Wenn Exzellenz", sagte Gourcy, „auf den Lebensstil des Rittmeisters anspielen — ja, deswegen gerade habe ich ihn gewählt. Ein Kavalier, der schon in allerlei Affären verwickelt war, dürfte schwierigen Verhandlungen eher gewachsen sein als irgendein braver Haudegen."

Hadik nahm die freie Äußerung des Obristen, die zweite binnen kurzer Zeit, mit erstaunlicher Ruhe hin, antwortete ihm gar nicht, sondern winkte Walterskirchen heran: „Herr Rittmeister, sie überbringen diesen Brief dem, der in Berlin die Verantwortung trägt, sei es dem Militärgouverneur, sei es einem Bürgermeister, und dringen auf rasche Antwort. Damit Sie selbst wissen, was ich geschrieben habe: Auf Grund des Widerstandes, den man geleistet hat, erhöhe ich meine Forderung der Brandsteuer von 300 000 auf 500 000 Taler. Zusätzlich verlange ist 100 000 Taler für die Soldaten als Entgelt dafür, daß ich sie nicht plündern lasse. Betonen Sie, daß wir uns das Geld selbst holen werden, wenn man es uns nicht gutwillig gibt. Rechtfertigen Sie das Vertrauen, das Obrist Graf Gourcy in Sie setzt!"

Walterskirchen übernahm den Brief, grüßte und ging zurück zu seinem Pferd. Während er aufstieg, hörte er noch die Frage eines der Offiziere:

„Exzellenz fordern über eine halbe Million Taler? Ich fürchte, so viel ist in ganz Brandenburg nicht aufzutreiben!"

Der Rittmeister durfte nicht mehr zögern, so gern er die Antwort gehört hätte. Gefolgt von dem Trompeter ritt er davon. Hadik aber lächelte, als er sich an Mittrowsky wendete:

„Herr General, Sie waren doch schon oft auf einem Pferdemarkt? Wenn der Händler weiß, daß der Käufer auf ihn an-

gewiesen ist, verlangt er zunächst eine unerreichbare Summe, um im folgenden Feilschen möglichst viel herauszuschlagen. Hier bin ich der Händler, ich biete an, was die Stadt unbedingt braucht: die Schonung. Ich verlange die halbe Million, um eine Viertelmillion zu erhalten. Daß ich wie ein Erpresser handle, ist vielleicht nicht sehr fein, aber durch den Krieg bedingt. Ihre Majestät die Kaiserin wird sich über das Geld nur freuen und nicht fragen, mit welchen Methoden ich es aufgebracht habe."
Hadik hatte seine kurze Rede scherzhaft begonnen, aber er fühlte selbst, daß sie wie eine Verteidigung klang, und zwar weniger vor seinen Offizieren als vor dem eigenen Gewissen. Als er verstummte, gingen seine Gedanken noch weiter in dieser Richtung: Wieviel hatte Kaiser Karl VI. gezahlt und Zugeständnisse gemacht, um seiner Tochter die Erbfolge zu sichern, und wie wortbrüchig und erpresserisch waren alle Nachbarn dann gegen die junge Maria Theresia in den Krieg gezogen! Die anderen Räuber waren in langem, bitterem Krieg abgewehrt worden, nur der Preußenkönig hatte seine Beute behalten. Seine Hauptstadt mußte noch dankbar sein, wenn sie mit einer bloßen Zahlung davonkam!
Diese Gedanken setzte Hadik unmittelbar fort, als er zu seinen Offizieren weitersprach: „Damit der Bürgermeister zahlt, muß ich ihm noch mehr Angst einjagen. Deshalb werden jetzt dreihundert Husaren in verschiedenen Richtungen durch die Stadt reiten, und die anderen Truppen schlagen draußen ein Lager auf, das den Anschein einer viel größeren Heeresmacht erweckt. So haben wir es ja schon vor Lübben geprobt. — Adjutant! Fertigen Sie die Befehle aus. — Sie, meine Herren, werden alle an dem Ritt durch Berlin teilnehmen."
„Danke, Exzellenz!" rief Mittrowsky freudig aus.
Nun lächelte Hadik wieder: „Ich ordne das nicht an, um Ihnen einen Gefallen zu erweisen, sosehr Sie ihn verdient haben, sondern weil mir daran liegt, daß jede Abteilung der Husaren unter dem Befehl eines verantwortungsbewußten Offiziers steht.

Niemand darf plündern, niemand einem Einwohner von Berlin auch nur ein Haar krümmen, es sei denn in Notwehr. Trotzdem müssen Sie ein wenig Schrecken verbreiten; das kann nur nützlich sein, die Verhandlungen zu beschleunigen. Ich hoffe, Sie haben mich verstanden."

Der Adjutant langte nach der Schreibmappe, die er neben der Tasche mit den Landkarten umgehängt trug. Er war geübt, in jeder Lage Befehle auszufertigen, im Sattel schrieb er noch leichter als etwa auf einem Strohlager. Das ging so selbstverständlich vor sich, daß er daneben beachten konnte, was um ihn vorging. Während sich die Offiziere noch untereinander besprachen, meinte er, wieder einmal Grund zu haben, seinen Feldmarschall zu bewundern: Hadik schickte nicht jene Husaren in die Stadt, die vorhin die Reserven der preußischen Infanterie verfolgt und die Überlebenden gefangen eingebracht hatten. Sie mußten gleich den Kürassieren und den Truppen, die vor der Stadt gewartet hatten, ein Lager beziehen, als Lohn für ihre Tapferkeit und um die Pferde ausruhen zu lassen. Der Nebengedanke dieses Befehls war klar: von diesen Husaren hatten viele den Säbel blutig, sie würden leicht wieder dreinhauen — gerade das aber wollte Hadik vermeiden!

So überlegte der Adjutant, während er den Zettel schrieb, der 300 Husaren der Reserve in die Stadt rufen sollte; den Befehl zum Lagern hatte eine Ordonnanz bereits fortgebracht.

Walterskirchen war indes mit dem Trompeter längst zwischen den Häusern untergetaucht. Von seinen Abenteuern mit Wäschermädchen und Kellnerinnen her kannte er die Josefstadt und den Spittelberg vor Wien, Lichtental, Neu- und Alt-Lerchenfeld, er kannte die Armut des Stadtrandes und wunderte sich nicht, hier ähnlich bescheidene Häuser zu sehen, Reste von ländlichem Leben neben richtigem Vorstadtelend. Umso eiliger strebte er der Stadtmitte zu.

Die beiden Reiter gelangten zu einer Brücke über einen Kanal.

„Jetzt müssen wir die Vorstadt hinter uns haben", sagte der Rittmeister. „Entweder muß jetzt die richtige Stadt beginnen —"
„Oder wir sind falsch geritten", ergänzte der Trompeter. „Wollen Herr Rittmeister nicht jemand fragen?"
Walterskirchen war einverstanden, aber so bald zeigte sich niemand, den er hätte fragen können. Die wenigen Leute, die sie bisher gesehen hatten, waren alle eilig geflüchtet. Indessen änderte sich das Straßenbild wirklich so, wie er es erhofft hatte: die Häuser sahen älter aus, standen enger beisammen und bildeten richtige Gassen, kein Schwein zeigte sich mehr, nicht einmal ein Huhn.
Nach kurzer Zeit sah es wieder anders aus: besser gebaute, zum Teil sogar zweistöckige Häuser kündigten an, daß man in ein besseres Wohnviertel kam. Die Rinnsale beiderseits der Straße waren von kleinen Brücken überwölbt. Bald zeigte sich die erste einigermaßen ansehnliche Kirche, ein größerer Kaufladen, ein nahezu einladendes Weinhaus, allerdings mit verschlossener Tür. Aber Adelshäuser, Stadtpaläste wie in Wien, davon war nichts zu sehen, und das beruhigte den Baron. Es wäre ihm doch zu peinlich erschienen, hätte Berlin sich mit der Kaiserstadt vergleichen können! Oder galt das nur für dieses Viertel, gab es in einem anderen Teil Berlins etwa gar imposante Bauten?
Sie kamen zu einer Kirche. Der Platz, auf dem sie stand, bereitete nun Schwierigkeiten, denn von verschiedenen Seiten mündeten Straßen ein, ohne daß eine von ihnen Anhaltspunkte dafür gab, wo sie weiterreiten sollten.
„Ihr müßt doch absteigen", sagte Walterskirchen zu seinem Begleiter, „und an ein Haustor klopfen. Irgendwer wird schon Auskunft geben."
Der Trompeter gehorchte und ging, sein Pferd am Zügel nachziehend, zum nächsten Tor. Als niemand öffnete, versuchte er es beim Nachbarhaus. Ober dem dritten Tor endlich öffnete sich ein Fenster, ein kahler Männerkopf beugte sich heraus.

„Was will Er? Wird schon geplündert?"
Die Stimme klang so unfreundlich, daß der Trompeter auch keine Lust zu Höflichkeit verspürte. „Zum Plündern", antwortete er, „würde ich mir ein schöneres Haus aussuchen. Ich will nur nach dem Weg zum Rathaus fragen."
„Geh Er zum Teufel, den Weg wird Er leichter finden!"
Da der Trompeter ähnlich grob antwortete, trieb Walterskirchen sein Pferd näher heran, um versöhnlich in das Gespräch einzugreifen. Dabei sah er, wie sich das Gesicht des Alten am Fenster zu schadenfrohem Grinsen verzog:
„Mir scheint, ihr werdet gleich zum Rathaus gebracht werden, aber hinunter ins Kellerloch zu den Verbrechern!"
Als Walterskirchen sich umschaute, was den Mann zu diesen Worten veranlaßt haben könnte, hörte er auch schon taktmäßigen Schritt. Aus einer Gasse marschierte preußische Infanterie heran!
„Da, Herr Rittmeister!" rief der Trompeter und streckte die Hand aus — aber er wies eine andere Richtung. Auch von dort tauchten Uniformen auf! Walterskirchen griff nach dem Pallasch, zog die Hand aber gleich wieder zurück und bemühte sich, die Lage ganz ruhig zu erwägen. Jetzt, im letzten Augenblick, gefangen zu werden, wäre allzu schade, ja gerade lächerlich! Aber wohin? Die Kirche da würde vielleicht Zuflucht bieten; zumindest galt im katholischen Österreich jedes Gotteshaus als Asyl, wo kein Verfolgter angetastet werden durfte. Ob die Preußen es auch so hielten? Und welchen Eindruck würde es machen, wenn der Abgesandte des siegreichen Feldherrn sein Pferd im Stich ließ und davonlief wie ein gejagter Dieb? Auch wenn er die Straße zurückritte, die er gekommen war, würde es wie schmähliche Flucht aussehen. Nein, dazu hatte man nicht gerade ihn ausgeschickt! Flucht wäre ebenso falsch wie ein aussichtsloser Kampf. „Ein Kavalier, der schon in allerlei Affären verwickelt war, dürfte schwierigen Verhandlungen eher gewachsen sein als ein Haudegen" — so ähnlich hatte Graf Gourcy

gesagt. Richtig: weder fliehend, noch mit dem Pallasch in der Hand als Haudegen, sondern als Kavalier müßte er die Lage meistern können!

Mit raschen Blicken musterte er die beiden Kolonnen, die knapp nacheinander aus zwei Gassen auf den Platz herausmarschiert waren, und ritt dann auf diejenige zu, an deren Spitze er einen Berittenen gewahrte, anscheinend also einen Offizier von höherem Rang. Diesem trabte er entgegen, hielt fünf Schritte vor ihm das Pferd an und grüßte in tadelloser Form.

„Rittmeister Baron Walterskirchen vom kaiserlich-königlichen Kürassierregiment Alt-Modena als Abgesandter des Feldmarschall-Lieutenants von Hadik unterwegs als Parlamentär zum Stadtkommandanten von Berlin."

Währenddessen hatte er den preußischen Offizier nicht aus den Augen gelassen und mit Befriedigung vermerkt, daß seine Worte so wirkten, wie er beabsichtigt hatte. Der Preuße zeigte sich im ersten Moment überrascht, daß ein feindlicher Offizier ihm so stramm Meldung erstattete, wie es ein eigener getan hätte, erwiderte den Gruß aber nicht weniger höflich.

„Obristlieutenant von Zitzewitz vom königlich preußischen Infanterie-Regiment Loen", stellte er sich vor. „Kann ich Ihnen in Ihrer Mission irgendwie behilflich sein?"

Ein Lieutenant zu Fuß hatte inzwischen die Truppe halten lassen, wagte es aber nicht, an dem Gespräch der beiden höheren Offiziere teilzunehmen. Für alle Fälle schickte er einen Feldwebel und einen Unteroffizier zu dem österreichischen Trompeter hin.

„Tolle Knaben seid ihr", sagte der Feldwebel, „so allein mitten nach Berlin zu reiten. Wird euch aber nicht gut bekommen."

„Wir sind Unterhändler!" rief der Trompeter.

„Womit handelt ihr denn?" Der Feldwebel lächelte boshaft. „Habt ihr was zu verkaufen?"

„Gewiß! Der Bürgermeister wird ganz schön zahlen müssen, wenn Berlin geschont werden soll."

„Das ist nicht unsere Sorge. Wir ziehen ab", sagte der Feldwebel, der Unteroffizier ergänzte: „Euch hat uns der Himmel in den Weg geschickt, so bringen wir wenigstens noch zwei Gefangene nach Spandau."

„Sieht nicht danach aus", antwortete der Trompeter. „Die beiden Herren unterhalten sich ganz freundlich."

Der Feldwebel brummte etwas Unverständliches, sein Gesicht drückte Erstaunen und Kummer aus. „Das ist Zitzewitzens Art", sagte er dann, „immer höflich. Ich hätte den Kaiserlichen gleich vom Pferd geschossen!"

Noch erstaunter war der alte Mann am Fenster. „Schau doch, Trine!" rief er ins Zimmer hinein. „Da hat unser Offizier den Österreicher begrüßt, als herrschte tiefster Frieden! Das sind Zeiten! Unter dem alten Friedrich Wilhelm hätte es so was nicht gegeben."

„Du mit deinem Soldatenkönig!" antwortete eine weißhaarige Frau. Sie rückte sich ein Häubchen zurecht, bevor sie neben ihren Mann ans Fenster trat. „Vor allem hätte der Soldatenkönig nie gegen seinen Kaiser in Wien gekämpft, sondern zusammen mit ihm gegen die Franzosen. Das erzählst du selbst immer!"

„Ist auch wahr. Ich verstehe die Welt nicht mehr."

Die Frau lehnte sich weit hinaus. „Was ist daran zu verwundern? Unser Offizier sieht in dem anderen nicht so sehr den Feind wie den Mann von gleichem Stand. Eine Krähe hackt der anderen kein Auge aus!"

Die beiden Offiziere hielten noch immer nahe beisammen. „Erlauben Sie mir", schloß Zitzewitz das Gespräch, „daß ich Ihnen eine kleine Eskorte mitgebe. Sie wird Sie sicher zum Rathaus geleiten."

„Ich bin Herrn Obristlieutenant sehr verbunden."

Der Trompeter schaute ein wenig zweifelnd auf den Lieutenant, der nun mit fünf Mann an die Seite des Rittmeisters trat, der Feldwebel lächelte hämisch, der Mann am Fenster frohlockte: „Trine, es geht doch alles gut! Sieh nur, jetzt wird der kaiserliche Offizier gefangen abgeführt. Sollen sie ihn nur in Ketten legen!“

Walterskirchen dachte nicht an Ketten oder Gefängnis, so grimmig die fünf Preußen auch dreinschauten, die nun mit dem Lieutenant neben ihm und dem Trompeter herschritten. Sein Vertrauen behielt recht: eine halbe Stunde später saß er im Festsaal des Rathauses an einem gedeckten Tisch, der Wirt des Ratskellers schenkte ihm persönlich aus einer Weinflasche ein großes Glas voll, und zwei Herren in schwarzen Talaren bemühten sich, ihn freundlich zu unterhalten. Nur gelegentlich klang eine Bitte, eine besorgte Frage im Gespräch mit; Walterskirchen wunderte sich nicht, daß es immer die gleiche war:

„Meinen Herr Rittmeister nicht, daß seine Exzellenz der Feldmarschall sich bewegen lassen könnte, die hohe Summe etwas zu verringern?“

Als der Wirt nachschenken wollte, lehnte Walterskirchen ab: er habe noch nicht gespeist und halte es für unklug, auf leeren Magen zu viel zu trinken. Ein Ratsherr flüsterte dem Wirt etwas zu, dieser verschwand. Bald entschuldigte sich auch der Ratsherr und ging hinaus, ein anderer setzte sich an seine Stelle. So wechselten die Gesprächspartner mehrmals, ihre Gesprächsthemen blieben ähnlich. Die meisten versuchten, etwas über die Stärke des österreichischen Korps zu erfahren, einer fragte nach der Wesensart des Feldmarschall-Lieutenants, nach seinen Vermögens- und Familienverhältnissen, nach seinem Geschmack. Walterskirchen antwortete stets ausweichend, zwar sehr höflich, aber immer äußerst vorsichtig. Das tat er auch, als ein beleibter Herr ihn mit vertraulichem Lächeln fragte, welches Andenken an diesen bemerkenswerten Tag er selbst aus Berlin mitzunehmen wünsche.

Eine Stunde war vergangen, als der Wirt wieder hereinkam und auf einer schön gearbeiteten zinnernen Schüssel ein gebratenes Huhn brachte. Eine Magd trug ihm Teller, Eßbesteck und

eine große Serviette nach, eine zweite stellte einen Salatteller und einen Brotkorb auf den Tisch.
„Solche Gaben nehme ich mit gutem Gewissen an!“ sagte der Rittmeister und ließ sich auch das Glas wieder vollschenken. „Jetzt fehlt nur noch Tafelmusik“, fügte er lächelnd hinzu.
Während er aß, fragten die Ratsherren weniger, um ihn nicht zu stören, erzählten aber ihrerseits allerlei. Etliche Andeutungen bestätigten die Vermutungen des Rittmeisters: er wurde so umhegt, damit er nicht die Geduld verliere. Der Stadtrat überlegte inzwischen, wie das Geld aufgebracht werden könnte, und sah sich dabei in den größten Schwierigkeiten. Außerdem schienen Abordnungen der Bürgerschaft vorgesprochen zu haben, die wegen der umherreitenden Husaren eine Plünderung befürchteten.
Das Mahl war noch nicht beendet, da traten zwei Männer ein, verneigten sich tief und stellten sich still in eine Ecke. Der eine holte aus einer schwarzen Umhüllung eine Laute, der andere zog unter dem Mantel eine Flöte hervor. Nach einer weiteren Verbeugung begannen sie zu spielen. Walterskirchen hatte nur im Scherz nach einer Tafelmusik verlangt; umso mehr freute er sich darüber. Das Stück, das die beiden Männer spielten, kannte er nicht, aber es gefiel ihm sehr. Als er sich lobend äußerte, nickte der eine Ratsherr den Musikanten gnädig zu, erhob sich und bat den Gast, ihn für eine Weile zu entschuldigen. Der andere folgte ihm bald nach. Der Baron merkte, wie sehnsüchtig die Musikanten nach der Schüssel schielten. Das halbe Huhn lag noch darauf, er konnte nicht mehr weiter essen, sie würden es gewiß gern tun, aber es fehlte an Tellern und Besteck für sie — und überhaupt, konnte er es ihnen anbieten, ohne sie zu beleidigen? Er versuchte es vorsichtig.
„Bei mir auf meinem Gut“, sagte er beiläufig, „spielen keine ausgebildeten Herren, sondern nur Zigeuner, die keine Noten lesen können, ja gar nicht wissen, daß es dergleichen gibt. Ihnen überlasse ich gern, was vom Essen übrig bleibt. Sie freilich —“

„Oh, bitte sich nicht zu genieren!" rief der Lautenspieler. Der andere trat ihm mahnend auf den Fuß. Walterskirchen tat, als habe er nichts bemerkt, und sprach rasch weiter:
„Wenn Sie kosten wollen, bitte, sich zu bedienen!"
Mit verlegenen Blicken, sichtlich schuldbewußt und dennoch erfreut, traten die beiden an den Tisch.
„Soldaten trinken öfter gemeinsam aus einem Glas", sagte Walterskirchen. „Wenn es Sie nicht stört, mir ist es eine Freude, mit Herren, die die Musik so lieben wie ich, den Wein zu teilen."
Nach einander nippten sie vorsichtig an dem Glas, dann packte jeder kurz entschlossen ein Stück des Brathuhns und biß hinein.
„Aber wenn jetzt keine Musik zu hören ist", sagte zwischendurch der Flötenspieler, „werden die Ratsherren uns Vorwürfe machen!"
„Darf ich inzwischen versuchen?" Walterskirchen stand auf, holte sich die Laute und begann, ein spanisches Tanzliedchen zu klimpern. Die Musikanten verschmähten auch das Brot nicht. Der Rittmeister betrachtete sie aufmerksam. Sie mochten jeder über sechzig Jahre alt sein, waren beide hager, ärmlich gekleidet, aber sehr sauber, die Röcke an den Ärmeln abgeschabt und geflickt. „Sind die Herren Mitglieder des königlichen Orchesters?" fragte Walterskirchen.
„O Gott, so gut geht es uns nicht!" rief der Lautenspieler. „Wir sind Schulmeister, die zuweilen die Ehre haben, vor hohen Gästen aufzuspielen, und sich so den Lebensunterhalt erleichtern."
„Am königlichen Hof", fügte der andere hinzu, „braucht man uns leider nicht, aber vor gerade einem Jahr wurde ein Trauerspiel von einem gewissen Herrn Lessing aufgeführt; da durften wir in der Zwischenaktmusik mitwirken."
Die nächsten zwei Ratsherren, die zur Unterhaltung des Gastes kamen, staunten und wollten erst böse werden, als sie die Musiker mit dem Rittmeister zusammen bei Tische sahen, aber da er so freundlich mit ihnen sprach, konnten auch die Ratsherren nicht anders. Es wurde eine ganz muntere Unterhaltung über

neue deutsche und bewährte französische Theaterstücke, über Schauspielertruppen, Bühnenmusik und Gesang.

Dem Ratsherren Wilhelm Hubert war um diese Zeit wesentlich weniger wohl zumute. Die Beratung hatte eindeutig ergeben, daß kaum ein Drittel der geforderten Summe aufgebracht werden konnte; nun hatte ihn Oberbürgermeister Kircheisen zu einem Bankhaus geschickt nachzufragen, mit welchem Kredit die Stadt rechnen dürfe. In seine Sorgen befangen, hatte Hubert soeben den Platz vor dem Rathaus überquert, als er ein befremdliches Getrappel und Geklapper hörte.

„Pferde?" dachte er. „Die Kaiserlichen so mitten in der Stadt? Sie werden doch nicht wirklich —?"

Der Sand, der auf dem Pflaster lag, knirschte unter den Hufen, Steinchen spritzten weg, die Hufeisen schlugen aus den Pflastersteinen Funken. Kaiserlich-königliche Husaren, wohl an die dreißig Mann, ritten auf den Platz. Sie trugen rote Uniformen, an der Pelzmütze hatte jeder die Feder eines Raubvogels stekken, statt Decken lagen Wolfsfelle unter den Sätteln. Ein Husar zog die Pistole aus dem Halfter. Hubert drückte sich an ein Haustor. Ein Schuß krachte, Glas splitterte: der Husar hatte auf eine Straßenlaterne geschossen. Sonst geschah nichts, sie ritten ohne Aufenthalt weiter. Überall rund um den Platz wurden Fenster geöffnet, erschreckte und erboste Menschen beugten sich heraus, schimpften und fluchten. Ein Mann erkannte den Ratsherrn.

„Warum duldet das der Bürgermeister?" schrie er.

„Soweit ist es schon gekommen!" jammerte ein anderer, ein dritter rief mit drohender Stimme: „Wenn wir zu schwach sind, solchen Mutwillen zu verhindern, müssen wir eben Frieden schließen. Warum geschieht da nichts?"

Hubert hütete sich, etwas zu antworten und damit nur unnützen Wortwechsel zu beginnen. Eilig ging er weiter zum Bankhaus Siegerbarth.

XIV. MENSCHEN IN BERLIN

Zur Mittagszeit, als es nach Kanonendonner und Gewehrfeuer wieder ruhig geworden war, hatte die Königin gehofft, doch in Berlin bleiben zu können. Nicht, daß sie die Stadt selbst oder irgend etwas innerhalb ihrer Mauern übermäßig geliebt hätte: von Liebe hatte sie hier nicht viel verspürt. Ihr königlicher Gemahl begegnete ihr höflich, manchmal sogar rücksichtsvoll; mehr zu erwarten, hatte sie sich längst abgewöhnt. Kinder hatten sie nicht. Nein, sie wußte keinen Grund, an Berlin zu hängen, aber nach fünfundzwanzig Jahren als Königin fühlte sie die Pflicht, in der Stadt auszuharren, solange es irgend möglich war. Mochten die Minister zittern, die Kammerfrauen und Zofen, Lakaien und Kutscher noch so ängstlich dreinschauen, Elisabeth Christine setzte sich im Palast ihres Schwagers Heinrich an ein Fenster und begann, auf der Tischplatte eine Patience zu legen. Als sie die Freude daran verlor, rief sie nach der Kammerfrau.

„Majestät, endlich!" seufzte die Dame, doch die Königin gönnte ihr nur einen kühlen Blick.

„Was endlich? Meint Sie, ich will abreisen? Im Gegenteil! Schau Sie sich nach einem offenen Spinett um. Das im Nebenzimmer ist leider versperrt."

„Majestät wollen spielen?"

„Wenn niemand für mich Musik macht, muß ich es wohl selbst."

Die Kammerfrau ging mit zögernden Schritten hinaus, kam aber sogleich wieder. „Majestät, der Stadtkommandant bittet, vorgelassen zu werden."

Diesmal schaute Rochow sehr ernst drein. „Es ist so weit, Majestät."

„Ich muß doch fort? Was ist geschehen?"

Rochow erzählte kurz von dem verlustreichen Gefecht und der neuerlichen Drohung des feindlichen Kommandanten. „Er will die Stadt einäschern, wenn wir nicht über eine halbe Million

Taler zahlen. Und da wir nicht so viel Geld haben, besteht ernste Gefahr.“

„Wer ist jener Kommandant?“

„Ein gewisser Hadik, ein tüchtiger Truppenführer, wie es scheint — mehr weiß ich nicht. Militärischer Widerstand ist nunmehr sinnlos geworden, deshalb ziehe ich mit dem Rest der Garnison nach Spandau ab. So nehme ich Hadik den Vorwand zu weiterem Blutvergießen. Ich kann nur an seine Großmut appellieren, nicht eine wehrlose Stadt zu zerstören.“

„Und ich muß mit Ihnen fortgehen?“

„Da ich für Eurer Majestät Sicherheit verantwortlich bin, muß ich darauf bestehen.“

„Also füge ich mich.“ Die Königin erhob sich und ging zur Tür. Im Vorsaal blieb sie noch einmal stehen, setzte aber den Weg nach kurzem Zögern fort. Auf der Freitreppe wandte sie sich um und schaute gegen die Stadt hin. Tränen sammelten sich in ihren Augenwinkeln und liefen langsam hinab; sie nahmen etwas von der dichten Schichte Puder hinweg, die auf ihren welken Wangen lag. Die Kammerfrau hüstelte mahnend, ungeduldig trippelten die Zofen hin und her.

„Majestät!“ begann Rochow, seine Stimme klang ernstlich besorgt. Wortlos, nur mit einem leisen Seufzer bestieg die Königin den Wagen. Die Kammerfrau und die Zofen folgten ihr, auf die hinteren Trittbretter schwangen sich die Lakaien. Als der Reiter des linken vorderen Pferdes seine Peitsche prüfend durch die Hand gleiten ließ, wurde der Kutscher böse:

„Für meine Tiere brauchst du keine Peitsche!“

„Für sie nicht“, erwiderte der Reiter, „aber vielleicht für die Leute, die uns den Weg versperren werden. Was meinst du, wie voll die Straßen schon sind!“

Die Karosse der Königin kam jedoch rascher voran, als Reiter und Kutscher vermutet hatten, denn die Fußgänger in den Straßen wichen aus, sobald sie die königlichen Pferde erkannten. Sie schimpften wohl, manche fluchten sogar, aber sie machten dem Wagen Platz. Andere Wagen, welche die Fahrt behindert hätten, gab es nicht, dazu waren die Pferde in Berlin zu rar geworden. Was nicht König Friedrich II. für seine Armee mitgenommen hatte, war schon am frühen Vormittag beschlagnahmt worden, und wer trotzdem noch ein Pferd besaß, hatte sich damit längst aus dem Staub gemacht.

Die Flucht der Königin und der Abzug der letzten Truppen fachten noch einmal alle Angst an, die sich inzwischen schon fast gelegt hatte. Wie am Vormittag, so drängten sich auch jetzt wieder in den Straßen die Leute, die sich vor Plünderung fürchteten, aber nicht lange. Dann wurden die Fensterläden geschlossen, die Türen verrammelt.

Ein Tuchhändler sperrte die Tür seines Gewölbes zu, legte eine Eisenstange quer davor und sicherte sie mit einem großen Vorhängeschloß. Er tat es sehr sorgfältig und ließ sich dabei nicht einmal von seinem kahlköpfigen Hausmeister helfen. Der Alte stand trotzdem dabei; die lange Zeit, die er dem Handelsherrn diente, gab ihm das Recht zu einer vertraulichen Frage:

„Warum flieht Ihr? Euch kann doch niemand etwas anhaben, Euch schützt Euer Geld. Habt Ihr damit doch sogar Euren Herrn Sohn vom Militärdienst freikaufen können!"

„Die Kaiserlichen", erwiderte der Tuchhändler, „wird wohl gerade das Geld anlocken! Du kennst doch den Spruch: ‚Der Sturm knickt die hohen Bäume, das Gras aber neigt sich nur und kann sich nachher unbeschadet wieder aufrichten.' Dir und deiner Familie wird niemand etwas zuleide tun, aber ich werde mich besser davonmachen. Gib acht auf alles, soweit du kannst, gehab dich wohl!"

Mit diesen Worten ging der Handelsherr zu Fuß und unauffällig fort; seine Familie hatte er schon bei Tagesanbruch mit einem Geldsack und dem Schmuck vorausgeschickt. Der Hausmeister kratzte sich den Kopf, prüfte noch einmal den Verschluß des Gewölbes und ging dann ins Haus, um auch da die Zugänge zu versperren. An der Hintertür traf er seine Frau.

Sie hatte im Garten die Wäsche von der Leine genommen und trug sie in einem Korb vor sich her. Über ihre faltigen Wangen rannen Tränen. Um sie zu beruhigen, wiederholte er ihr die Worte des Tuchhändlers und schloß mit dem Trost:
„Mit dem Gras, das sich nach dem Unwetter wieder aufrichtet, damit hat er nämlich uns gemeint."
Die Frau schüttelte den Kopf, ihr Kummer schlug in Ärger um. „Aber ein Ochse", rief sie, „der in einen Garten kommt, zertrampelt das Gras, an die höheren Bäume geht er nicht heran! Mit solchen Gleichnissen läßt sich alles beweisen. Hast du nie die Sonntagspredigten des Herrn Pastor aufmerksam angehört?"
„Weib, versündige dich nicht!"
„Aber wenn's doch wahr ist! Ich habe Angst um unsere Äpfel im Keller, um die getrockneten Schwämme —"
„Die werden keinen Soldaten reizen."
„Aber die Kirschen, die ich für Weihnachten in Schnaps eingelegt habe? Und unsere Enkelkinder?"
„Du hast recht." Der Alte seufzte und stieg, sich am Geländer festhaltend, die acht Stufen zur Hausmeisterwohnung hinab. Seine Frau folgte. Die beiden Enkelkinder, die fünfzehnjährige Rieke und das dreizehnjährige Lottchen, trugen noch vom Kirchgang her das Sonntagsgewand. Sie hatten den Stieglitz im Käfig zum Singen ermuntert, nun blickten sie den Großeltern voll Erwartung entgegen. Aber der Hausmeister setzte sich nur ächzend an den Tisch, die Frau begann zu schimpfen:
„Was steht ihr noch herum? Fort mit den guten Kleidern, wollt ihr denn den Soldaten gefallen? Zieht das Hausgewand an, wascht das Geschirr weg."
Die Mädchen verschwanden in der Nebenkammer, der Hausmeister richtete sich auf. „Hör zu", sagte er. „Wenn ich so nachsinne, wie es die Soldaten trieben, damals im Hennegau, als ich noch jung war, dann will mir scheinen, wir sollten die Mädchen verstecken."

„Wo denn? In unseren zwei Räumen?"
„Auf dem Dachboden stehen zwei Schränke. Ich muß sie ihnen nur zeigen, damit sie gleich wissen, wohin sie zu laufen haben, wenn jemand am Tor pocht. Wenn solch ein lausiger Pandur unsere beiden Mädchen erwischt —"
Lottchen hatte an der Tür gehorcht. Noch niemand hatte ihr ein schmeichelhaftes Wort gesagt, und nun hörte sie es gerade vom brummigen Großvater: sie, die Dreizehnjährige, noch nicht konfirmiert, könnte schon einem Soldaten gefallen! Sie nahm den Spiegelscherben von der Wand und trug ihn ans Fenster, um sich genau zu betrachten. Die Sommersprossen um die Nase würden wirklich nicht stören?
„Komm Rieke, hilf mir die Haare richten."
„Dummes Ding!" Die Schwester war ernstlich böse. „Wofür willst du dich schön machen? Meinst du, es ist ein Vergnügen, wenn ein Soldat nach dir greift?"
„Du bist ja nur eifersüchtig!"
Der Großvater beendete den Streit der Mädchen. Er führte sie die Stiege hinauf unters Dach, an der Heukammer vorbei in einen großen halbdunklen Raum. Die Luft war dumpf, Spinnweben hingen von den Dachbalken. In einer Ecke standen alte Möbel.
„Da, in diesen Schrank müßt ihr kriechen, sobald ich es sage, und rührt euch nicht heraus, bevor ich euch wieder hole."
„Wenn es aber länger dauert? Wer wird Wasser holen, die Stube fegen?"
„Das macht diesmal die Großmutter. Ihr dürft euch von keinem Menschen blicken lassen."
„Aber jetzt dürfen wir wieder hinuntergehen?"
„Jetzt schon. Nur nicht auf die Gasse!"
„Dann müssen wir morgen auch nicht den Gehsteig kehren?"
„Nicht, solange die Kaiserlichen in der Stadt sind."
Neugierig und doch auch ängstlich hockten die Mädchen in der Kammer. Um sich die Zeit zu vertreiben, vielleicht auch, um

sich von der Furcht abzulenken, nahm jede ihr Strickzeug. Dabei wollten sie singen, doch nicht einmal das erlaubte die Großmutter.

Die Husaren ritten aber gar nicht durch diese Gasse, in ein Haus hätten sie schon gar nicht eindringen können. Jeder Trupp von zwanzig bis dreißig Mann hatte nicht nur seinen Corporal bei sich, sondern auch etliche Rittmeister und Lieutenants, Cornets und Wachtmeister waren zur Aufsicht mitgeritten, dazu die höheren Offiziere, die Hadik darum ersucht hatte. Sie sorgten dafür, daß die Husaren beisammenblieben und niemandem etwas zuleide taten. Dennoch verlief nicht alles so glatt, wie Hadik es gewünscht hatte.
Der Befehl, ein wenig heilsamen Schrecken zu verbreiten, um die Berliner Stadträte nachgiebiger zu machen, ließ sich verschieden auslegen. Generalfeldwachtmeister Baron Mittrowsky kannte seine Karlstädter Kroaten zur Genüge, um ihnen von diesem Befehl nichts zu sagen. Selbst wenn sie sich ihrer eigenen Meinung nach harmlos wie Lämmlein betrugen, konnten sie allerlei anrichten!
Das bewies sich schon beim ersten Aufenthalt auf einem kleinen Platz. Während Mittrowsky zu erkunden suchte, wie er am besten weiterreiten würde, entdeckte ein Husar einen verlassenen Verkaufsstand. Aus einem Korb hingen Gemüseblätter; daran ließ der Husar sein Pferd naschen. Ein zweites Pferd folgte dem Beispiel ohne Erlaubnis, und als es von seinem Reiter zurückgerissen wurde, trat es mit einem Hinterhuf gegen eine Verstrebung, und der Gemüsestand stürzte ein. Das Pferd erschrak darüber so, daß es erst richtig ausschlug und dann davonjagte. Der ganze Platz geriet in Aufruhr, Pferde bäumten sich, Äpfel und Rüben rollten über das Pflaster, umgestürzte Fässer und Bottiche ergossen ihren Inhalt.
„Diese Barbaren! Alles müssen sie zerstören!“ riefen die Bürger, die aus den Fenstern schauten, in berechtigter Empörung.

Auch die Obristen Komaromy und Baron Orczy wußten aus vielfacher Erfahrung, welchen Eindruck ihre Husaren bei der Zivilbevölkerung hervorrufen konnten. Wer am Rande der Pußta aufgewachsen war, in Feld und Au und Sumpfwald, der tat in einer Stadt so leicht, fast unweigerlich etwas Unpassendes! Wenn schon die österreichischen und böhmischen Dörfer jedesmal Klage erhoben, sooft Husaren durchzogen, was würden erst die Berliner sagen!

Sie sagten wirklich allerlei, schrien aus den Fenstern heraus und riefen einander hinter den Häusern über Hofmauern und Gartenzäunen ihre Warnungen zu. Jede Warnung aber wurde zum Gerücht und vergrößerte noch die Angst, denn die roten Uniformen der Karlstädter Husaren riefen überall alte Schauergeschichten von den einstigen Untaten der Trenckschen Panduren ins Gedächtnis.

„Nehmt Euch in acht, Herr Nachbar, solch ein Kerl ist imstande, ein Huhn zu stehlen!"

Der Nachbar dankte für die Warnung und verschloß sogar das Flugloch seines Taubenschlages im Hof, seine Dienstmagd aber erzählte gleich weiter: „Ein Husar hat ein Huhn gestohlen!"

„Was, einen Hund?" fragte eine schwerhörige Alte, und im nächsten Haus hieß es schon: „Ein Hund wurde geraubt, so groß wie ein Kalb!"

„Hütet euch, sie stehlen Kälber!" ging der Ruf weiter.

„Haben sie das Tier gleich geschlachtet?" fragte eine junge Frau neugierig. Ihre Mutter hörte die Frage und klagte gleich der Nachbarin: „Die Husaren schlachten und morden!"

So tönte es von Haus zu Haus, von Hof zu Hof, und nach einer halben Stunde beschwor eine Frau, sie habe mit eigenen Augen gesehen, wie ein Pandur einen Säugling auf den Bratspieß steckte und über offenem Feuer drehte.

Obrist Graf Gourcy merkte bald, daß ihm keine leichte Aufgabe zugefallen war. Er kannte nur einzelne ungarische und kroatische Worte, der Husaren-Corporal aber, auf dessen Beistand er sich verlassen mußte, sprach kaum deutsch, die Mannschaft überhaupt nicht. Zudem hegte Gourcy die Sorge, er könnte sich mitsamt seinen dreißig Reitern in der fremden Stadt verirren. Es war auch nicht leicht, sich zurechtzufinden, denn die Berliner hatten viele der Kanalbrücken aufgezogen, um die kaiserlichen Truppen zu behindern. Das gelang ihnen, und gerade die Vorsichtsmaßnahmen des Obristen waren es, die Unheil heraufbeschworen. Er ließ nämlich an einigen Straßenkreuzungen Doppelposten zurück, die helfen sollten, den Rückweg zu finden. Diese Leute aber waren sich selbst überlassen, während er mit der übrigen Schar weiterritt.

Aber nicht einmal das ging ohne Schwierigkeiten ab. An einer Straßenecke merkte er, daß sein Pferd den rechten Hinterhuf zaghaft aufsetzte. Das Tier hinkte ein wenig. Er ließ halten; dazu war kein Wort nötig, eine Handbewegung genügte. Als erfahrener Reiter verschmähte er es, den Corporal zu bemühen, stieg ab, hob selbst das Bein des Pferdes und prüfte den Huf. Unter dem Eisen mußte sich ein Steinchen eingeklemmt haben. Das war vielleicht schnell zu entfernen, es konnte aber auch mehr Zeit in Anspruch nehmen. Er winkte den Corporal heran. Langsam und so deutlich er konnte, sagte er ihm:

„Haltet die Leute beisammen, laßt nicht absitzen, sonst könnte jemand plündern!"

Dem Obristen wurde zunächst nicht klar, weshalb die Augen des Corporals plötzlich so strahlten. Grinsend wandte sich jener um, rief den Husaren einige Worte zu, und genau das geschah, was der Obrist nicht gewünscht hatte: unglaublich schnell waren die Husaren aus den Sätteln, schon schlugen ihre Fäuste und Säbelgriffe gegen die nächsten Haustore, Fensterscheiben splitterten.

Gourcy begriff: der Corporal hatte von dem Befehl nur die Worte „absitzen" und „plündern" verstanden und dies sehr gern an seine Leute weitergegeben. Der Graf mußte an seine

Jagdhunde denken. Wie er seine Meute sehr leicht loslassen, aber nicht so schnell zurückpfeifen konnte, so erging es ihm hier mit den Husaren. Fort waren sie, da half kein Ruf, kein nachgeschrieener Befehl!
Sie hatten ihre Gäule sorglos stehen lassen, Graf Gourcy wagte es mit seinem edlen, nervösen Pferd nicht so ohne weiteres. Er mußte erst eine Möglichkeit finden, das Tier anzubinden, dann nach dem Corporal suchen und mit seiner Hilfe die Husaren zusammenholen. Es dauerte eine Weile, bis er sie alle wieder in seiner Gewalt hatte. Die meisten hatten sich schon mit Beute beladen. Sie ausschicken, das Geraubte zurückzuerstatten? Das hätte nur bedeutet, die Leute nochmals loszulassen! Mit raschem Blick überzeugte sich der Obrist, was die Husaren errungen hatten. Es waren keine Dinge von besonderem Wert: eine Flasche Schnaps, ein Paar Schuhe, einige Kleidungsstücke, ein Tischtuch, verschiedene Lebensmittel, eine gläserne Vase, über die der neue Besitzer selbst nicht sehr glücklich schien.
„In Gottes Namen, sollen sie das Zeug behalten!" murmelte Gourcy vor sich hin und ließ aufsitzen. Daß einer einen goldenen Kelch, ein anderer eine Handvoll Münzen im Rockärmel, der Corporal selbst eine Halskette im Stiefelschaft versteckt hatte, das konnte der Obrist nicht wissen. Er ließ die Schar in Reih und Glied halten, bis er das Steinchen unter dem Hufeisen herausgeholt hatte, dann ritten sie zusammen weiter.

Der erste Doppelposten, den Gourcy zurückgelassen hatte, blieb nicht genau am zugewiesenen Platz. Um eine windgeschützte Stelle zu finden, ritten die beiden Husaren ein kleines Stück weiter. Als sie dann doch abgestiegen waren, hörten sie in geringer Entfernung ein Haustor knarren.
„Die glauben, wir sind fort!"
Ein Blick als Verständigung untereinander genügte, sie schlangen die Zügel ihrer Pferde um einen Laternenpfahl und eilten zu jenem Haus hin, sprangen behend über den Zaun des Vor-

gartens und standen gleich darauf vor dem Tor. Von drinnen versuchte jemand, es wieder zuzudrücken, aber die Husaren stemmten ihre Schultern dagegen. Sie hörten ängstliche Rufe, dann Schritte, die sich eilig entfernten. Das Tor gab nach. Im Hausflur war kein Mensch mehr zu sehen, aber Gepäck stand da, offensichtlich zur Flucht vorbereitet.

Sie zogen ihre Dolche, sprengten das Schloß eines großen Reisekorbes auf und wühlten in seinem Inneren. Kleidungsstücke und Wäsche war darin, sonst nichts. Zwei große lederne Taschen hatten festere Schlösser, die ließen sich nicht öffnen, aber es kostete nur geringe Mühe, die Seitenwände aufzuschlitzen. Die eine Tasche enthielt Papiere, die für die Plünderer wertlos waren, die zweite aber Tücher. Sie fühlten sich hart an, schwere Gegenstände waren eingewickelt. Die Husaren öffneten das erste Tuch; Eßbesteck mit schweren Griffen war darin.

„Silber", sagte der eine, „wertvoller als das Gewand dort und leichter mitzunehmen."

Schnell stopften sie ihre Brotbeutel voll, verwahrten noch etwas in der Säbeltasche und unter dem Gürtel, dann wollte der eine zu den Pferden zurückkehren. Der andere aber hatte eine Frauenstimme gehört, und die lockte ihn noch mehr als das Silberzeug.

„Geh nur, ich komme gleich nach!" rief er dem Gefährten zu und drang weiter ins Haus vor. Eine Seitentür widerstand seinen Schultern, aber weiter hinten im Flur führte eine breite Stiege in ein oberes Stockwerk. Sie war mit einem Teppich belegt, das Stiegengeländer glänzte. Der Husar traute seinen Augen nicht: auch die Türklinke am oberen Ende der Stiege schimmerte. Gold? Wahrscheinlich nicht, doch so viel Prunk reizte die Neugier. Im ersten Raum hinter der Tür gab es noch mehr Überraschungen, eine Standuhr, unter deren Ziffernblatt sich eine silberne Scheibe dauernd hin und her bewegte, ein Schrank mit gläsernen Wänden und andere Möbel, deren Zweck sich nicht erraten ließ.

Ein Geräusch riß den Husaren aus seinem Staunen. Die nächste Tür wurde geöffnet, ein Mann in einer Uniform oder Livree, ähnlich wie die Offiziersdiener sie trugen, starrte den Eindringling erschrocken an und schlug die Tür gleich wieder zu. Der Husar zog den Säbel und ging mit raschen Schritten weiter. Ein weicher Teppich verschluckte das Geräusch, nichts war zu hören als das Ticken der Uhr und die klirrenden Sporen.
Der nächste Raum war ein kleiner Saal. An die Wand gedrückt stand jener livrierte Mann. Seine angstgeweiteten Augen verrieten, daß von ihm keine Gefahr drohe. Sobald er den Weg zur Tür frei sah, eilte er hinaus, eine ältliche Dienstmagd folgte ihm. Der Husar beachtete sie nicht, ihn fesselte ein anderer Anblick. Eine Frau stand vor ihm, nicht mehr jung, aber schön in ihrer kunstvollen Haartracht und dem reichen Gewand. Ihr Gesicht war totenbleich, die Augen aber zeigten keine Furcht. Der Husar steckte den Säbel in die Scheide und trat zögernd näher. Da packte ihn die Frau am Handgelenk und zog ihn weiter in ein Nebenzimmer. Mit ihrer anderen Hand zeigte sie auf das kleine Bild eines jungen Offiziers, das auf dem Nachtkästchen stand und mit einem Trauerflor umgeben war. Was sie dabei sprach, verstand der Husar nur zum geringsten Teil, aber die Gesten und die Miene der Frau machten ihm völlig klar, was sie ausdrücken wollte: Sie trauerte um ihren Sohn, der im Krieg gefallen war.
Der Husar bekreuzigte sich und eilte dann davon, ohne sich noch einmal umzuschauen, immer schneller, als jage jemand hinter ihm her. Draußen staunte sein Kamerad, als er das verstörte Gesicht sah.
Die Soldaten des zweiten Postens, ein gutes Stück stadteinwärts, langweilten sich sehr. Sie standen neben ihren Pferden, schauten die Straße hinauf und hinunter, gingen um die Ecke, aber dort sah es kaum anders aus: ziemlich neue Häuser, einander ähnlich mit geschlossenem Tor, geschlossenen Fenstern, mit geringen Verzierungen aus Stuck und schrägen Ziegeldä-

chern. Eine Katze, an einem sonnigen Platz neben einem Rauchfang, und Sperlinge, die sich um Roßäpfel gesammelt hatten, schrien und zankten, mehr war an Lebendigem nicht zu erspähen.

„Ich möchte doch wissen", sagte der eine Husar, „wie es in den Häusern drinnen aussieht."

„Wenn dich der deutsche Obrist erwischt, glaubt er, du wolltest plündern."

„Das will ich doch gar nicht."

„Umso dümmer, wenn du dich deswegen bestrafen, vielleicht gar aufhängen läßt."

„Aber nur ein wenig schauen! Sobald kommen wir nicht wieder in eine große Stadt, eine Hauptstadt sogar!"

„Ich war einmal in Zagreb. Dort gefällt es mir besser."

„Gerade deshalb möchte ich ein Berliner Haus von innen sehen."

„Dann geh! Ich halte die Pferde, und wenn ich unsere Leute zurückkommen höre, pfeife ich. Du mußt eben immer wieder zu einem Fenster heraushorchen."

„Das werde ich tun. Vielleicht bringe ich dir etwas mit."

„Du wolltest doch nicht plündern?"

„Nein, gewiß nicht. Aber manchmal geschieht etwas, was man gar nicht wollte."

Er trat noch einmal zu seinem Pferd, um eine Pistole mitzunehmen, entschied sich aber für die Axt. Sonst diente sie dazu, Holz für das Lagerfeuer zu beschaffen oder Schanzpfähle und Zeltpflöcke zu behauen, diesmal sollte sie ihm den Eintritt ins Haus erleichtern. Er hatte sich schon eines ausgewählt, ein zweistöckiges Gebäude mit frischem hellgrünem Verputz; es sah gediegen bürgerlich aus.

Fräulein von Stosch war viele Jahre lang mit einem königlich preußischen Dragoneroffizier verlobt gewesen. Sie verfügten nicht über das Geld, das zu einer standesgemäßen Ehe nötig war, warteten treu und geduldig auf bessere Verhältnisse, und dann war er in der Schlacht bei Mollwitz gefallen. Seither waren sechzehn Jahre vergangen. Das Fräulein hätte keinen anderen Freier erhört, selbst wenn sich einer gezeigt hätte, doch es erschien ohnehin keiner. Sie wurde jedoch nicht verbittert oder weltfremd. Jeden Donnerstag traf sie sich mit einigen Herren und Damen, die einander Gedichte oder Novellen vortrugen oder französische Dramen mit verteilten Rollen lasen, jeden Samstag ging sie zur Chorprobe, sonntags sang sie dann im Kirchenchor. Sonst führte sie ihrem Vater streng und genau den Haushalt. Der alte Herr von Stosch fügte sich seiner Tochter resigniert und brummend, der Hausdiener und die Magd gehorchten dem kleinsten Wink. So lebten die vier Bewohner des Hauses in der Kronenstraße in einförmiger Zufriedenheit bis zu dem Tag, an dem österreichische Kanonen das Schlesische Tor zerschossen.

Das Fräulein hatte schon am Vortag allerlei Gerüchte mitgebracht und begonnen, das Tafelsilber und die wenigen Schmuckstücke in den Keller zu räumen, nur für alle Fälle. An diesem Vormittag hatte sie vor der Kirchentür noch mehr beunruhigende Gespräche anhören müssen und sich danach beeilt, auch das bessere Leinenzeug zu bergen. Als dann die Husaren durch die Straßen geritten waren, hatte sie mit den beiden Dienstboten schon einen sicheren Zufluchtsort vorbereitet, doch da zeigte sich eine unerwartete Schwierigkeit: der Geheime Rat weigerte sich, den Geräteschuppen hinter dem Haus aufzusuchen.

„Bin ich ein Verbrecher, ein Deserteur, daß ich mich verbergen muß?“ rief er empört. „Habe ich nicht zeitlebens die Gebote Gottes und die Gesetze des Königs geachtet? Vor wem soll ich mich fürchten? Was gehen mich die österreichischen Reiter an?“

Da half kein Zureden, kein Bitten; mit einer Festigkeit, wie er sie schon lange nicht mehr gezeigt hatte, widersprach er nicht nur, sondern schickte ganz einfach die Tochter fort. Sobald er allein war, ging er zu der Truhe, in der, von getrocknetem Lavendel gegen die Motten geschützt, die alte Uniform lag. Er

hatte sie vor einem halben Jahrhundert bei Höchstädt und bei Oudenarde rühmlich getragen, sie schien ihm in dieser ernsten Stunde die rechte Bekleidung. Der Waffenrock schlotterte zwar um den greisenhaft hageren Leib, auf die Stiefel mußte er überhaupt verzichten, denn die waren zu steif geworden, als daß er sie ohne Hilfe hätte anziehen können. Aber sonst war alles da, auch der schwarze Dreispitzhut mit der goldenen Borte. Degen und Feldbinde hingen an der Wand; die schnallte er nun um.
Der Husar hatte vergeblich am Tor gepocht und gerüttelt, dann mit der Axt einen Fensterladen und die Scheibe dahinter eingeschlagen. Er war in die Kammer des Hausdieners geraten. Bett und Truhe, ein Kästchen, ein kleiner Tisch und ein Stuhl, alles alt und mit den Spuren täglichen Gebrauchs, das war keines Aufenthaltes wert. Durch die Tür gelangte er auf einen Korridor. Von dort aus waren einige Abstellräume zugänglich: alte Möbel, mit Staub und Spinnweben bedeckt, Kisten und Körbe mit allerlei Kram, den man nicht mehr brauchte und doch nicht wegwerfen wollte. Der Husar prüfte nur die erste Kiste, dann ging er weiter.
Der Korridor mündete in den Hausflur. Lichtschein lockte zur Hintertür. Von hier aus warf der Husar einen Blick in den Garten. Ein kleiner Holzschuppen stand da, neben ihm eine Birke in der Pracht goldgelben Laubes. Ein Beet trug Blumen, eines Gemüse, zwei Beete zeigten nur ihre Erde in stumpfem Braun. Ein Vogel flatterte auf. Der Soldat kehrte um, ohne den Garten betreten zu haben.
In einem anderen Raum des Erdgeschosses fand er Brennholz gestapelt. Da lohnte es nicht, sich weiter umzuschauen, er stieg gleich die Treppe ins erste Stockwerk hinauf. Eine aufgerissene Lade in einem Vorraum deutete auf eilige Flucht, in der Küche war der Herd noch warm. Das blanke Kupfergeschirr an der Wand, die Zinnteller, das Gewürzkästchen verrieten einen bürgerlichen Wohlstand, der dem Husaren als Reichtum erschien. Solche Ordnung, solche Sauberkeit!

Die Vorratskammer gefiel ihm zunächst noch besser, er öffnete jedes Gefäß und kostete von allem. Aber die Salzgurken im Fäßchen schienen ihm nicht das Richtige für seinen ziemlich leeren Magen, der Honig im braunen Topf nicht dem heimatlichen vergleichbar. Nicht einmal der Käse entzückte ihn. Nur aus Hunger schnitt er sich ein großes Stück ab und steckte noch ein weiteres für den Kameraden ein. Mehl, Graupen und was noch in den Säcken sein mochte, beachtete er gar nicht, dafür reizte ihn eine Speckseite. Auch von ihr nahm er etwas mit, aber nicht zu viel, denn er vermutete, sein Brotbeutel würde noch kostbareren Inhalt bekommen.

Die anschließende Kammer bot allerdings nichts Besonderes, nur wieder eine schmale Bettstatt, Truhe, Tischchen, an der Wand ein Christusbild. Auch in den nächsten, besser eingerichteten Räumen, wo die Fenster sogar Vorhänge besaßen, fand der Husar nichts, was er als Andenken hätte daheim aufstellen oder seinen Verwandten und Freunden stolz vorzeigen können. Eine Kristallschale hielt er nur kurz in der Hand, dann stellte er sie zurück auf die Kommode. Bücher — was sollte er damit? Ein Bild mitnehmen? Das wäre zu unhandlich. Er öffnete einen Schrank. Ein Frauenhut, eine Haube, noch eine — die schienen gut gearbeitet, aber zu unauffällig, nicht bunt genug als Geschenk für ein Mädchen daheim! Dem Soldaten kamen die Worte des Kameraden in den Sinn: „Umso dümmer, wenn du dich deswegen aufhängen läßt.“ Nein, das lohnte sich wirklich nicht! Ärgerlich ging er weiter.

„Was will ich überhaupt?“ fragte er sich. Was er wirklich brauchen könnte, einen Pelz, eine dicke Decke für den Winter, neue Stiefel, das würde er hier gewiß nicht finden! Vielleicht ein Schmuckstück oder wenigstens eine Flasche Schnaps? Diese Hoffnung trieb ihn weiter, bis ihm plötzlich bewußt wurde, daß wohl schon viel Zeit vergangen war. Er mußte ja zurückkehren, zu lang durfte er nicht vom Posten wegbleiben! Nur ein Zimmer noch gestand er sich zu.

Aber schon an der Tür blieb er stehen; er fühlte sich sogar versucht, die Flucht zu ergreifen. Dort, an dem langen Tisch, dort saß ja ein Offizier! Nach einem besorgten Blick war der Eindringling bereit, sich selbst auszulachen: das war ja kein lebender Mensch! Ein richtiger Offizier hätte ihn schon angeschrien, weil er ohne anzuklopfen eingetreten war, hätte ihn hinausgewiesen — der dort regte sich nicht. Vielleicht war es nur eine Puppe? Wenn die Bauern ein paar bunte Lappen als Vogelscheuche gebrauchten, um die Stare und Dohlen von den Feldern zu vertreiben, sollten die Berliner nicht eine Uniform ausstopfen, um Plünderer zu erschrecken?
Diese Erkenntnis beruhigte den Husaren, und zugleich fiel ihm ein, daß er da gefunden hatte, was er suchte: ein preußischer Offiziershut wäre ein schönes Beutestück, um das ihn alle Kameraden beneiden würden. Welche Geschichten könnte er davon den Mädchen daheim erzählen! Rasch ging er näher, da erschrak er zum zweiten Mal, und zwar viel heftiger. Die Gestalt blieb weiter unbewegt, nur der Kopf drehte sich ihm zu. Aus einem vertrockneten Greisenantlitz leuchteten zwei Augen, so hell und böse wie die eines zürnenden Erzengels! Nun öffnete sich auch der Mund.
Was er sagte, verstand der Husar nicht. Er wollte schon zurückweichen, da erhob sich der Alte und zog den Degen. Davon aber fühlte sich der Husar in seinem Ehrgefühl verletzt. Vor einer Vogelscheuche, die unvermutet Leben gewann, vor einem Gespenst also, hätte er wohl fliehen dürfen, aber niemals vor einem bewaffneten Feind! Also zog er den Säbel. Er konnte den Greis als Gegner nicht ernst nehmen, sondern gedachte nur, ein paar Hiebe zu wechseln und ihn dann zu entwaffnen, doch sein Gefühl der Überlegenheit machte ihn unvorsichtig: die Degenklinge traf ihn am Handgelenk. Es war nur eine kleine Schramme, kaum blutig, aber es hätte ihn die Hand gekostet, wenn der Alte imstande gewesen wäre, mehr Kraft in den Hieb zu legen. Dafür schämte sich der Husar, und um dieses peinliche

Gefühl loszuwerden, schlug er heftiger zu; mit einer Hoch-Terz durchbrach er die Parade des Gegners und traf dessen rechte Schläfe. Ohne einen Laut von sich zu geben, sank der Greis zu Boden.

Während der Husar die Säbelklinge am Tischtuch abwischte und in die Scheide steckte, versuchte er sich vorzureden, er sei kein Mörder, er habe ja in ehrlichem Kampf gesiegt. Als er aber sich bückte, den Offiziershut als Beute aufzuheben, blickten ihn die hellen Augen so starr an, daß ihn kalter Schreck packte. Hastig verließ er das Zimmer. In jedem Raum wurden seine Schritte schneller, zuletzt, wie er die Stiege hinabsprang, war es reine Flucht. Als er dann draußen dem Kameraden aus dem Brotbeutel den Speck und den Käse reichte, zitterten ihm die Hände.

XV. IM LAGER VOR DER STADT

Am Schlesischen Tor war es still geworden, nur ein Feldwebel der Grenzer blieb dort mit zwanzig Mann als Posten zurück. In guter Ordnung, aber enttäuscht marschierte das Korps aus der Aufstellung am Floßgraben vor der Stadt wieder bis zum Waldrand. Dort bezogen sie Lagerplätze, wie es vor Lübben geprobt worden war, weit auseinandergezogen mit übermäßig vielen Feuerstellen, um den Anschein einer größeren Heeresmacht zu erwecken. Der Sinn dieser Maßnahme war jedem Soldaten klar, und das Holz zusammenzuholen, bedeutete hier vor dem Wald nur geringe Mühe. Dafür war es ein unmittelbarer Vorteil, daß jede Kameradschaft von zehn Mann ihr eigenes Feuer besaß: so schnell waren sie noch nie zu einer warmen Mahlzeit gekommen! Es tat gut, sich anzuessen und dann hinzulegen. Die Stimmung besserte sich schnell.

Kaum waren die dreihundert Husaren aus Berlin zurückgekommen, meldete sich auch schon, von zwei Posten geleitet, ein preußischer Major bei Hadik und teilte mit, daß die Garnison Berlin verlassen habe und die Stadt somit nicht mehr verteidigt werde; der Militärgouverneur General-Lieutenant von Rochow empfehle sie der Gnade des Siegers. Hadik sah sich von den dringendsten Sorgen befreit. Nun brauchte er sich nur noch zu überzeugen, daß die eigenen Truppen alles nach seinen Befehlen ausgeführt hatten, dann konnte er in Ruhe warten, bis das Geld eintreffen würde. Für alle Fälle gab er noch dem Obristen Komaromy den Auftrag, die Husarenposten zu kontrollieren, die auf allen Straßen vorgeschoben waren, besonders nach Westen und Süden. Er selbst ritt in gemächlichem Schritt die lange Reihe der Lagerfeuer entlang.

Zuweilen klang ihm ein Lied entgegen, deutsch, kroatisch oder ungarisch. Um manches Feuer aber war es ganz ruhig. Nur ein Mann saß daneben, um Holz nachzulegen, die anderen holten den Schlaf nach, den die letzte Nacht nur knapp gegönnt hatte;

aus den Zelten tönte ihr Schnarchen. Wasserholer waren unterwegs, nicht nur für die Pferde oder damit das Kochgeschirr abgewaschen werden könnte; etliche Infanteristen badeten ihre wunden Füße. Die Marketender hatten ihre Zelte aufgeschlagen und die Buschen ausgesteckt, fanden aber nur mäßigen Zuspruch.
Von den Verwundeten schliefen die meisten, einige hatten Besuch vom Fähnrich ihrer Kompanie oder von Kameraden. Auch ein Regimentsgeistlicher weilte bei ihnen. Hier lagen die schwerer Verletzten beisammen; wer nur einen Streifschuß, eine Prellung oder Schramme davongetragen hatte, war schon vom Feldscher versorgt und zu seiner Kompanie entlassen worden. Hadik dachte an die Verlustliste, die der Adjutant vorhin zusammengestellt hatte: neun Mann gefallen, achtundzwanzig verwundet, ein Mann vermißt, nämlich jener Husaren-Trompeter, der die erste Aufforderung, eine Kontribution zu zahlen, nach Berlin gebracht hatte und nicht zurückgekehrt war.
Die Gefangenen befanden sich nicht alle auf einem Platz, denn es waren ihrer über vierhundert; so viele Leute beisammen zu lassen, erschien zu gefährlich. Leicht könnten sie sich zusammenrotten und einen Ausbruch versuchen — der Wald mit guten Verstecken lag so nahe, auch die Stadt würde Zuflucht bieten! Ein Gedanke daran sollte gar nicht aufkommen; darum hatte der Obristlieutenant, dem die Gefangenen anvertraut waren, sie in drei Gruppen zwischen die Kürassiere verteilt. Eine weitere Gruppe bildeten die dreizehn gefangenen Offiziere. Auch sie hatten alle schon eine warme Mahlzeit erhalten und schliefen nun oder hockten um ihre Feuerstelle.
Die Pferde grasten, auf dem Hügel drehte die Windmühle langsam ihre Flügel, weiter drüben im Westen tauchte eine Schafherde auf. Alles schien ruhig. Hadik gähnte zufrieden. Als er zu seinem Zelt zurückritt, ließ er sein Pferd ein Stück traben; er hoffte, auch selbst noch ein wenig Ruhe zu finden, zumindest für eine Stunde.

Dieser Wunsch erfüllte sich nicht. Vor seinem Zelt standen wartend der Rittmeister Baron Walterskirchen und drei fremde Herren. Er hatte das Zelt nahe der Straße, die zum Kottbuser Tor führte, aufschlagen lassen und alle Posten angewiesen, eine Gesandtschaft aus der Stadt unmittelbar dorthin zu führen. Kein Fremder brauchte zu sehen, wie gering die Heeresmacht war, die er vor Berlin geführt hatte!
Hadik erwiderte kurz den Gruß des Rittmeisters, stieg vom Pferd und übergab es dem Stallknecht. Dann erst wandte er sich den Besuchern zu.
Walterskirchen meldete sich in gehöriger Form von seinem Auftrag zurück, darauf fragte er: „Geruhen Exzellenz, drei Abgesandte des Stadtrates von Berlin zu empfangen?"
„Ich bin bereit. Ihnen, Herr, Rittmeister, danke ich, kann Sie aber noch nicht entlassen. Bleiben Sie vorläufig zu meiner Verfügung."
„Zu Befehl, Exzellenz." Walterskirchen trat zwei Schritte zurück. Die Gesandten verbeugten sich tief, dann begann ein Bürgermeister:
„Der Magistrat der königlichen Haupt- und Residenzstadt Berlin nebst der Stadtbevölkerung legt sich Eurer Exzellenz zu Füßen und fleht um Barmherzigkeit —"
Die Rede begann so demütig, daß Hadik sogleich vermutete, sie würde eine große Bitte enthalten. Er brauchte nicht lang zu warten, da war sie schon:
„Die bisherigen Kriegssteuern haben die Mittel der Stadt derart geschwächt, daß wir kaum ein Viertel der geforderten 600 000 Taler aufbringen können."
„Wer zahlt, ist mir gleichgültig", erwiderte Hadik. „Es muß ja nicht die Stadtkassa für alles aufkommen! Wendet Euch an den Adel, an die Landstände, die Kaufmannschaft, die Juden!"
„Das ist bereits geschehen", beteuerte der Bürgermeister. „Die Stadt selbst besitzt nahezu nichts. Die 150 000 Taler, die wir anbieten können, wurden fast zur Gänze aus den Kreisen auf-

gebracht, die Eure Exzellenz gerade zu nennen beliebten." „Und von all diesen konntet Ihr nicht mehr bekommen? Soll ich Euch dabei helfen? Wünscht Ihr vielleicht ein Regiment Husaren, um alle Geldleute zusammenzutreiben?"
Der Bürgermeister und seine Begleiter erbleichten. „Nein, bitte keine Husaren mehr!" riefen sie und hoben flehend die Hände. „Wenn Eure Exzellenz keinen Soldaten mehr die Stadt betreten lassen, sind wir bereit, die Truppe mit einem Geschenk dafür zu entschädigen."
„Das hört sich schon besser an. Vielleicht kommen wir noch zu einer Einigung. Wollen sich die Herren mit einem Glas Wein für die weiteren Verhandlungen stärken?"
Die Abgesandten nahmen die Einladung mit höflichen Worten, aber nicht sehr beglückten Gesichtern an. Hadik befahl seinem Adjutanten, für sie zu sorgen, und schickte eine Ordonnanz zu Mittrowsky. Während die drei unfreiwilligen Gäste ins Zelt traten, wandte sich Hadik an Walterskirchen:
„Welchen Eindruck hatten Sie, Herr Rittmeister: ist vielleicht doch eine höhere Summe zu erreichen? Obwohl ich an die halbe Million, die ich forderte, ja nicht ernstlich gedacht hatte, erscheinen mir dagegen 150 000 Taler doch zu wenig. Andrerseits kann man aus einem Sack nicht mehr herausnehmen, als drinnen ist."
Als Hadik das überraschte Gesicht des Rittmeisters sah, wurde ihm bewußt, daß er einen Mann, den er kaum kannte, unversehens zu seinem Vertrauten gemacht, ja geradezu um Rat gefragt hatte. Aber Wolfgang Babocsay war tot, und einen anderen, den er als persönlichen Freund bezeichnen konnte, gab es im ganzen Korps nicht! Graf Gourcy war ein Ehrenmann, eigentlich war jeder Offizier des Vertrauens wert — aber sie waren nicht hier. Dieser Baron da war wenigstens ein welterfahrener Mensch!
Walterskirchen antwortete auch ganz kühl und klar: „Nach allem, was ich so hörte, ist wirklich nicht mehr Bargeld aufzu-

treiben. Aber es müßte möglich sein, noch eine Schuldverschreibung in Wechseln zu erlangen."
„Und wenn wir abgezogen sind, wer treibt die Schuld ein?"
„Wenn ein angesehenes Bankhaus in Berlin mit einem entsprechenden in Wien in Geschäftsverbindung steht, funktioniert diese Verbindung auch im Kriege. Kämpfen muß der Soldat, die Geldleute haben andere Sorgen. Wie der Offizier auf seine Waffenehre achtet, so der Geschäftsmann auf seinen Kredit. Um ihn auch für die Friedenszeit zu erhalten, wird der Berliner Bankier dem Wiener verläßlich zahlen, was jener nun für ihn vorstreckt."
„Also meinen Sie, ich kann mich auf einen Wechsel verlassen?"
„Ein Wechsel muß bezahlt werden. Ich weiß es aus eigener bitterer Erfahrung."
Hadik wollte noch weiter fragen, doch da sah er Baron Mittrowsky herankommen. „Lieber General", empfing er ihn, „nehmen Sie es mir nicht übel, daß ich Ihre verdiente Ruhe störe. Ich brauche Sie sehr."
„Immer zu Diensten, Exzellenz!"
„Ich handle mit den Berlinern um die Kontribution. Dazu muß ich wissen, wieviel Zeit mir noch zur Verfügung steht, bevor eine preußische Armee zum Entsatz der Stadt herankommt. Meinen Sie, daß ein paar Husaren trotz aller Anstrengung der letzten zwei Tage noch einen weiteren Ritt unternehmen könnten?"
„Ein paar Husaren?" Mittrowsky lachte. „Alle können es! Ich selbst wäre gern zu einem Erkundungsritt bereit."
„Sie selbst, Herr General, brauche ich hier. Aber schicken Sie mir so rasch wie möglich die zehn Husaren, deren Pferde sich im besten Zustand befinden."
„Zu Befehl, Exzellenz."
An der Art, wie Mittrowsky sich umwendete, an seinem Gang, seiner Kopfhaltung erkannte Hadik, daß er ihn richtig behandelt hatte. Wie gekränkt wäre der Generalfeldwachtmeister ge-

wesen, hätte Hadik einfach seinen Adjutanten zehn Mann für diesen Ritt bestimmen lassen — nun aber war er befriedigt, daß der Oberkommandierende ihn um Rat gefragt, ihm die Auswahl der Leute übertragen hatte! Hadik schaute ihm lächelnd nach, dann wandte er sich an Walterskirchen:
„Herr Rittmeister, sind Sie sehr müde? Mußten Sie viel trinken?"
„Ja, Exzellenz, aber ich vertrage noch etwas. Soll ich die Berliner unterhalten?"
„Sie haben es erraten. Lösen Sie meinen Adjutanten ab, er soll mit den Landkarten herauskommen. Sie reden inzwischen mit den Leuten und stellen dabei Forderungen, die hoch, aber nicht völlig unerreichbar sind. Ich überlasse das Ihrer Einsicht."
„Danke gehorsamst, Exzellenz."
Hadik nickte ihm wohlwollend zu. Gourcy hatte ihm tatsächlich den richtigen Offizier empfohlen! Aber im Augenblick gab es noch die andere dringende Sorge. Hadik ging vor seinem Zelt auf und ab und war aber mit seinen Überlegungen noch kaum richtig zu Ende, als sich die zehn Husaren meldeten: ein Rittmeister mit zernarbtem Gesicht, zwei Lieutenants, ein junger Cornet, zwei Wachtmeister in schon vorgerückten Jahren, zwei Corporals, ein Gefreiter und ein Gemeiner, ein hagerer Mann, dunkelhäutig, mit traurigen Augen.
Hadik teilte sie in fünf Patrouillen: eine mußte Obrist Ujházy den Befehl überbringen, seine Truppe sofort wieder nach Potsdam zurückzuführen, um dort den Zugang nach Berlin zu sperren, die zweite sollte die Straße von Spandau nach Südwesten überwachen, damit nicht etwa die Berliner Garnison, die dorthin abgezogen war, Boten an die preußische Armee schicke. Zwei Patrouillen mußten auf verschiedenen Straßen nach Süden reiten, die letzte nach Südwesten, Richtung Treuenbrietzen.
„Reitet, was ihr könnt", sagte Hadik zu diesen beiden Leuten, dem Rittmeister und dem Gemeinen, „denn Ihr müßt Euch die Zeit so einteilen, daß Ihr bei Tagesanbruch zurück seid. Nehmt

Euch jeder ein Ersatzpferd mit. In Treuenbrietzen steht ein Posten von fünfzig Mann. Holt sie zurück, wenn Ihr sie überhaupt noch findet."
„Hieher nach Berlin?" fragte der Rittmeister.
Hadik überlegte kurz, bevor er antwortete: „Ihr sollt mir hieher Nachricht bringen; die fünfzig Husaren aus Treuenbrietzen brauchen nicht so weit zu reiten, sie können in Königswusterhausen auf uns warten." Zuletzt richtete er noch eine Warnung an alle: „Nehmt Euch in acht! Auch der Gegner hat Husaren. Aber wenn Euch Reiter begegnen, schießt nicht gleich, es könnte sich auch um eigene Kundschafter handeln. Am besten, Ihr seht, ohne Euch selbst sehen zu lassen!"
Die Husaren gingen zu ihren Pferden zurück. Von der anderen Seite näherte sich indessen Baron Ried, der Obrist der Grenzer zu Fuß. „Ich sah General Mittrowsky in großer Eile. Erlauben Exzellenz die Frage: Ist etwas Besonderes vorgefallen? Kann ich mich irgendwie nützlich machen?"
Hadik wunderte sich ein wenig über die militärisch nicht ganz formgerechte Art, wie sich der Obrist da unaufgefordert einmischte, brachte es aber nicht über sich, es ihm vorzuhalten. Hatten Ried, den Oberösterreicher, seine Grenzer schon mit ihrer Gemütlichkeit angesteckt? Aber so viel guter Wille durfte nicht zurückgewiesen werden! „Ich danke Ihnen", erwiderte Hadik. „Sie und Ihre Leute haben heute schon viel geleistet. Wenn Ihnen jedoch die Untätigkeit so zuwider ist, kommen Sie in mein Zelt, unterhalten Sie sich mit den Berlinern. Walterskirchen wird allmählich nach Ablösung verlangen."
Der Rittmeister sah wirklich erschöpft aus; zurückgelehnt saß er in einem Feldsessel, auf seiner Stirn stand der Schweiß in dichten Perlen. Er erhob sich, als sein Oberkommandant und der Obrist eintraten. Auch die drei Abgeordneten aus Berlin standen auf.
„Wir haben uns", erklärte der Bürgermeister, „zu einer Kontribution von 160 000 Reichstalern bereit erklärt, also noch

10 000 mehr, als wir als höchstes Angebot genannt hatten, ferner für die Truppe einen Taler pro Mann."
„Welche Summe nannten Sie dafür?" fragte Hadik den Rittmeister. Seine Stimme klang schärfer als beabsichtigt, denn er ärgerte sich. Sollte Walterskirchen, von Wein und Müdigkeit übermannt, unabsichtlich verraten haben, wie schwach das Korps war?
„Ich habe 25 000 Taler verlangt", antwortete der Rittmeister.
Eilig fiel einer der Abgeordneten ein: „Wir sind Eurer Exzellenz für dero Erscheinen in diesem Augenblick sehr dankbar, denn wir bezweifeln, daß die Heeresmacht tatsächlich 25 000 Mann zählt."
Hadik wollte dem Rittmeister verständnisvoll und anerkennend zuzwinkern, sah aber die Augen der drei Abgeordneten so gespannt auf sich gerichtet, daß er es bleiben ließ. „Ganze 25 000 sind es nicht", antwortete er, „aber bedenken Sie, meine Herren, daß diejenigen, die gekämpft haben, mehr bekommen müssen, ganz zu schweigen von den Verwundeten und den Hinterbliebenen der Gefallenen." Der Gedanke an Babocsays Witwe und Kinder ließ ihn verstummen. Als er dann weitersprach, klang seine Stimme nicht mehr ganz so verbindlich wie vorher. „Mir erscheinen jene 25 000 Taler als unterste Grenze dessen, was ich annehmen könnte."
„Uns erscheinen sie — verzeihen Eure Exzellenz — als das Höchstmaß. Bevor wir uns dazu verpflichten können, müssen wir die ganze Angelegenheit dem Stadtrat vorbringen."
Hadik stimmte befriedigt zu. Sollten sie nur beraten! Am liebsten bis Mitternacht! Dann würden schon die ersten Husarenpatrouillen zurückgekehrt sein und ihm Gewißheit bringen, ob er noch mehr fordern dürfe oder die Preußen schon so nahe seien, daß er sich mit dem Zugestandenen begnügen müßte. „Also, meine Herren, begeben Sie sich zurück zu Ihrem Stadtrat. Sagen Sie, daß ich bereit bin, die Stadt gnädig zu behandeln und 25 000 Taler als mindeste Entschädigung für die Truppe

anzunehmen, aber mich im Interesse meiner Regierung nicht mit einer Brandsteuer von nur 160 000 Talern begnügen kann. Sie müßten einen Weg finden, ein besseres Angebot zu machen. Um Mitternacht erwarte ich Ihren Bescheid. Herr Obrist Baron Ried wird Sie in die Stadt zurückbegleiten."

Die Abgesandten verabschiedeten sich mit bekümmerten Mienen, die beiden Offiziere sehr zufrieden: der Obrist war froh über die Gelegenheit, die Stadt zu sehen, die jetzt für alle Truppen verschlossen vor ihnen lag, der Rittmeister freute sich auf sein Feldbett.

Auch Hadik ließ sich die Stiefel ausziehen, legte den Waffenrock ab und öffnete die Halsbinde. Nur ein paar Minuten ausspannen, dachte er, während er sich aufs Bett streckte und eine Wolldecke über die Schultern zog.

Als er erwachte, klangen die Signale durch das Lager, die alle Soldaten zum Abendgebet riefen. Die Sonne neigte sich zum Untergang.

XVI. BESUCH AM ABEND

Schäfchenwolken erstrahlten in blaßrosa Licht, auf den Türmen und Dächern von Berlin lagen die letzten Sonnenstrahlen. Der Feldmarschall-Lieutenant stand vor seinem Zelt, schaute auf das Heideland vor dem Lager und die niedrige Umwallung der Stadt. Dahinter lag Berlin, das noch nie erobert worden war. Er hatte es als erster erreicht, die Verteidiger bezwungen, aber die Stadt selbst nicht betreten, nichts von ihr gesehen als die Felder und Gärten zwischen der Umwallung und den Vorstadthäusern. Was könnte er seinen Kindern von der Hauptstadt des Preußenkönigs erzählen? Später würde er gewiß bedauern, nur seine Offiziere hineingeschickt zu haben!

Freilich, ein Empfang im Rathaus, eine ungern gewährte Bewirtung, Verhandlungen und Bitten, Versuche, ihn zu bestechen — Walterskirchen hatte derlei angedeutet —, danach verlangte ihn nicht. Nur durch die Straßen reiten, ein wenig die Neugier befriedigen! Er erwartete keinen besonderen Eindruck, kein tiefes Erlebnis, aber er wollte sich die Beruhigung verschaffen, nichts versäumt zu haben. Also rief er seinen Adjutanten.

„Wir reiten für eine Stunde nach Berlin. Ganz ohne Begleitung, sozusagen incognito. Im Lager erfährt nur Generalfeldwachtmeister Mittrowsky davon, er übernimmt den Oberbefehl für diese Zeit."

Der Adjutant war an überraschende Befehle gewöhnt. Es begann gerade erst zu dämmern, als er neben Hadik, nur von einem Reitknecht gefolgt, auf das Kottbuser Tor zutrabte. Die erste Viertelstunde verging in Schweigen. Das Köpenicker Viertel, durch das der Weg führte, bot mit seinen Vorstadthäusern und Gärten so wenig Sehenswertes, daß Hadik bald wieder in Gedanken versank. Auch die etwas besseren Häuser von Neu-Kölln konnten seine Aufmerksamkeit nicht fesseln.

Alt-Kölln jenseits einer Kanalbrücke zeigte sich stärker belebt. Der Laternenanzünder erfüllte seine allabendliche Pflicht, Mädchen gingen zu dreien und zu vieren einher. Sie hatten einander unter den Armen gefaßt und ließen im Gehen die Röcke schwenken; mindestens drei trugen sie übereinander. Ein Mann im langen Sonntagsrock hatte trotz der späten Stunde noch sein Söhnchen auf dem Arm, dafür trug die Frau neben ihm seinen Spazierstock und schaute immer wieder wohlgefällig auf die Tochter an ihrer Seite. Das Mädchen hielt züchtig die Augen gesenkt. Nur manchmal, wenn es unbeobachtet war, blickte es unter den emporstehenden Enden der Sonntagshaube neugierig und munter umher. An einer Straßenecke ertönte eine Drehorgel.

Ein Wirt öffnete einen Türflügel, spähte vorsichtig hinaus und war schon daran, ihn wieder zuzuschlagen: das Klappern der Pferdehufe mochte ihn mißtrauisch gemacht haben. Da es aber nur drei Reiter waren, begnügte er sich mit einem feindseligen Blick und öffnete auch den anderen Türflügel, danach stellte er eine hölzerne Tafel hinaus, auf der die Preise seiner Getränke angeschrieben waren.

Hadik wünschte nicht, Aufsehen zu erregen; deswegen hatte er den Feldmarschall-Lieutenants-Hut mit den wallenden Federn zurückgelassen und nur den einfachen Husaren-Kalpak aufgesetzt, wie er ja am liebsten die Uniform seines Husarenregiments trug. Aber allein, daß er, sein Adjutant und der Reitknecht zu Pferde waren, drei Reiter unter lauter Fußgängern, zog schon viele Blicke an. Also bogen sie in eine stillere Seitengasse ein.

Eine Horde von Gassenbuben kam ihnen nachgelaufen, nicht bösartig, aber neugierig und laut. Um ihnen zu entgehen, setzte Hadik sein Pferd wieder in Trab. Nach zwei, drei Wendungen in andere Gassen hatten sie die Verfolger abgeschüttelt, ließen die Pferde im Schritt gehen und schauten einander mit erleichtertem Lächeln an, da vernahm Hadik aus einem offenen Fenster im Halbstock, knapp über seinem Kopf, unerwartet ver-

traute Worte. Eine helle Frauenstimme schimpfte in ungarischer Sprache:
„Steh schon auf, du pflichtvergessener Lump! Die Prügel, die dir dein Wachtmeister zumessen wird, die gönne ich dir von Herzen!"
Hadik fühlte sich erheitert; diese Szene berührte ihn so heimatlich! Er dachte im Augenblick nicht daran, daß er als Feldmarschall-Lieutenant zu strengen Anstandsregeln verpflichtet war. Wie er es einst als junger Cornet getan hätte, rief er, ebenfalls ungarisch, zum Fenster hinein: „Guten Abend, schöne Frau! Kann ich Euch irgendwie helfen, bedürft Ihr ritterlichen Beistandes?"
Im Fenster zeigte sich ein junges Gesicht, das zunächst nichts als Erstaunen ausdrückte, dann Erleichterung und Freude. „Gehört Ihr zum kaiserlich-königlichen Heer? Dann kommt herein und holt einen besoffenen Kameraden ab!"
Schon waren Hadik und der Adjutant aus dem Sattel gesprungen. „Exzellenz, eine Pistole!" riet der Adjutant. „Man kann nie wissen —"
„Mir genügt mein Säbel."
Der Reitknecht übernahm die beiden Pferde. Während sie auf das Haustor zutraten, hörten sie drinnen schon Schritte. Ein Schlüssel drehte sich im Schloß, knarrend öffnete sich ein Torflügel.
„Exzellenz", warnte der Adjutant nochmals, „wenn wir da in eine Falle gehen —"
„Werfen Sie für alle Fälle einen Blick in den Hof."
Der Adjutant eilte den Hausflur entlang zur hinteren Tür, Hadik blieb inzwischen unter dem geöffneten Tor stehen. Vor ihm stand ein Mädchen in dunkler Kleidung, mit weißer Schürze und weißem Häubchen, ganz wie die Zofe eines herrschaftlichen Hauses, unter hellbraunem Haar ein hübsches Gesicht.
„Gut, daß Ihr kommt", sagte sie in dem Berliner Deutsch, das auch die Abgeordneten des Stadtrates gesprochen hatten. „Erst

schien er ein netter Bursche, aber als er sich angetrunken hatte, kotzte er dem gnädigen Fräulein auf den schönen Teppich!"
Hadik begriff gar nichts, fragte aber nicht weiter. Der Adjutant kam zurück. „Im Hof steht ein gesatteltes Militärpferd, und zwar ein unsriges!" meldete er.
„Die Geschichte wird immer rätselhafter", brummte Hadik. „Ich schau mir den Gaul selbst an." Vorbei an dem Mädchen ging er in den Hof. Richtig, da stand ein Schimmel! Er hatte den Kopf müde hängen lassen, nun hob er ihn und wieherte den Männern leise entgegen. Hadik klopfte ihm beruhigend auf den Hals, während er die Satteldecke musterte. „Ein Pferd meines eigenen Regiments!" rief er aus. „Womöglich finden wir da den vermißten Trompeter." Die Spannung, die ihn kurze Zeit beherrscht hatte, wich wieder der vorigen guten Laune. „Also, gehen wir ins Haus."
Die Zofe war inzwischen eine Stiege hinaufgelaufen, hatte aber die Tür in die Wohnung offengelassen. Hadik folgte ihr so schnell, daß er verstehen konnte, was sie drinnen berichtete.
„Es sind wirklich Kaiserliche, sogar Offiziere. Sie werden den Kerl sicherlich mitnehmen."
„Bitte sie einzutreten und richte etwas für sie", antwortete die helle Stimme, die Hadik von der Straße aus vernommen hatte. „Nein, nicht wieder Schnaps, das vertragen die offenbar nicht. Bring Tee! Oder nein, bring lieber gar nichts. Besser, wenn sie sich nicht aufhalten, ich habe von dem einen Besuch genug. Sie sollen nur den Kerl fortschleppen."
„Die Dame scheint schlechte Erfahrungen gemacht zu haben", sagte Hadik, zu seinem Adjutanten zurückgewendet. „Wir werden sie mit doppelter Höflichkeit versöhnen."
Die Zofe öffnete die Tür weit und empfing die Eintretenden mit schelmisch-neugierigem Lächeln. Hier, im Scheine zweier Kerzenleuchter, wollte sie vermutlich die Offiziere genauer betrachten, als es im Halbdunkel des Hausflurs möglich gewesen war. „Das gnädige Fräulein läßt bitten näherzutreten."

Sie ist freundlicher als die Herrin, dachte Hadik. Als er im Vorzimmer an einem hohen Spiegel vorbeikam, begriff er die Ursache: im Kerzenlicht glänzten die goldenen Tressen und Schnüre seiner Uniform, es glänzten der Säbelgriff und die Goldstickerei auf der Säbeltasche, der Pelzbesatz des umgehängten Dolman schimmerte matt, aber kaum weniger eindrucksvoll. Hadik nahm den Kalpak in die Hand. An der Tür zum nächsten Zimmer verneigte er sich tief. Als er wieder aufblickte, umfaßte sein Blick eine schlanke Frauengestalt, die einen fast höfischen Knix andeutete. Schwarze Locken umrahmten das zarte Gesicht, das er am Fenster gesehen hatte. Es drückte ähnliches Erstaunen wie vorhin aus. Hinter ihm klappten die Absätze des Adjutanten zusammen, die Sporen klirrten. Bevor aber einer von ihnen ein Wort sagen konnte, erklang ein Schrei des Entsetzens, und zwar von einer männlichen Stimme.

Doch eine Falle?, schoß es Hadik durch den Kopf, aber schon löste sich die Spannung zu neuer Heiterkeit.

Ein Husar war hinter der Dame aufgetaucht, ohne Dolman und Stiefel, den Uniformrock am Hals aufgeknöpft. „Gott steh mir bei!“ seufzte er, dann riß er sich zusammen und meldete in strammer Haltung: „Trompeter Kis vom Husarenregiment Andreas von Hadik gehorsamst zur Stelle.“

„Ein wenig spät“, sagte Hadik lächelnd, dann setzte er strenger fort: „Wo habt Ihr so lange gesteckt? Auf Fahnenflucht angesichts des Feindes steht der Tod!“

Der Husar fiel auf die Knie. Seine Augen waren weit aufgerissen, voll offenkundiger Angst richteten sie sich auf den Feldmarschall-Lieutenant und irrten von ihm zu der Dame. Zu ihr streckte er auch die Arme flehend aus:

„Hochgeborene Frau, erklären Sie —!“

„Er ist kein Deserteur“, sagte die Dame. „Er scheint sich sehr tapfer durchgeschlagen zu haben und befand sich auf der Flucht. Er wäre aber nicht aus Berlin hinausgekommen, deshalb nahm ich ihn auf. Nach dem Schreck, den er ausstehen mußte, schmeckte ihm leider mein Schnaps zu gut, und als der Krug leer war, schlief er ein. Gut hat er sich nicht benommen, muß ich sagen."

Ihre Augen richteten sich auf einen nassen Fleck auf dem Teppich. Hadik mußte wieder lächeln, der Husar aber rutschte, noch auf den Knien, zu der Dame hin und küßte ihr inbrünstig die Hand.

„Steht auf, Trompeter", sagte Hadik, „zieht Euch an, nehmt Euer Pferd und wartet draußen bei meinem Reitknecht."

„Zu Befehl, Euer Gnaden."

Als der Husar nach kurzer Zeit, schon wieder gefaßt, ja glücklich grinsend, noch einmal grüßte und dann, seine beiden Pistolen unter dem Arm, mit flottem Schritt das Zimmer verließ, glich er nicht mehr der Jammergestalt von vorhin; nun war ihm schon eher das Abenteuer zuzutrauen, das er so mutig bestanden hatte.

„Der unerwartete Vorfall", sagte Hadik, „hat mich gehindert, mich vorzustellen."

Die Dame hob abwehrend die Hand. „Bitte, nicht nötig."

Hadik ärgerte sich; er fühlte, wie sein Gesicht sich rötete. Er verbeugte sich stumm und wollte sich schon zur Tür wenden, da sah er in einem Auge der Dame eine Träne glänzen.

„Nein", rief sie, „ich wollte Sie nicht kränken! Ich freue mich, die Bekanntschaft eines ritterlichen Offiziers gemacht zu haben. Aber —" ihre Stimme wurde leiser „— wenn Sie sich vorgestellt hätten, müßte ich es auch tun, und das wäre mir aus einem bestimmten Grunde peinlich."

„Ich will nicht neugierig sein", antwortete Hadik. Während er diese Worte sprach, erkannte er sie als Lüge: er war sogar sehr neugierig, was eine zweifellos vornehme junge Ungarin in Berlin zu suchen habe.

„Wollen Sie zum Zeichen, daß Sie mir nicht zürnen, eine Tasse Tee mit mir trinken?"

Hadik erinnerte sich an das Gespräch zwischen der Dame und

der Zofe, das er mitangehört hatte, und mußte wieder lächeln. „Einen Schnaps bieten Sie nach den letzten Erfahrungen einem Husaren nicht mehr an?"
Die Dame errötete. „Verzeihen Sie nochmals! Selbstverständlich steht Ihnen alles zur Verfügung, nur besitze ich leider keinen heimatlichen Barack, sondern nur einen hiesigen Kornbranntwein."
„Auch diesen nehmen wir, nicht wahr?" Hadik schaute sich nach seinem Adjutanten um. Der Rittmeister war die ganze Zeit über stumm halblinks hinter ihm gestanden, nun endlich durfte er etwas sagen.
„Mit Vergnügen, Exzellenz!"
Die Dame hatte der Zofe einen Auftrag erteilt, aber das letzte Wort doch gehört. „Exzellenz?" fragte sie. „Ich komme immer mehr in Verlegenheit. Einen so hohen Gast müßte ich besser empfangen, aber ich bin auf nichts vorbereitet."
Hadik betrachtete sie aufmerksam und fand, daß sie eigentlich sehr jung aussah. Das machte nicht nur die schlanke Gestalt aus, sondern ebenso — oder noch mehr — das Gesicht, so zart und rein, fast wie das eines Mädchens, wie seiner ältesten Tochter! Ihr war anzusehen, wie angestrengt sie nachdachte.
„Darf ich Sie für morgen zum Abendessen bitten? Ich werde eine Freundin dazu einladen, damit mein Ruf nicht leidet und der Herr an Ihrer Seite ebenfalls eine Tischdame hat. Es wäre mir eine Ehre, Sie zu empfangen."
Hadik stimmte gern zu. Er war sich bewußt, daß er in der augenblicklichen Stimmung alles versprochen hätte, was sie wünschen könnte. Doch da machte sie selbst eine Einschränkung: „Vorausgesetzt natürlich, daß Sie morgen noch in Berlin sind. Da dies leider nicht sicher ist —"
„Woher wissen Sie das?"
Die junge Dame warf den Kopf zurück. „Versprachen Sie nicht vorhin, nicht neugierig zu sein? Also: da Sie vermutlich morgen nicht mehr hier sind oder, wenn Sie es doch wären, wahrschein-

lich keine Zeit für mich hätten, müssen Sie doch jetzt mit mir Tee trinken — und Schnaps dazu!"
Die letzten Worte hatten schon wieder munter geklungen. Hadik bedauerte sehr, nichts fragen zu dürfen — zu vieles erschien ihm rätselhaft. Er nahm mit dem Adjutanten auf einem Sofa Platz, die Dame saß ihnen gegenüber in einem Polstersessel. Die Zofe brachte Tee und ein Krüglein Schnaps, dazu Nußbäckerei auf einer silbernen viereckigen Schale. Hadik bemühte sich, unauffällig das Wappen zu studieren, das in einer Ecke der Schale eingestanzt war. Es war nicht deutlich zu sehen, nur eine Freiherrenkrone erkennbar. Das verwunderte Hadik: er hätte die Dame eher für eine Prinzessin gehalten. Warum eigentlich? Mußte eine Prinzessin unbedingt schöner und vornehmer sein? Könnte sie es überhaupt sein?
„Sie hören mir ja gar nicht zu, Exzellenz!" Die Stimme der Gastgeberin klang empört, aber Hadik glaubte herauszuhören, daß es keine ganz echte Erregung war, sondern ein wenig von Koketterie geleitet. Auf diesen Ton ging er gern ein!
„Verzeihen Sie, hochgeborene Frau!" sagte er mit bewußt übertriebener Zerknirschung. „Ich habe — ich muß es gestehen — wirklich nicht ganz zugehört. Aber meine Gedanken irrten nicht weit ab, sondern beschäftigten sich ausschließlich mit Fragen, die Sie mir zu stellen verwehren."
Sie lachte. „Wenn Sie schwören, an niemand anderen als an mich gedacht zu haben, will ich Ihnen verzeihen." Aber auch diese Munterkeit schien ihm nicht völlig natürlich, ein ernster Unterton klang mit.
Die Zofe schenkte Tee nach, kürzte den Docht einer Kerze, die zu stark qualmte, und bewegte sich im Zimmer so, als wünsche sie einen Teil der Unterhaltung mitzubekommen. Man sprach aber nur ungarisch, und das verstand sie anscheinend nicht. Umso neugieriger waren ihre Blicke, nur galten sie fast ausschließlich dem Adjutanten. Hadik bemerkte es wohl und hatte schon ein scherzhaft anzügliches Wort auf den Lippen, unter-

drückte es aber, denn die Dame erforderte wieder seine Aufmerksamkeit. Sie richtete ihre dunklen Augen gerade auf ihn, während sie fragte:
„Wenn es ein militärisches Geheimnis ist, will ich nicht in Sie dringen, Exzellenz; nur wenn Sie unbesorgt darüber reden dürfen, erklären Sie mir: Wie ist es Ihrem Kommandanten gelungen, so unbemerkt zwischen zwei feindlichen Armeen hindurch bis nach Berlin vorzustoßen? Man sagt, es handle sich um eine große Kaiserliche Armee, 15 000 Mann oder noch mehr, aber das erscheint mir kaum glaublich."
„Verstehen Sie so viel von militärischen Angelegenheiten?" fragte Hadik überrascht, fast mißtrauisch. „Daß es gelang, ist nur der absoluten Verschwiegenheit zuzuschreiben, die der Oberbefehlshaber bewahrte."
„So ungefähr sagte es auch der Trompeter. Er behauptete, bis zuletzt habe niemand gewußt, wohin der Marsch gehe."
„Sie haben also auch den Trompeter ausfragen wollen?" Hadik empfand selbst, daß seine Frage zu scharf geklungen hatte, und fügte mildernd hinzu: „Da Sie keine Preußin sind, betrachten Sie die ganze Angelegenheit wohl vom objektiven, wissenschaftlichen Standpunkt."
Die Dame nickte zustimmend, dann sagte sie leiser, wobei sie leicht errötete: „Ich bewundere Ihren Feldherrn ungemein. Da ich schon ihn selbst nicht kennenlernen konnte, freue ich mich sehr, doch einen seiner höchsten Offiziere bei mir zu sehen."
Eine Turmuhr schlug. Hadik schaute aus dem Fenster: draußen war es stockdunkel. Höchste Zeit aufzubrechen! Er erhob sich.
„Ich bedaure im höchsten Maße, Ihre Gastfreundschaft nicht länger in Anspruch nehmen zu dürfen."
„Ich verstehe es", antwortete die Dame, „und will Sie nicht länger zurückhalten. Aber meine Einladung für morgen vergessen Sie nicht? Sollte es Ihnen doch irgendwie möglich sein, zu mir zu kommen, würden Sie mir damit eine große Freude bereiten."

„Ob es möglich ist, hängt nicht von mir ab. Aber glauben Sie mir, daß ich ihrer Einladung mit Freude folgen würde."

Sie stand ihm nah gegenüber, schien noch etwas sagen zu wollen, blieb aber stumm. Zögernd reichte sie ihm ihre Hand zum Abschied. Er fühlte, wie zart diese Hand war, und hob sie nicht an die Lippen hinauf, sondern beugte sich darüber, so, wie er der Kaiserin die Hand geküßt hätte. Sie dankte mit einem Knix und einem bezaubernden Augenaufschlag.

Als er mit dem Adjutanten auf die Straße trat, fanden sie den Trompeter schlafend an die Mauer gelehnt. Der Stallbursch konnte den Neid in seinem Blick nicht verbergen. Hadik zog einen halben Gulden aus der Tasche.

„Ich habe gut gegessen", sagte er, „das sollst du dir heute Abend auch leisten können." Es war aber nicht die gute Nußbäckerei, die ihn so froh stimmte, sondern das Bewußtsein, für eine Stunde alle Sorgen seiner Feldherrnpflicht vergessen zu haben. Nun freilich war eine neue hinzugekommen.

„Was halten Sie", fragte er den Adjutanten, während sie heimritten, „von dieser schönen Dame? Oder hatten Sie nur Augen für die Zofe?"

„Die gefällt mir sehr", antwortete der Adjutant, „aber über die Dame bin ich mir so wenig im klaren wie Eure Exzellenz."

„Der Preußenkönig hat seine Spione in Dresden, in Paris, in St. Petersburg, wahrscheinlich auch in Wien. Warum sollten wir nicht eine Spionin in Berlin haben?" Hadik gestand sich selbst ein, daß dies mehr ein Wunsch war als ernstliche Vermutung. Sein Vertrauter widersprach auch:

„Dafür erscheint sie mir allzu jung. Ich schätze sie auf kaum zwanzig Jahre. Daß sie überhaupt auf unserer Seite steht, halte ich nicht für gewiß, obwohl sie den Trompeter rettete und Eure Exzellenz bewundert."

„Ob sie mich wirklich nicht erkannt hat? Rätsel über Rätsel — als ob ich nicht genug Sorgen hätte!" Für sich führte er den Gedanken weiter: Warum sorge ich mich denn ihretwegen?

XVII. ZWEI MUSKETIERE

Die kaiserlichen Feldscherer und ihre Gehilfen hatten nur die verwundeten Kürassiere und Husaren, danach die eigenen Gefallenen vom Kampfplatz weggebracht; die verletzten Preußen blieben neben ihren toten Kameraden liegen. Einzelne stöhnten, riefen sogar um Beistand, aber wer von ihnen klar bei Sinnen war, schwieg vorsichtig. Abends würden wohl die Berliner kommen, sich ihrer anzunehmen; da war es besser, solange zu warten, als jetzt vielleicht von den Kaiserlichen aufgenommen zu werden und bei ihnen als Gefangener zu bleiben. Die Stunden dehnten sich allerdings sehr. Mancher verblutete noch, während er so hilflos dalag. Raben sammelten sich und begannen ihre grausige Mahlzeit. Erst fraßen sie nur von den Eingeweiden, die aus dem Bauch eines toten Pferdes hervorgequollen waren, später hackten ihre Schnäbel auch in Menschenfleisch.

Gustav erwachte erst am späten Nachmittag aus seiner Betäubung. Er war noch nicht völlig bei Sinnen, als er eine Stimme neben sich hörte. Allmählich begriff er den Sinn der Worte.

„— tapfer warst du ja, aber dumm. Was hat denn Unteroffizier Brennecke noch davon, daß du ihn schützen wolltest? Er hat schon ausgelitten. Dir aber wäre nichts geschehen, wenn du dich gleich niedergeworfen hättest, wie ich es tat. Laß schauen, wie es um deinen Schädel steht.“ Gustav fühlte tastende Hände, dann einen scharfen Schmerz, der aber rasch wieder abklang.

„Es ist nicht arg“, sprach die Stimme weiter, und nun wußte er, daß es Jaroslaw war. „Du hast eine ganz ordentliche Geschwulst, aber der Knochen scheint nicht verletzt. Mehr Glück als Verstand! Kannst du dich ein wenig aufrichten?“

Jaroslaw kniete neben ihm, stützte ihm das Genick und hob ihm die Feldflasche an die Lippen. Das Wasser schmeckte schal, doch dem trockenen Gaumen tat es wohl. Als Gustav den Kopf drehte, erblickte er knapp neben sich die gebrochenen Augen eines Musketiers. Schaudernd wendete er sich ab.

„Hast du noch nie einen Toten gesehen?“ fragte Jaroslaw. „Man gewöhnt sich daran.“

Der gleichgültige Ton, in dem der Kamerad sprach, befremdete Gustav. Er hob noch einmal den Kopf und bemühte sich, tapfer umherzuschauen. Das unbebaute Land, auf dem sich der Kampf abgespielt hatte, lag nun verlassen, hinter einer Hecke zeigte sich ein neugieriges Gesicht, aus dem Rauchfang eines der fernen Häuser stieg ein weißes Wölkchen. Dort drüben sah es friedlich aus, die Sonne schien auf die Dächer; in der Nähe freilich krächzten die Raben, ein Pferd wieherte kläglich. Auf der anderen Seite erhob sich die Stadtmauer, jene kümmerliche Befestigung; sie hätte den preußischen Bataillonnen den Rücken decken sollen und hatte nur die Flucht verhindert! Zuletzt erfaßte Gustavs Blick den Gefährten. Der kniete nicht mehr neben ihm, sondern hatte sich ausgestreckt; faul und zufrieden sah er aus.

„Du, Jaroslaw“, fragte er, „wo hast du es gelernt, dich über solches Unglück nicht zu erregen? Mußtet ihr vom Priesterseminar aus vielleicht Sterbende betreuen, so oft, daß du davon abgestumpft bist?“

Jaroslaw lachte bitter. „Ein Sterbender wünscht sich schon einen ordentlichen Priester, und an denen ist ja kein Mangel. Nein, wir Knaben mußten nur viel lernen. Damals erschien mir das meiste als unnützes Zeug, leer und öde. Wie ich heute urteilen würde, darüber habe ich noch nicht nachgedacht.“

„Wie bist du überhaupt von dort weggegangen?“

„Nachts durch ein Kellerfenster, wegen eines Mädchens. Soll ich dir die ganze Geschichte erzählen?“

„Bitte.“

„Wir müssen ohnehin liegen bleiben, bis es dunkel wird. Also hör zu — oder stell dir das gleich vor: an die fünfzig dumme Buben und ebenso dumme Jünglinge, Tag und Nacht unter strenger Aufsicht. Gebet, Unterricht, Streitgespräch, Gebet, Singen, Lernen, Üben, Schreiben, Gebet, tagein, tagaus, im kalten

Winter und in der Sommerhitze, wenn die rauhe Kutte die Haut wundkratzt. Aber das war nicht das ärgste. Viel gefährlicher war der Frühling, wenn die Sträucher im Hof die ersten grünen Spitzen bekamen, wenn die Vögel sangen und wir die Sehnsucht im Herzen spürten. Fünfzig Jünglinge, aber nicht ein einziges weibliches Wesen! Wir drängten uns an die Dachluken, nur um auf die Straße hinabstarren zu können! Ich entdeckte ein Kellerfenster, aus dem ich in den Nachbarhof schauen konnte. Dort waren Wäscherinnen zu sehen, dicke alte und auch etliche junge."

Gustav lauschte mit geschlossenen Augen. Das Grauen des Schlachtfeldes war vergessen, der Schmerz im Kopf hämmerte nicht mehr; er lebte mit dem Kameraden, sah die Wäscherinnen vor sich, besonders die eine, die schwarzäugige. Und selbst wenn sie nicht so schön gewesen wäre, wie Jaroslaw sie schilderte — für ihn war sie damals doch die Lockung einer anderen Welt. Und er war dieser Lockung erlegen. Aber als er dem Seminar entflohen war, hatte er nicht nur den Zwang hinter sich gelassen, sondern auch das tägliche Brot . . .

Als Jaroslaw verstummte, begann Gustav zu erzählen, weiterhin mit geschlossenen Augen, von einem Bild der Erinnerung zum anderen. Das erste war nicht allzu verschieden von den Erlebnissen des Kameraden, wohl in einem weltlichen Internat, das dem Gymnasium von Braunschweig angeschlossen war, doch ebenfalls in harter Zucht. Die späteren Erfahrungen freilich ließen manches in anderem Licht erscheinen. Damals war ihm der Aufseher im Schlafsaal streng erschienen, in der Schule hatte er sich vor Prüfungen gefürchtet — wie glücklich erschien ihm jene Zeit nun im Vergleich zur Gegenwart! Das Leben im Internat war nämlich von Jahr zu Jahr leichter geworden; er brauchte nicht mehr den älteren Zöglingen die Schuhe zu putzen und das Eßgeschirr auszuwaschen, sondern konnte sich selbst unter den Kleineren einen Leibdiener auswählen, die Professoren sagten nicht mehr du zu ihm, die Mädchen erwiderten die verstohlenen Blicke, die er ihnen zuwarf. Ja, die Abendspaziergänge vor der Stadt, die zählten zu den seligsten Erinnerungen! Und gar das erste Tanzfest, das die ältesten Zöglinge besuchen durften! Es wurde zum Höhepunkt seines jungen Lebens — und zugleich der Anfang des Unglücks.

Nun fühlte er sich nämlich schon fast erwachsen, und um das zu beweisen, ging er mit ein paar Freunden abends in ein Bierhaus. Das war den Gymnasiasten verboten, doch der Wirt hielt für sie ein Hinterstübchen bereit. Als sie gerade in der besten Stimmung waren, kamen einige fremde Männer herein, setzten sich zu ihnen und bezahlten gleich eine Runde. Sie sangen auch mit, wußten neue Lieder, bezahlten weiter Bier und Branntwein, erzählten vom fröhlichen Soldatenleben und fragten, ob die Herren Studenten wüßten, wie es zugehe, wenn man zu einer ruhmreichen Armee angeworben werde; sie könnten es schon vorzeigen. Neugierig und immer noch lachend, gingen die Gymnasiasten auf den Scherz ein und ermunterten einander, es zu versuchen. Aber keiner getraute sich recht, den Soldatenhut aufzusetzen, den die neuen Freunde aus einem Sack zogen. Um nicht als feige zu gelten, versuchten es Gustav und ein Kamerad, der rothaarige Josef. Sie ließen sich erst noch einmal die Gläser vollschenken, tranken den scharfen Schnaps auf einen Zug aus, daß die Tränen aus den Augen traten, und ließen sich nacheinander den dreiseitig aufgeklappten Hut mit der weißen Borte und den Quasten an der Seite aufsetzen. Dafür gaben ihnen die Männer Geld, eine ganze Rolle neuer preußischer Münzen, baten aber, die Herren Studenten sollten ihnen eine Unterschrift leisten — es sei eine bloße Formsache, nur eine Art Quittung. Das kam Gustav schon bedenklich vor, aber weil die Kameraden ihn neckten, ob er plötzlich allen Mut verloren habe, unterschrieb er, und Josef tat es auch. Schließlich machten sie sich mit unsicheren Schritten auf den Heimweg; die neuen Bekannten waren immer noch dabei. Als die Turmuhr die zehnte Stunde schlug und die Gymnasiasten fürchten mußten, zu spät ins In-

ternat heimzukommen, winkten die Männer einen Wagen herbei. Gustav wollte nicht einsteigen, doch sie zerrten und hoben und schoben ihn fast mit Gewalt, Josef auch dazu, und fort ging es in schneller Fahrt.
Gustav schlief im Wagen ein. Als er erwachte, war ihm ein Tuch um den Mund geschlungen, die Hände gefesselt. So brachte man ihn und Josef aus dem heimatlichen Braunschweig hinaus. Sie waren preußischen Rekrutenwerbern in die Hände gefallen, hatten sich zum Kriegsdienst verpflichtet und konnten nichts mehr rückgängig machen!
Die Ausbildung, der sie unterworfen wurden, war hart, das Essen schlecht, aber das ärgste war die Gesellschaft, in die sie geraten waren. Die anderen im Ausland angeworbenen Soldaten waren nämlich zum größten Teil Menschen, die irgendwie einmal gescheitert waren, Landstreicher, entlaufene Sträflinge. Darum wurden sie allesamt fest angepackt, oft beschimpft und geprügelt. Als Gustav einmal über das preußische Militär klagte, lachten ihn die anderen nur aus: ob er denn glaube, daß es ihm in Hannover oder Sachsen oder bei den Kaiserlichen besser ergehen würde? In jedem Heer seien die Landeskinder besser gestellt als die Ausländer — die freilich würden wie Gefangene gehalten.
Im Sommer hatte er sich mit Josef zur Flucht verabredet. Das Getreide stand so hoch, daß sie hofften, sich darin verbergen zu können. Aber sobald ihre Abwesenheit bemerkt wurde, ertönte ein Kanonenschuß als Alarmzeichen, Soldaten und Bauern mit Hunden durchstreiften die ganze Gegend und faßten sie bald. Zur Strafe und Abschreckung mußten sie Spießruten laufen, zwischen zweihundert Soldaten hindurch, die alle mit biegsamen, scharfen Gerten auf sie einschlugen, einschlagen mußten, um nicht selbst geprügelt zu werden. Achtmal dieser Lauf, bis das Herz so klopfte, als wolle es zerspringen, und die Haut in Fetzen hing! Die Frau eines Unteroffiziers, die in der Kaserne lebte, nahm sich der armen Burschen an und pflegte sie, aber

für Josef kam die Hilfe zu spät. Gustav überlebte und war danach Schlafbursch bei Unteroffizier Brennecke.
„Das war ein ziemlich gerader Weg ins Unglück“, sagte Jaroslaw. Gustav erschrak; er war sich kaum mehr bewußt gewesen, daß er einem Zuhörer erzählte. Aber der andere sprach weiter:
„Bei mir lief es nicht so gerade ab, ich mußte etliche Umwege gehen. Erlaß es mir, sie darzustellen. Vielleicht würdest du mir nicht mehr die Hand geben, wenn du wüßtest, daß Blut an meiner klebt.“
Warum redet er davon, dachte Gustav, wenn er es nicht sagen will? Ich habe ihn nicht gefragt! Dennoch regte sich Neugier; vielleicht täte es auch dem Gefährten gut, sich alles einmal von der Seele zu reden, sein Gewissen zu erleichtern? Unsicher, fast ängstlich schielte er zu Jaroslaw hinüber. Der aber hatte den Arm unter den Kopf geschoben und schien zu schlafen; sein Atem ging regelmäßig, das Gesicht war völlig entspannt.
Als es dämmerte, kamen Leute aus der Stadt. Sie betrachteten die Toten und Verwundeten, hielten sich aber bei der Ausländer-Kompanie nicht lange auf, sondern gingen weiter zu den gefallenen Brandenburgern. Gustav hörte Weinen und Schluchzen und sah, wie Soldaten fortgetragen wurden. Später näherte sich auch jemand den Ausländern; geduckte Gestalten huschten zwischen den Toten umher, bückten sich zu ihnen nieder, tasteten die Körper ab. Erstaunt und erschrocken erkannte Gustav, daß sie sich nicht der Verwundeten annahmen, sondern die Taschen durchwühlten und den Toten die Stiefel auszogen.
„Leichenfledderer“, erklärte Jaroslaw. „Das ist die niedrigste Stufe aller Gaunerei.“ Seine Stimme drückte jedoch keine Verachtung aus, sondern klang ganz sachlich. Er hatte sich erhoben, reckte sich, dann beugte er sich zu Gustav nieder. „Wenn ich dich stütze, kannst du aufstehen?“
„Ich will es versuchen.“ Vorsichtig richtete er sich auf; es ging besser, als er erwartet hatte. Jaroslaw hängte sich beide Tornister um und nahm sogar die Gewehre.

„Setz deinen Hut auf!“ mahnte Jaroslav den Kameraden.
„Der ist doch von Säbelhieben zerfetzt.“
„Eben deshalb! Zusammen mit deiner Beule und dem geronnenen Blut bildet er den besten Beweis, daß wir gekämpft haben. Drum schleppe ich mich ja mit den Gewehren ab! Wenn uns eine Patrouille begegnet, soll sie uns nicht gleich als Deserteure ansehen.“
Erst langsam, bald aber im gewöhnlichen Marschtempo schritten sie auf die Stadt zu. Obwohl der Kopfschmerz nur wenig nachgelassen hatte, nahm Gustav nach kurzer Frist wieder den einen Tornister und das Gewehr.
„Wohin gehen wir eigentlich?“ fragte er und wunderte sich, daß er sich so ganz dem Gefährten unterordnete.
„Wir brauchen Unterschlupf für die Nacht. Morgen werden wir weitersehen.“
Die erste Tür, an die sie klopften, wurde nicht geöffnet, hinter der zweiten kläffte ein Hund, bis aus einem Fensterchen neben der Tür eine Frau fragte: „Was wollt ihr?“
„Ein Lager im Stroh, gute Frau, ein Stück Brot, sonst nichts.“
„Das Brot sollt ihr haben, einlassen kann ich euch nicht. Zwei fremde Männer im Haus, das wäre mir zu gefährlich.“
„Wir sind königlich preußische Musketiere!“
„Ob eigene, ob fremde Soldaten, Einquartierung ist immer ein Übel. Nehmt das Brot und trollt euch.“
So gingen sie von einem der niedrigen Vorstadthäuser zum anderen, immer wieder von Hunden verbellt, von Gänsen angezischt. Das matte Licht, das durch die Fensterläden drang, erweckte stets neue Hoffnungen, aber keine erfüllte sich.
„Erst war ich Gymnasiast, dann Soldat. Daß ich noch zum Bettler würde, hätte ich nicht gedacht“, sagte Gustav nicht nur enttäuscht, sondern schon mit leisem Vorwurf.
„Du müßtest Gott danken, wenn es nicht ärger käme!“ erwiderte Jaroslaw. „Es gibt Böseres als zu betteln. Nur hätten wir gleich in die Stadt gehen sollen. Ich dachte, die ärmeren Leute

hier draußen hätten eher Mitleid, aber anscheinend sind die Furcht und die eigene Not noch stärker als das Mitleid."
Als sie in den dicht verbauten eigentlichen Stadtbereich gelangten, war es schon spät und die Hoffnung noch geringer. Zwar brannten Straßenlaternen, aber die Leute an den Fenstern und Haustoren zeigten sich nicht freundlicher.
„Wenn ihr preußische Musketiere seid, warum geht ihr nicht in eure Kaserne zurück?" fragte eine recht erboste Stimme, und darauf wußte nicht einmal Jaroslaw eine Antwort.
„Ja, warum gehen wir nicht?" wiederholte Gustav die Frage, während sie langsam weiterschritten.
„Du wolltest doch im letzten Sommer desertieren?" fragte Jaroslaw dagegen. „Eine bessere Gelegenheit dazu als heute wird sich nie finden! Weil wir zwanzigmal abgewiesen wurden, willst du aufgeben? Du wirst nie ein richtiger Landstreicher!"
„Das will ich gar nicht werden!"
„Was sonst?"
Gustav schwieg. Nicht nur das Vaterhaus und der Schlafsaal des Internats, selbst die Kammer in der Kaserne schien ihm nun erstrebenswerter als dieses demütigende Umherirren. Und Frau Brenneckes Kohlsuppe war doch gar nicht so übel gewesen!
Jaroslaw klopfte weiterhin an jedes Haustor. Als eines doch geöffnet wurde, erschrak Gustav beinahe; er hatte nicht mehr damit gerechnet. Ein breitschultriger Mann mit einem Bein und einem hölzernen Stelzfuß zeigte sich, eine Axt in der Hand. Beim Anblick der Uniformen grinste er über das ganze stoppelbärtige Gesicht.
„Habt ihr Hunger? Braucht ihr ein Obdach? Kommt nur weiter!" Er wies den Hausflur entlang. Ein Kienspan an der Wand erhellte notdürftig den Weg bis zu dem Lichtschein, der aus einer halbgeöffneten Türe fiel. „Dort hinein!"
Ein Geruch von feuchtem Mauerwerk, Rauch und schlechtem Fett schlug ihnen entgegen, so, als wäre der Raum noch nie gelüftet worden. Es war ein mittelgroßes Zimmer; in einem Lehn-

stuhl saß eine grauhaarige Frau. Ihre dünnen Lippen verzogen sich zu einem Lächeln, das Gustav eher schadenfroh als freundlich schien. Sie erwiderte den Gruß der Soldaten, lud sie ein, sich auf die Bank an der Wand zu setzen, und rief nach einem Dienstboten. Der Mann mit der Axt ging auf den Flur hinaus, durch eine andere Tür trat ein blasses Mädchen ein, fast noch ein Kind.

„Bring zu essen und zu trinken, was noch da ist", befahl die Frau, dann wandte sie sich an die beiden Musketiere: „Ich sehe euch an, daß ihr Deserteure seid, aber habt keine Sorge, ich verrate euch nicht. Ihr könnt eure Waffen ruhig ablegen."

„Danke, sie beschweren uns nicht", antwortete Jaroslaw. Gustav hatte schon den Tornister abgelegt und das Gewehr an die Wand gelegt. Als er noch den Riemen öffnen wollte, an dem der Säbel hing, spürte er plötzlich einen Tritt gegen seinen rechten Knöchel. Verblüfft schaute er den Kameraden an. Jaroslaw saß noch so, wie er gekommen war, sogar das Gewehr hielt er im Arm.

„Sei Er nicht so argwöhnisch, ich meine es ja gut!" rief die Frau. Das Mädchen kam mit einer Schüssel und zwei Löffeln, danach mit Bechern und einem Krug. Die Brotsuppe war nur mehr lauwarm und schmeckte sauer, das Bier dünn, aber Branntwein und zwei Schnitten Speck trösteten darüber hinweg. Die Frau nahm selbst den Krug in die Hand und schenkte immer wieder nach. Gustav empfing noch einen warnenden Fußtritt. Vorsichtig schielte er nach dem Gefährten. Jaroslaw trank wenig; trotzdem wankte er beim Aufstehen und benützte das Gewehr als Stütze, während er zur Tür ging.

„Verzeihung", murmelte er dabei, „ich muß nur schnell —"

Gustav blieb allein zurück. Die Frau strickte, in der Ecke schlief eine fette Katze, ein abgebranntes Stück des Kienspans fiel in die Wasserschüssel, die darunter aufgestellt war, und erlosch zischend.

„Trink Er noch ein Gläschen!" ermunterte die Frau. Gustav

lehnte dankend ab; er hatte ja erst vor wenigen Stunden selbst erzählt, wie schlecht es ihm bekommen war, als fremde Leute ihn betrunken gemacht hatten! Diesmal fühlte er sich wieder ein wenig unsicher. Nach kurzem Zögern erhob er sich.

„Vielleicht ist meinem Freund übel geworden", sagte er. „Ich will nach ihm schauen." Er griff nach dem Gewehr und ging rasch zur Tür; was die Frau ihm nachrief, verstand er nicht. Durch den Hausflur erreichte er den Hof, ein langes, schmales Rechteck, an beiden Seiten von Gebäuden eingeschlossen. Aus drei Fenstern schimmerte Licht. Gustav lauschte. Ein leises Stampfen und Knarren erfüllte den Hof. Kein Mensch war zu sehen — doch nein! Hinter dem letzten Fenster, gegen den abschließenden Zaun zu, stand jemand.

Als Gustav für alle Fälle sein Gewehr vorstreckte, kam ihm zu Bewußtsein, daß er es nach dem Gefecht nicht mehr geladen hatte. Aber die Klinge des Seitengewehrs, das seit dem Ausmarsch am Vormittag auf den Lauf des Gewehrs gesteckt war, glänzte beruhigend in dem schwachen Licht. Vorsichtig ging er näher. Dabei stieß er unversehens an einen Stein. Das Geräusch genügte, die beiden Menschen dort hinten zu warnen. Eine zarte weibliche Gestalt flüchtete lautlos, eine männliche kam Gustav entgegen.

„Gut, daß du endlich auftauchst", sagte Jaroslaws Stimme.

„Du warst es?" fragte Gustav. „Mit der kleinen Dienstmagd? Schämst du dich nicht, ein so junges Ding —?"

Jaroslaw war inzwischen herangekommen. „Ich habe sie ausgefragt, was hier im Hause gespielt wird, denn geheuer erschien es mir von vornherein nicht. Die Kleine hat bisher nur Prügel erlebt; was meinst du, wie froh sie war über ein paar freundliche Worte! Zum Dank warnte sie mich. Schau selbst!" Er führte Gustav zu einem Fenster. Vorsichtig spähten sie hinein.

In einem langen Saal standen Webstühle hintereinander, zehn oder zwölf. An jedem arbeitete ein Mann mit stumpfem Gesicht und müden Bewegungen. Der Mann mit dem Holzbein, der ihnen das Tor geöffnet hatte, ging als Aufseher zwischen ihnen hin und her.

„Die Leute sind Deserteure, Landstreicher oder entlaufene Häftlinge", flüsterte Jaroslaw. „Sie kamen wie wir. Weil wir bewaffnet sind, wollte uns die Alte besoffen machen. Ab morgen früh hätten wir auch so arbeiten müssen, vom frühen Morgen bis spät in die Nacht."

Gustav brachte kein Wort hervor. Er war dem Kameraden dankbar und bewunderte ihn für seine Umsicht, zugleich aber erschauderte er bei dem Gedanken, wohin ihn die Fahnenflucht beinahe geführt hätte.

„Solche Schinderei würdest du nicht lang ertragen", sprach Jaroslaw weiter. „Im letzten Jahr, sagte die Kleine, starben drei dieser Arbeiter. Aber wenn wir uns davonmachen wollen, müssen wir es gleich tun." Ohne eine Zustimmung abzuwarten, ging er den Hof entlang zurück und durch den Hausflur zum Eingangstor. Dort begann er, am Schloß herumzufingern, mit anscheinend oft geübten Griffen.

Im Hausflur tauchte die alte Frau auf, verschwand sogleich wieder und kam neuerlich, gerade als Jaroslaw das Tor öffnete. Ihr folgte der Aufseher mit der Axt in der Hand, trat drohend näher, blieb aber drei Schritte von den Musketieren entfernt stehen; Gustav hatte das Gewehr auf ihn gerichtet.

Gustav fühlte sich gar nicht wohl bei dem Gedanken, daß er zwar im Gefecht zu Mittag keinen Österreicher getötet hatte, jetzt aber vielleicht mit einem Berliner kämpfen mußte. Es kam jedoch nicht so weit. Schritt für Schritt zurückweichend, ging Gustav durch das geöffnete Tor, der Mann rührte sich nicht, offenbar von dem Gewehr eingeschüchtert. Die Alte keifte laut und verfluchte das undankbare Gesindel, doch da warf Gustav schon den Torflügel zu.

Sie gingen rasch bis zur Straßenecke, bogen in eine Seitengasse ein und hielten erst an, als sie überzeugt waren, jenes unheimliche Haus weit hinter sich zu haben. Gustav lehnte sich an

eine Mauer. Er atmete schwer, und auch der Schmerz seiner Verwundung war wieder heftiger geworden.
„Was weiter?“ fragte er keuchend.
„Nördlich von Berlin stehen wahrscheinlich keine Kaiserlichen, also gehen wir dort hinaus“, erwiderte Jaroslaw. „Zwischen dem Prenzlauer und dem Oranienburger Tor gibt es eine Menge Möglichkeiten. Ich hätte ja gern ein paar Stunden geschlafen, aber wenn wir keine Unterkunft finden, dann eben nicht — vielleicht gegen Morgen irgendwo im Freien.“
„Und weiterhin? Immer betteln?“
„Willst du vielleicht arbeiten? Wie das ausschaut, konntest du vorhin sehen. In einer richtigen Fabrik würdest du zwar bezahlt, hättest den Sonntag frei, wärest nicht so gefangen wie bei jener Hexe, aber die Arbeit an sich wäre kaum anders.“
Ein kühler Lufthauch ließ Gustav frösteln. Hinter einer Hofmauer heulte ein Hund, ein zweiter antwortete. Als der Gefährte schwieg, sprach Jaroslaw weiter: „Sei nicht so verzagt! Du brauchst dich ja nur bis Braunschweig durchzubringen, dort findest du ja dein Elternhaus. Meinst du, dein Vater würde auch mich aufnehmen? Im Frühjahr gehe ich wieder auf die Straße, er müßte mich nur den Winter über durchfüttern.“
Gustav seufzte. „Es reicht nicht einmal für mich. Ich habe vier jüngere Geschwister, mein Vater ist ein kleiner Amtsdiener und war sehr glücklich, als ich den Freiplatz im Internat bekam. Aber der ist inzwischen längst an einen anderen vergeben. Wovon ich leben sollte, weiß ich nicht.“
Eine Weile lang schwiegen beide. Als Jaroslaw endlich wieder zu sprechen begann, klang seine Stimme sehr ernst. „Hinter dem Heer nachzuziehen, an Plünderungen teilzunehmen oder wenigstens Nachlese zu halten, das ist nichts für dich, als Bettler oder Landstreicher würdest du auch nicht glücklich. Ein Mensch wie du braucht sein Obdach, seine Ordnung, selbst wenn sie nicht gerade erfreulich ist. Am besten gehst du zurück in die Kaserne.“

„Das dachte ich schon lange.“ Gustav richtete sich auf.
„Wer weiß, vielleicht hat ein Verwundeter berichtet, wie tapfer du dich gehalten hast, sie machen dich bald zum Gefreiten —“ Jaroslaw faßte ihn an der Schulter. „Nur Mut, es wird schon gut gehen!“
„Und du? Was machst du?“
„Ich suche mir für den Winter eine Witwe, die mich aufnimmt. Sie muß nicht schön sein, nur eine Vorratskammer soll sie haben. Leb wohl, Gustav!“
„Leb wohl. Ich danke dir.“
Ohne sich umzuschauen, ging Jaroslaw fort, Gustav schaute ihm nach; als der Kamerad seinem Blick entschwunden war, fühlte er sich nicht einmal verlassen, sondern, wie er sich verwundert eingestand, eher erleichtert. Ohne weiter zu zögern, machte er sich auf den Weg, seine Kaserne zu suchen.

XVIII. DIE PATROUILLEN

Die beiden Husarenpatrouillen, die Feldmarschall-Lieutenant Andreas von Hadik nach Süden geschickt hatte, ritten gemeinsam durch den Wald und trennten sich erst, als sie wieder in freies Land kamen, an der ersten Straßengabelung. Der Wachtmeister und der Gefreite, die den Weg in fast genau südlicher Richtung fortzusetzen hatten, hielten sich unbesorgt an die Straße. Sie sollten ja feststellen, ob sich eine feindliche Armee nähere, und die würde gewiß nicht durch Gestrüpp und Sumpfland, sondern auf dem besten Weg heranmarschieren. Nur vor ihren Spähern mußte man sich in Acht nehmen!

Die zweite Patrouille wählte an der Gabelung den Karrenweg, der sich leicht südwestlich bog. Zu beiden Seiten dehnte sich Ebene aus; Sumpfgräser verrieten feuchten Boden, um einzelne Tümpel stand Schilf. Nach einer Weile begann der Corporal:

„Ich bitte gehorsamst Herrn Lieutenant fragen zu dürfen, ob ein besonderer Grund bestand, daß wir hier reiten?"

„Ob wir etwas zu Gesicht bekommen, ist hier wie dort unsicher. Ich habe aber den anderen die Straße überlassen und mich für diesen Weg entschieden, weil er weicheren Untergrund hat. Er schont unsere Pferde, und darauf kommt es mir an."

„Herr Lieutenant meinen, daß unser Leben jetzt vom Zustand der Pferde abhängt?"

„Das gilt für einen Husaren immer, heute ganz besonders. Ihr habt doch keine Angst um Euer Leben, Corporal?"

„Keine Spur, Herr Lieutenant! Mir kann nichts geschehen, ich trage ja einen Passauer Zettel bei mir".

„Passauer Zettel? Was ist das?"

„Herr Lieutenant kennen das bestimmt, nur vielleicht nicht die Bezeichnung. Ich habe den Zettel von meinem Großvater. Sein Großvater mütterlicherseits hatte ihn im Schwedenkrieg von einem Henker in Passau gekauft. Es ist ein Jungfernpergament, auf das mit einer neugeschnittenen Feder gewisse Zeichen ge-

schrieben wurden. Lesen kann sie niemand, aber sie schützen gegen Kugel und Stahl."
„Davon habe ich schon gehört. Muß man solch ein Pergament nicht in Weizenteig hüllen, auf einem Altar liegen lassen, bis drei Messen gelesen wurden, und dann unter einem bestimmten Gebet verschlucken?"
„Das kann man tun, aber das Pergament hilft auch, wenn man es auf der bloßen Haut um den Hals gehängt trägt."
„Hat es allen Euren Vorfahren geholfen?"
„Allen. Keiner wurde erschossen, gehängt nur einer."
„Dann kann uns nichts zustoßen", sagte der Lieutenant abschließend. Er lächelte nicht über den Aberglauben des Corporals. Er selbst trug einen geweihten Georgstaler über dem Herzen.
Zwischen den tiefen Rillen, die von Wagenrädern eingedrückt waren, lag lockerer Sand; die Pferde konnten freiweg galoppieren. Sobald sie zu schnaufen begannen, ging der Lieutenant wieder in Schritt über, bei Sonnenuntergang schob er sogar eine Rast ein, lockerte den Sattelgurt und ließ das Tier grasen. Der Corporal folgte dem Beispiel.
Zur zweiten Rast entschloß sich der Lieutenant bei tiefer Dunkelheit. Sie hatten eine Häusergruppe vermieden und erst hinter ihr wieder den Weg erreicht. Hier, an einer einigermaßen geschützten Stelle hielten sie an und stiegen ab. Als der Corporal sich eine Pfeife anstecken wollte, mahnte ihn der Offizier, den Feuerstein nur unter dem vorgehaltenen Dolman zu schlagen.
„Die Funken sind weithin zu sehen! Ich glaube ja nicht, daß wir schon mit preußischen Vorposten zu rechnen haben, aber sicher ist sicher!"
Sie waren gerade dabei, wieder die Pferde zu besteigen, als sie Hufschlag hörten, zwar gedämpft durch den weichen Boden, aber unverkennbar. Es schien nur ein einzelnes, müdes Pferd zu sein. Einige Worte kurzer Verständigung genügten, zu mehr war auch nicht Zeit. Sie konnten eben noch aufsteigen, da

tauchte schon ein Reiter auf. Trotz der Dunkelheit war seine Gestalt deutlich zu erkennen. Sein Pferd streckte den Hals waagrecht vor, die Zügel hingen locker. Die zwei Husaren ritten ihn von beiden Seiten her an und nahmen ihn in die Mitte. Der Corporal faßte nach den Zügeln des fremden Reiters, der Lieutenant setzte ihm die Pistole auf die Brust.

„Gib dich gefangen!" rief er kroatisch, wie er mit dem Corporal gesprochen hatte, besann sich aber gleich, daß das ein Preuße kaum verstehen würde, und wiederholte deshalb den Satz deutsch.

Der Gefangene schien wohl erschrocken, antwortete jedoch gleich und zwar kroatisch: „Red nur weiter, wie du begonnen hast, verdammter Strauchdieb. Schämt ihr euch nicht, als Kroaten dem Preußenkönig zu dienen?"

„Das wollte ich eben dich fragen", antwortete der Lieutenant verblüfft.

„Mich? Ich bin doch ein guter Kaiserlicher!"

„Wir auch! Der Feldmarschall hat uns auf Patrouille ausgeschickt."

„Dann nehmt mich nur mit. Übrigens — habt ihr eine Stärkung für mich?"

Der Lieutenant steckte die Pistole weg und holte die Feldflasche hervor. Da er nun wußte, daß er einen Mann der eigenen Armee neben sich hatte, entschloß er sich zur dienstlichen Redeweise: „Von wo kommt Ihr? Zu welcher Einheit gehört Ihr?"

Dieser Ton veranlaßte den anderen, militärisch zu antworten: „Cornet Nikolaus Knesevich vom Karlstädter Husaren-Regiment, derzeit zur Beobachtung detachiert."

„Freut mich, Euch kennenzulernen, Cornet", sagte der Lieutenant, reichte ihm die Hand und nannte auch seinen Namen.

„Darf ich vorschlagen, in meiner Richtung gleich weiterzureiten?" fragte der Cornet. „Sie brauchen nicht mehr zu erkunden; alles, was Herr Lieutenant feststellen könnte, bringe ich bereits als Nachricht an den Feldmarschall."

Der Lieutenant überlegte kurz. „Wo denn ist Euer Detachement?"
„Mein Lieutenant beobachtet mit drei Mann die Preußen. Sie sind nicht mehr weit. Ich soll so schnell wie möglich den Feldmarschall erreichen, aber mein Gaul kann kaum mehr weiter."
„Sagt mir die Meldung! Wir können schneller zurückreiten, Ihr kommt gemächlich nach."
„Und die Belohnung, die mir der Feldmarschall geben wird? Nein, ich komme schon mit Euch. Bei dieser Dunkelheit können Sie die Pferde ohnehin nur im Schritt gehen lassen."
Der Lieutenant gab sich damit vorläufig zufrieden. Sie ritten also zu dritt den Karrenweg zurück, und diesmal durfte der Corporal seine Pfeife rauchen. Den Lieutenant aber plagte die Neugier. Nachdem er noch zweimal die Feldflasche hinübergereicht und auch etwas Eßbares aus der Satteltasche geholt hatte, war der Cornet bereit zu erzählen:
„Eine preußische Heeresabteilung hat heute in Jüterbogk Quartier bezogen. Das liegt einen Tagesritt von hier, ich mußte die Strecke seit dem Nachmittag zurücklegen, darum ist mein Pferd so schwach beisammen."
„Wie stark ist diese Heeresabteilung?"
„Zehn Eskadrons Reiterei und elf Bataillone Infanterie. Wir konnten es heute an den Fahnen abzählen, als wir ganz nahe an sie kamen, während sie Quartier bezogen. Es war nicht leicht heranzukommen, denn sie haben Husaren zur Sicherung. Darum dachte ich vorhin, ich sei diesen Schuften in die Hände gefallen, und wunderte mich, als Ihr mich kroatisch anspracht."
„Warum sind es Schufte?"
„Soviel ich weiß, gibt es unter ihnen Ungarn und Szekler, die sich anwerben ließen."
Der Weg wurde so schmal, daß sie eine gute Strecke lang hintereinander reiten mußten. Während einer Rast schlug der Corporal Feuer, damit der Lieutenant auf die Uhr schauen konnte.
„Wenn wir bis Mitternacht zurück sein sollen", sagte der Lieutenant, „müssen wir uns beeilen. Ich werde mit dem Corporal

doch vorausreiten. Ihr, Cornet, kommt nach, wie es die Kräfte Eures Pferdes erlauben. Die Belohnung für die Nachricht erhaltet trotzdem Ihr selbst, auf Ehrenwort!"
„Bei den Augen Eurer Kinder?"
„Kinder habe ich nicht, aber ich gelobe es bei der Seele meiner Mutter."
„Das lasse ich gelten. Gott befohlen, Herr Lieutenant."
Als der Hufschlag der beiden Pferde verklungen war, hob das Pferd des Cornets den Kopf und wieherte ihnen nach. Der Cornet stieg ab und ging neben seinem Tier her. „Du bist müde und ich bin müde", sagte er, „da werden wir einander nicht das Leben schwer machen. Komm, Alter, komm!" Mit schleppenden Schritten gingen sie beide dahin.
Der Rittmeister, den Hadik nach Treuenbrietzen geschickt hatte, ritt sein zweites, sein eigenes Pferd. Es war gut bei Kräften, denn er hatte bisher fast immer das Dienstpferd benützt. Deshalb verzichtete er auch auf das Ersatzpferd, das ihm Hadik angeraten hatte; es wäre ihm zu lästig gewesen, stundenlang ein zweites Pferd am Zügel mitzuführen oder gar dafür noch einen Reitknecht mitzunehmen. Auch der Husar, der mit ihm reiten sollte, hatte kein Ersatzpferd. Als ihn der Rittmeister deswegen fragte, antwortete er in gutem, doch nicht ganz rein klingendem Ungarisch: „Euer Gnaden, auf meinen Bondi kann ich mich verlassen. Ich kenne ihn seit fünf Jahren, er läßt mich nicht im Stich."
Sie ritten im Schritt einen Waldweg entlang, wo Baumwurzeln und gestürzte Stämme zur Vorsicht zwangen; dafür galoppierten sie dann über Heideboden dahin, daß es eine rechte Freude war. Als sie danach wieder in Schritt fielen, bemerkte der Rittmeister erstaunt, daß das Pferd seines Begleiters, ein wenig ansehnliches Tier, fahlgelb mit schwarzer Mähne, kaum schnaufte. Er äußerte sich anerkennend darüber; die einförmige Landschaft ließ ihm ein Gespräch als Abwechslung willkommen erscheinen.

„Ich wundere mich", sagte er, „daß Er sich zu diesem Ritt gemeldet hat. Er gilt doch nicht als besonders eifriger Soldat."
„Bin ich nie gewesen, Euer Gnaden. Hab mich auch nicht gemeldet, wurde nur dazu bestimmt, weil Bondi nie müde wird."
„Woher stammt Er?"
„Weiß es nicht genau, Euer Gnaden. Irgendwo zwischen Passarowitz und Temesvár, kann auch in Siebenbürgen gewesen sein, wo unsere Wagen eben umherziehen."
„Also ist Er wirklich ein Zigeuner?"
„So nennen uns die Christen."
„Und warum wurde Er Soldat?"
„Nicht ganz freiwillig, Euer Gnaden. Es wäre eine lange Geschichte."
„Wir haben Zeit, bevor wir wieder galoppieren."
„Wenn Euer Gnaden eine ganz bescheiden gemeinte Bemerkung erlauben: Ich würde nicht so viel galoppieren, lieber länger traben, das bringt die Pferde weniger außer Atem."
„Aber es beutelt den Reiter durch."
„Mein Knochengestell und mein Hintern, mit Verlaub zu sagen, sind aus Eisen, und Euer Gnaden schauen auch nicht wie ein Muttersöhnchen aus."
„Bei Gott nicht!" Der Rittmeister drehte unwillkürlich an der linken Spitze seines Schnurrbarts. „Also erzähl Er!"
Das Heimweh, das aus den Worten des Zigeuners sprach, bewegte auch den Offizier; er meinte, alles vor sich zu sehen, was ihn in seiner Kindheit fremdartig berührt und doch angezogen hatte: hochrädrige Wagen, mit zerrissenen Plachen überspannt, mit schmutzigen Tüchern verhangen, ein hagerer Gaul vorgespannt. Zehn, zwölf, auch zwanzig solcher Wagen zogen durch das Land, bei warmen und eisigkaltem Regen, im Schneegestöber wie in der Hitze wolkenloser Sommertage, wenn die Hunde unter den Wagen Schatten suchten. Vor jedem Dorf schwärmten die Kinder aus, bettelten und nahmen allerlei mit, die Männer boten Siebwaren, Körbe, holzgeschnitzte Löffel zum Verkauf

an, fragten nach Kesseln, die auszubessern, und Messern, die zu schleifen wären, und handelten den Bauern auch ein altes Pferd ab, wenn man sie nicht gleich davonjagte. Im nächsten Dorf zeigte sich der müde Klepper als feuriges Roß mit glänzenden Augen, das stolz wieherte und den Schweif hoch trug — so lange, bis die Wagen wieder fortgefahren waren. Dann ließ die Wirkung der Kräuter und anderen Zaubermittel nach, dem Pferd fielen die Flanken ein, der Blick wurde stumpf wie früher. Wer es gekauft hatte, verfluchte die Roßtäuscher, aber diese waren schon weit fort, vielleicht beim nächsten Jahrmarkt, wo die alten Weiber aus den Handlinien die Zukunft weissagten, die Männer zum Tanz aufspielten und die Kinder alles mitnahmen, was nicht gehütet wurde. Darin sahen sie nichts Böses, sie steckten ein Huhn in den Sack, wie sie Schwämme sammelten und Himbeeren pflückten: Gott hat es gegeben, daß der Mensch sich davon nähre!

So ging das Leben dahin, bis der Vater für János eine Frau auswählte. Er war damals alt genug, eine eigene Familie zu ernähren, und hatte auch den guten Willen dazu, doch die junge Frau war nicht so, wie es sich gehört hätte. Als János sie zum ersten Mal mit einem anderen Jüngling kosen sah, verprügelte er sie, beim zweiten Mal schnitt er ihr die Haare ab. Die dritte Untreue beschränkte sich nicht auf einfache Zärtlichkeit — da tötete János sie beide, die Frau und den Liebhaber. Der Stammesälteste sprach ihn frei, aber der Richter der „Gadsche", der Ansässigen, wollte ihn hängen lassen. Deshalb floh er, und als er keinen anderen Ausweg mehr hatte, verbarg er sich unter den Rekruten, die eben für ein Husarenregiment angeworben worden waren.

Der Rittmeister brummte unwillig, János verstummte sogleich. Die Bilder der Erinnerung waren fortgewischt, wieder lag der Weg vor ihnen, links braungrüne Heide mit verstreuten, schon halb kahlen Büschen, zur rechten Hand Wald. Leichter Wind rauschte in den Blättern und löste einzelne von den Zweigen.

„Die Werber hätten Ihn nicht aufnehmen dürfen!" rief der Rittmeister.
„Euer Gnaden, im Heer geschieht manches, was nicht geschehen sollte", erwiderte János ruhig.
„Und warum ist Er im Heer geblieben?"
„Anfangs hätte ich nicht fliehen können, später dachte ich nicht mehr daran. Ich weiß nicht einmal, ob mich meine Leute wieder aufgenommen hätten! Und wenn ich schon fern von ihnen lebe, dann lieber dort, wo ich immer satt zu essen habe, nicht mehr frieren muß und viele blanke Knöpfe tragen darf."
Der Rittmeister mußte lachen. „Das bunte Tuch und die blanken Knöpfe haben schon manchen zu den Soldaten gelockt! Aber sag Er: Was fiel ihm am schwersten beim Militär? Die Ordnung? Der Gehorsam?"
„O nein, Euer Gnaden, das Gehorchen war ich von klein auf gewohnt. Schwer fiel mir anfangs das richtige Sprechen; ich wurde immer ausgelacht. Und dann das Stiefeltragen! Bis dahin war ich fast immer barfuß gegangen. Schließlich das Waschen. Wir halten nämlich das Wasser für viel zu kostbar, als daß wir es dafür verwenden würden. Aber der Mensch gewöhnt sich an viel."
In diesen Worten lag so viel bittere Resignation, daß der Rittmeister nicht weiter fragte. Ihm war ein wenig unheimlich zumute, allein mit einem Dieb und Mörder durch unbekanntes Land zu reiten. Was ihnen zustoßen würde, ließ sich nicht voraussehen, und welche Hilfe konnte er dabei von diesem Menschen erwarten? Mußte er sich nicht vor ihm in acht nehmen?
Der Wald blieb zurück. Sie ritten durch freies Land, dann ein Flüßchen entlang, bis sie zu einer Furt kamen. Bei Einbruch der Dämmerung erreichten sie ein Dorf. Vor dem Gasthof bedachte der Rittmeister, daß es die letzte Gelegenheit sein würde, eine warme Mahlzeit zu sich zu nehmen. Er hielt an, ließ János bei den Pferden warten und betrat die Wirtsstube. Die Männer drinnen sahen ihn erstaunt und nicht gerade freundlich an, als

er aber einen halben Taler auf den Tisch legte, verbeugte sich der Wirt.
„Ich wünsche etwas zu essen, habe aber wenig Zeit.“
„Bratwürste wären fertig, Herr.“
„Bringt mir eine Portion und eine dem Husaren da draußen, dazu Brot und jedem einen Krug Bier. Habt Ihr Wasser und Futter für die Pferde?“
„Nur ein wenig Heu.“
„Wenn ich gut bezahle, habt Ihr dann Hafer?“
„Auch dann nicht, Herr.“
Die Männer in der Ecke flüsterten miteinander, ihre Blicke schienen nun geradezu feindselig. Der Rittmeister ließ sie nicht aus den Augen, solange er aß; danach beeilte er sich, wieder zu den Pferden zu kommen. Sie hatten schon gefressen. Der Erdboden neben ihnen war feucht, als wäre Wasser ausgeschüttet worden — das verblüffte den Offizier. Als sie aus dem Dorf ritten, fragte er den Zigeuner danach.
„Im Feindesland nehme ich kein Wasser, das ein Fremder bringt“, erklärte János. „Ich habe es ausgegossen und selbst welches aus dem Brunnen geholt.“
„Das war vorsichtig gehandelt, alle Achtung! Aber die Pferde waren inzwischen ohne Schutz.“
„Mein Bondi hätte niemanden herangelassen. Ich danke Euer Gnaden für die Wurst und das Bier.“
„Hat es geschmeckt?“
„Das Bier war nur gut gegen den Durst. Aber daß Euer Gnaden überhaupt an den Zigeuner vor der Tür gedacht haben, das werde ich nicht vergessen!“ Seine Augen leuchteten in ehrlicher Dankbarkeit.

Außerhalb des Ortes wollte der Rittmeister angaloppieren, erinnerte sich aber an die Mahnung des Zigeuners und ließ das Pferd nur traben. Gewiß, es war unbequem, aber daß die Pferde dabei geschont wurden, ließ sich nicht leugnen! Im letzten

Dämmerlicht zog er das Blatt heraus, auf das er sich eine Skizze des Weges nach Treuenbrietzen gezeichnet hatte.
„Die Zeit wird knapp", sagte er halblaut, mehr für sich.
„Vorsicht, Euer Gnaden!" zischte der Zigeuner. „Reiter sind in der Nähe!"
Erstaunt hielt der Rittmeister sein Pferd an und lauschte. „Ich höre nichts", antwortete er leise.
„Bondi ist unruhig, er spürt Pferde."
„Könnten es nicht auch andere Tiere sein? Hirtenhunde, ein Wolf?"
„Ich kenne Bondis Art genau: es sind Pferde."
Der Rittmeister spähte nach einer Deckung aus, gewahrte in der Nähe eine Baumgruppe und lenkte sein Pferd dorthin. Als sie im Schatten der Bäume anhielten, hörte er das regelmäßige Klopfen von Pferdehufen auf dem Heideboden. Er zog die Pistole aus dem Halfter. Aus der Richtung, die er hätte weiterreiten wollen, näherten sich Reiter. Ihre Umrisse waren nicht genau, doch noch so weit erkennbar, daß er sie zählen konnte: es waren drei.
Wenn jeder von uns einen von ihnen aus dem Sattel schießt, können wir den dritten lebend gefangennehmen, dachte der Offizier, erinnerte sich aber fast gleichzeitig an die Mahnung seines Feldherrn, nicht gleich zu schießen, weil auch eigene Kundschafter unterwegs seien. Freilich, es könnten ja Husaren sein, die vom Posten in Treuenbrietzen eine Meldung brachten!
„Hat Er die Pistole schußbereit?" fragte er flüsternd.
„Zu Befehl, Euer Gnaden."
„Ich muß die Reiter erst anrufen. Aber wenn es Preußen sind —"
„— werde ich nicht zögern", sagte János.
Die Reiter waren schon nahe.
„Halt! Wer da?" rief der Rittmeister laut in deutscher Sprache.
Die Reiter hielten an. „Wer da?" klang es auch von ihnen her.
Schon wollte der Rittmeister sich zu erkennen geben, da fiel

ihm ein: wenn es eigene Husaren wären, müßten sie ungarisch verstehen. Also rief er in ungarischer Sprache zu ihnen hin: „Woher kommt ihr? Von welchem Regiment seid ihr?“
Er hörte sie untereinander reden, konnte aber nichts verstehen. Plötzlich blitzte drüben ein Schuß auf. Auch neben ihm krachte es. Mehr konnte er nicht beobachten, denn sein Pferd zuckte zusammen und knickte in den Vorderbeinen ein. Er wollte abspringen, blieb aber mit dem rechten Stiefel im Steigbügel hängen und stürzte zusammen mit dem Pferd. Während er versuchte, sich darunter hervorzuarbeiten, hörte er weitere Schüsse, Rufe, dann das Klirren von Säbelklingen, einen Schrei und kurzes Röcheln.
Gottlob, er stand wieder auf den Beinen! Im Fallen hatte er aber die Pistole aus der Hand verloren und konnte sie hier im Halbdunkel nicht suchen. Zum Glück war das Pferd nach rechts hin gefallen, die Pistole im linken Halfter also erreichbar. Er tastete danach, zog die Waffe heraus und spannte den Hahn. Keinen Augenblick zu früh: vor ihm hielt ein Reiter und setzte ihm den Säbel fast auf die Brust.
„Ergebt Euch!“ rief er, doch da drückte der Rittmeister ab. Durch den Pulverrauch hindurch sah er, wie der Gegner auf den Hals des Pferdes niedersank. Er war aber noch nicht bezwungen — bevor der Rittmeister den Säbel ganz aus der Scheide gezogen hatte, wendete jener schon das Pferd und jagte davon. Von den beiden anderen war nichts mehr zu sehen.
János war vom Pferd gesprungen und kam heran. „Sind Euer Gnaden verwundet?“
Daran hatte der Rittmeister noch gar nicht gedacht. Er befühlte das rechte Bein, das unter dem Pferd gelegen war, und trat damit kräftig auf. Das Knie schmerzte, doch verletzt war es kaum; es schien eher nur geprellt zu sein. Seine nächste Sorge galt dem Pferd. Es bewegte sich nicht mehr. Schade! Es war ein gutes Pferd gewesen — und ziemlich teuer. Aber im Augenblick gab es Wichtigeres zu bedenken. Der Rittmeister hob nur noch

den Kalpak auf, den er im Sturz verloren hatte, dann fragte er János — und unwillkürlich sprach er ihn höflicher an:
„Könnt Ihr Licht machen?"
János zog eine Lunte aus der Tasche, Stahl und Feuerstein. Damit schlug er Funken, bis die Lunte gloste, und blies auf sie, daß sie brannte.
„Schaut her!" befahl der Rittmeister. Er zog die Wegskizze wieder aus der Brusttasche, hielt sie zum Licht und bezeichnete die Stelle, wo sie sich seiner Berechnung nach befanden. „Ihr reitet so schnell wie möglich zum Feldmarschall und meldet, daß sich preußische Kundschafter schon bis hieher vorgewagt haben. Unseren Posten in Treuenbrietzen haben sie anscheinend umgangen oder gefangengenommen. Wiederholt jetzt die Meldung."
János tat es nicht, sondern schaute ihm fest ins Gesicht. „Vergebung, Euer Gnaden, sollten wir nicht erst feststellen, was für Leute die Preußen sind?"
„Wie sollten wir es feststellen?"
„Da liegt einer."
Der Schuß des Zigeuners hatte tatsächlich einen Gegner aus dem Sattel geholt! Er lag auf dem Rücken, das junge Gesicht schaute mit starren Augen in den Nachthimmel, der Mund war geöffnet. Im Schein der brennenden Lunte war Husarenuniform erkennbar, grün mit weißer Verschnürung; die Pelzmütze mit grünen Tuchbeutel lag daneben. Ein Mann war also gefallen, ein zweiter zweifellos verwundet; das machte die Flucht des dritten verständlich. Aber er konnte Verstärkung holen! Also war es nicht ratsam, länger zu verweilen. Aber nicht der Offizier, sondern der gemeine Husar drängte:
„Wir dürfen nicht dableiben. Nehmen Euer Gnaden mein Pferd und melden selbst dem Feldmarschall!"
„Ihr wollt mir Euern Bondi überlassen? Ich weiß, wie Ihr ihn liebt."
„Es ist Pflicht jedes Reiters, habe ich gelernt, sein Pferd dem

Offizier abzutreten, wenn dieser seines eingebüßt hat. Und dem Feldmarschall liegt mehr daran, einen Rittmeister wohlbehalten zurückzubekommen als einen Zigeuner."

Der Offizier spürte, daß János doch unter der Verachtung seines Volkes litt. Er zögerte nun nicht mehr, das Pferd anzunehmen, ja er wunderte sich sogar, daß er es nicht von vornherein für selbstverständlich erachtet hatte, suchte aber noch nach einem freundlichen Wort zum Abschluß. „Sobald Ihr zurückgekehrt seid, werdet Ihr zum Gefreiten befördert, das verspreche ich Euch."

„Ich danke gehorsamst, Euer Gnaden. Noch wichtiger wäre mir das Versprechen, daß ich Bondi zurückbekomme. Er ist mein einziger Freund."

„Mein Wort darauf. Ihr könnt Euch allerdings zu Fuß leichter durchschlagen als ich mit meinem geprellten Knie. Habt Dank, János. Alles Gute!"

Der Rittmeister ließ sich in den Sattel helfen. Leicht gerührt, aber schon ein wenig ungeduldig sah er mit an, wie János von seinem Pferd Abschied nahm. Er streichelte ihm Hals und Kopf und flüsterte ihm etwas in die Ohren. Dann sagte er:

„Euer Gnaden können unbesorgt auch in der Dunkelheit traben. Bondi sieht nachts wie eine Katze. Eine Bitte noch: nie die Sporen geben! Bondi ist das nicht gewöhnt."

Als der Offizier fortgeritten war, wischte János sich mit der Hand über das Gesicht, dann wandte er sich dem gefallenen Husaren zu. Zu dumm, daß dessen Pferd mit den Flüchtenden zusammen davongelaufen war! Mit leichten Fingern schloß er dem Toten die Augen, bevor er dessen Säbeltasche prüfte. Sie enthielt Mundvorrat; den steckte er mit gutem Gewissen ein. Einige Münzen nahm er ebenfalls an sich, aber die Feldflasche ließ er liegen. Er dachte an die Möglichkeit, daß die Kameraden des Toten ihn gefangennehmen könnten: wenn sie dessen Feldflasche bei ihm fanden, würden sie ihn aufhängen! Es drängte ihn, den Platz zu verlassen.

XIX. UNRUHIGE NACHT. DER MORGEN DES 17. OKTOBER 1757

Als Hadik sich zur Ruhe legte, wünschte er sich einen Traum, der ihn von den vielen kleinen, lästigen Sorgen des Augenblicks weit wegführen würde, zurück in seine Jugend — oder vielleicht zu jener rätselhaften Dame? Er schlief aber tief und traumlos, bis ihn knapp vor Mitternacht sein Diener weckte.

„Exzellenz, zwei Patrouillen sind zurückgekehrt!"

Einen Augenblick lang zögerte Hadik. Ob es sich lohnen würde aufzustehen? Wahrscheinlich nicht. Das hatte er davon, daß er unbedingt alles selbst leiten wollte. Als ob etwa Herzog Karl, der Bruder des Kaisers, bereit wäre, nach drei Stunden Schlaf schon wieder aus dem Bett zu kriechen! Aber der Preußenkönig täte es! Dieser Gedanke scheuchte Hadik vollends auf. Während er sich von seinem Diener beim Ankleiden helfen und eine Schüssel mit Waschwasser reichen ließ, tröstete er sich mit der Überlegung, er hätte auch ohne die Patrouillen nicht viel länger schlafen können; für Mitternacht waren ja die Abgeordneten des Stadtrates bestellt!

Um diese Abgeordneten zu empfangen, blieb er auch ausgezogen, nachdem er die Meldung der beiden Patrouillen entgegengenommen hatte, obwohl sie so günstig lauteten, daß er sich danach wohl wieder Ruhe gönnen dürfte: Obrist Ujházy hatte schon ohne Befehl aus eigener Einsicht wieder Potsdam besetzt. Da der Widerstand in Berlin gebrochen war, hatte er vor dem südwestlichen Tor der Stadt keine Aufgabe mehr für sich gesehen und lieber dort Posten bezogen, wo er es für notwendig hielt. Ja, solche Offiziere, die von selbst das Richtige unternahmen, die konnte die Kaiserin brauchen!

Die andere Patrouille berichtete ebenso Erfreuliches: in Spandau war alles ruhig, die preußischen Truppen dort waren anscheinend hinreichend eingeschüchtert, sodaß von ihnen vorläufig nichts zu befürchten war. Für alle Fälle aber schickte Hadik

eine neue Patrouille aus, die Straße weiter zu überwachen; auch wenn es nicht unbedingt nötig war, wollte er doch gewiß sein, daß er nichts versäumt habe.
Er hatte indes kaum dem Diener befohlen, einen kräftigen Kaffee zu bereiten, als die dritte Patrouille erschien. Deren Meldung war geeignet, den Rest von Schläfrigkeit zu vertreiben. Der Lieutenant und der Corporal berichteten, wie sie den Cornet getroffen und von ihm erfahren hatten, daß zehn Eskadrons preußischer Reiterei und elf Bataillone Infanterie in Jüterbogk Quartier bezogen hätten.
„In Jüterbogk?“ rief Hadik überrascht. „Dann können sie in zwei Tagesmärschen hier sein, ihre Vorhut sogar schon früher! Warum ist der Cornet nicht mitgekommen?“
„Sein Pferd war zu erschöpft.“
„Konnte ihm der Corporal nicht sein Pferd geben?“ fragte Hadik ärgerlich. „Es wäre mir wertvoll gewesen, den Cornet selbst genauer befragen zu können. Von welchem Regiment war er?“
„Von den Karlstädter kroatischen Husaren.“
Hadik überlegte kurz, dann ließ er den Adjutanten wecken. „Wann haben wir Karlstädter auf Erkundung geschickt?“
Der Adjutant war noch schlaftrunken, die Haare hingen ihm in die Stirn, aber das wußte er verläßlich: „Nur nach Treuenbrietzen. Am 13. Oktober wurde Rittmeister Terbuhovich mit fünfzig Mann bestimmt, dort einen Posten zu beziehen, während Obrist Ujházy —“
„Danke, ich erinnere mich.“ Hadik überlegte kurz, bevor er fortsetzte: „Ich muß den Cornet fragen, wie es um den Posten steht. Hoffentlich kommt er bald!“
Vorläufig kamen aber nur, und zwar genau um Mitternacht, die Unterhändler aus Berlin. Hadik empfing sie in seinem Zelt. Der älteste von ihnen, ein mittelgroßer Mann mit ernstem, überanstrengtem Gesicht, stellte sich als Präsident des Stadtrates, Oberbürgermeister Kircheisen vor. Ohne lange Einlei-

tung nannte er sein Angebot: 160 000 Taler als Brandsteuer, 25 000 als Geschenk an die Soldaten. Das Geld würde binnen weiteren acht Stunden abgeliefert werden.
Hadik ersuchte die Herren, sich einige Minuten zu gedulden, und trat vor das Zelt. Die kühle Nachtluft tat ihm wohl, sie erfrischte ihn und erleichterte ihm das Nachdenken. Er fühlte sich versucht, das Angebot anzunehmen. Wenn nicht mehr Geld aufzutreiben war, mußte er sich eben damit begnügen; besser so viel, als durch weiteres Feilschen kostbare Zeit zu verlieren und am Ende doch noch mit der preußischen Entsatzarmee zusammenzustoßen. Elf Bataillone und zehn Eskadrons, das konnten zusammen 12 000 Mann sein! Und selbst wenn es nur 8000 wären, so wären sie doch doppelt so stark wie seine Truppe — da einen Kampf heraufzubeschwören, wäre sträflicher Leichtsinn. Bisher war sein Unternehmen so gut gelungen; diesen Erfolg durfte er nicht wegen weiterer 10 000 Taler in äußerste Gefahr bringen!
Mit dieser Erkenntnis ging er in das Zelt zurück. Der Oberbürgermeister mochte aber das entschlossene Gesicht des Feldherrn anders gedeutet haben, denn er begann, weniger sicher als vorhin, zu sprechen: „Exzellenz, auch wir haben indessen beraten. Wir hoffen —"
Unter dem Zelteingang erschien der Adjutant: „Melde gehorsamst, die vierte Patrouille ist eingetroffen."
„Schicken Sie die Leute gleich herein."
Hadik gedachte, sie in Gegenwart der Berliner Gesandten anzuhören. Er wußte ja nun, daß die preußische Armee noch zwei Tagesmärsche entfernt war — das sollten die Unterhändler gleich selbst erfahren!
Ein Lieutenant, gefolgt von einem Gefreiten, trat ein und meldete die Patrouille in ungarischer Sprache zurück.
„Eure Meldung, Herr Lieutenant, geht auch die Herren hier an. Sprecht Ihr deutsch?"
„Kaum, Exzellenz, aber ganz gut französisch."

Hadik wendete sich dem Oberbürgermeister zu. „Legen Sie Wert darauf, die Meldung meiner Husaren mitanzuhören? Der Lieutenant spricht allerdings nur französisch."

Der Oberbürgermeister lächelte. „Das ist bei uns vielfach üblich, Exzellenz. Wenn wir zuhören dürfen —"

Hadik richtete seinen Blick wieder auf die Husaren. Trotz des langen Rittes sahen sie kaum erschöpft aus. „Was habt Ihr von den Preußen gesehen?"

„Nichts, Eure Exzellenz! Wir ritten auf der Landstraße bis über Mittenwalde hinaus — vom Feind keine Spur."

Hadik bemühte sich, seine Freude zu verbergen, als er sich wieder an den Oberbürgermeister wandte: „Haben Sie noch eine Frage an meine Leute?"

„Wenn Exzellenz gestatten, ja. Herr Lieutenant, sahen Sie in Mittenwalde das schöne Schloß auf dem Hügel?"

Der Lieutenant schaute ihn erstaunt an. „Soviel wir bemerken konnten, gibt es dort weder Schloß noch Hügel, nur einen kleinen Fluß."

Oberbürgermeister Kircheisen nickte; er sah wieder sehr müde aus. „Der Lieutenant war wirklich dort. Ich wollte ihn mit meiner Frage nur auf die Probe stellen."

Hadik freute sich herzlich. Nun konnte er beruhigt die Verhandlungen abschließen! Die anderen Gesandten schienen betrübt und enttäuscht, während sie miteinander flüsterten, Kircheisen aber wahrte die Haltung, als er zu sprechen begann:

„Bisher hofften wir, daß bald eine Armee unseres Königs zum Entsatz kommen werde, obwohl wir uns völlig im klaren sind, daß auch eine Frist von nur wenigen Stunden ausreichen würde, Berlin in Brand zu stecken. Nun freilich sehen wir uns noch mehr der Gnade Eurer Exzellenz überantwortet. Wenn unser bisheriges Angebot zu gering erscheint, müssen wir es notgedrungen erhöhen. Mehr bares Geld als die genannten insgesamt 185 000 Taler ist zwar nicht aufzutreiben, aber wenn Eure Exzellenz bereit sind, einen Wechsel anzunehmen —"

Der Feldmarschall-Lieutenant dachte an das, was Baron Walterskirchen am Vortag über solche Zahlungsverpflichtungen gesagt hatte: Unabhängig von Krieg und Frieden mußten sie eingelöst werden. Der Oberbürgermeister bot über die 185 000 Taler hinaus noch einen Wechsel über 50 000 Taler an. Soviel hatte Hadik gar nicht erwartet! Er bemerkte, wie auch die beiden Stadträte betroffen dreinsahen. Offenbar handelte Kircheisen unter dem Eindruck der Meldung, daß keine preußische Armee zu sehen sei und es allein von ihm abhing, Berlin zu retten.

Also einigte man sich sehr rasch. Die Gesandten verabschiedeten sich, Hadik legte sich noch einmal für einige Stunden auf sein Feldbett.

Bald nach Tagesanbruch, während Hadik sich gerade von seinem Diener rasieren ließ, meldete der Adjutant die Rückkehr der letzten Patrouille.

„Nehmen Sie den Bericht entgegen, lassen Sie die Leute aber noch warten“, erwiderte Hadik. Bei aller Großzügigkeit während des Feldzuges wollte er sich doch nicht so von seinen Untergebenen sehen lassen, in Schlafrock und Pantoffeln, mit einem weißen Tuch um den Hals, das Gesicht noch halb mit dem Schaum der Rasierseife bedeckt!

Die Meldung, die der Adjutant von der Patrouille überbrachte, machte ihn jedoch neugierig. Er trieb den Diener zur Eile, ließ sich fertig ankleiden und ging dann hinaus vor das Zelt. Der Rittmeister berichtete von seinem Zusammenstoß mit preußischen Husaren, lobte die Haltung seines Begleiters und bat, ihn zu belohnen.

„Er wird zum Gefreiten befördert, da Sie es ihm versprochen haben, und erhält ein Geldgeschenk. Ihnen, Herr Rittmeister, wird der Wert des getöteten Pferdes ersetzt. Wie war übrigens der Ritt auf dem Zigeunergaul?“

„Nicht ganz einfach, Exzellenz. Das Tier ist erstaunlich leistungsfähig, aber nicht leicht zu behandeln.“

„Na, hoffentlich kommt dieser János wieder zurück!"
János kam schon nach dem Morgengebet. Er ritt auf einem ungesattelten jungen Bauernpferd, das deutlich die Anstrengung der letzten Stunden zeigte. Als er seinen Bondi wiedersah, traten ihm Tränen der Freude in die Augen; die Beförderung zum Gefreiten nahm er zunächst recht gleichmütig hin. Er freute sich darüber erst, als ihm sein Wachtmeister erklärte, daß er fortan auch höheren Sold empfangen werde.
„Wieviel?"
„Du kannst dir täglich eine halbe Maß Bier mehr leisten."
Damit war János zufrieden. Die Kameraden wollten wissen, wie er in der Nacht zu dem Gaul gekommen sei.
„Bist du etwa in einen Stall eingebrochen?"
„Das war nicht nötig, das Pferd ist mir nachgelaufen. Lacht nicht, es ist wahr! Ich mußte nur das Wiehern einer rossigen Stute nachahmen, da sprang der junge Hengst schon über den Zaun!"
Am Vormittag traten einige Kompanien an, die Gefallenen des Gefechts vom Vortag mit militärischen Ehren zu bestatten. Hadik hatte darauf verzichtet, nach einem katholischen Friedhof in Berlin suchen zu lassen; zudem waren zwei der Husaren reformierten Glaubens gewesen. Wenn sie gemeinsam gekämpft hatten, sollten sie nun auch nebeneinander die letzte Ruhestätte haben!
Die Gräber waren am Waldrand ausgehoben worden. An jedem Kopfende stand ein Kreuz aus Birkenstämmchen. Den Säbel des Generalfeldwachtmeisters Babocsay nahm Hadik an sich; er wollte ihn nach der Heimkehr dem ältesten Sohn des Freundes persönlich übergeben. Obrist Baron Ried erklärte sich ohne Aufforderung bereit, für die Araberstute Babocsays, die er übernommen hatte, der Witwe eine angemessene Summe zu bezahlen.
Er stand mit Hadik am Waldrand. Durch einen leichten Wolkenschleier schien die Sonne ein wenig matt herab. Die Soldaten

rückten eben wieder in ihre Lagerplätze ein. „Es gibt noch ein Problem“, erklärte der Obrist. „Als ich gestern abends die Abgesandten nach Berlin zurückbegleitete, fragten sie mich sehr dringlich, welches Geschenk Eurer Exzellenz Freude bereiten würde.“

„Davon erzählte mir schon Walterskirchen“, antwortete Hadik. „Wollen mich die Leute bestechen? Wozu? Sie mußten doch meine Forderung erfüllen.“

„Sie haben viel Geld gegeben, aber das Leben und ihre Häuser behalten. Wenn Eure Exzellenz an den schlechten Ruf denken, den wir Husaren und Grenzer genießen, muß den Berlinern die Schonung ihrer Stadt wie ein kleines Wunder erscheinen. Was ich darüber hörte, mag wie Schmeichelei klingen, aber es dürfte auch aufrichtige Dankbarkeit dabei gewesen sein.“

Hadik lächelte. „So sieht ein und dieselbe Angelegenheit von verschiedenen Seiten eben verschieden aus! Die Berliner ahnen nicht, wie froh ich bin, daß ich nicht wirklich mit Feuer und Schwert das Geld eintreiben mußte. Ich hatte nie ernstlich an die Möglichkeit gedacht, die Stadt einzuäschern, mich reizte nur die militärische Seite des Unternehmens, der Zug mitten in Feindesland. Aber wenn die Stadträte mir unbedingt ein Geschenk aufdrängen, will ich meiner Frau ein Andenken mitbringen. Sagen Sie den Leuten, ich hätte gern einen der berühmten Wagen, die hier gebaut werden, eine schöne Kutsche mit der neuartigen Stahlfederung. Was meinen Sie, lieber Baron, wie die reichen Gutsbesitzer in der Umgebung von Gran vor Neid zerspringen, wenn meine Frau in solch einer ‚Berline‘ sonntags zur Kirche fährt — und wie meine Frau sich über ihre Gesichter freuen wird!“

Baron Ried versprach, diesen Wunsch den Stadträten auszurichten. Hadik überlegte indessen weiter: Wenn er seiner Frau ein Andenken aus Berlin mitbrächte, müßte er auch der höchsten Frau des Reiches etwas überreichen! Worüber würde sich die Kaiserin freuen? Es dürfte nicht zu wertvoll sein, damit es nicht aussehe, als erwarte er dafür ein Gegengeschenk, nur eben eine kleine Aufmerksamkeit! Die Auswahl dieses Geschenkes aber durfte er keinem anderen überlassen, dazu müßte er sich wohl selbst nach Berlin begeben.

Vorläufig blieb dazu freilich keine Zeit, ja er konnte nicht einmal das Geld nachzählen lassen, das zwei Stadträte überbracht hatten. Eine ganze Reihe von Karren war dazu nötig gewesen; nun standen die eisenbeschlagenen Kisten neben dem Feldherrnzelt. Er ließ sie versiegeln und bestätigte die Übernahme, dann prüfte er die Wechsel. Sie waren vom Berliner Bankhaus Siegerbarth ausgestellt und lauteten, wie vereinbart, auf 50 000 Taler.

Hadik betrachtete die Papiere nachdenklich. Hätte der Oberbürgermeister in der vergangenen Nacht diese Wechsel auch dann angeboten, wenn nicht gerade die Patrouille gemeldet hätte, daß sie keine preußischen Truppen gesehen habe? Wenn die Patrouille nur eine halbe Stunde später gekommen wäre, wäre die Kriegsbeute so viel geringer! Wenn, wenn! Wenn die preußische Kugel Babocsay nicht ins Herz, sondern eine Handbreit höher getroffen hätte, wären seine Kinder jetzt nicht Waisen! Dieser Gedanke lenkte Hadik von allen anderen Erwägungen ab. Er blickte hinüber zu den Kreuzen über den frischen Grabhügeln und betete leise:

„Herr, der du unser Schicksal lenkst, ohne daß wir dich immer verstehen können, sei gnädig! Du schickst Kriege und Pest und beendest den Schrecken auch wieder. Laß diesmal die Prüfung nicht zu lange dauern, gib uns den Frieden und der Kaiserin wieder ihr Land Schlesien zurück! Amen."

Der Vormittag dieses 17. Oktober ließ niemanden im Lager zur Ruhe kommen. Hadik hatte beschlossen, noch an diesem Abend aufzubrechen. Wenn die Soldaten bis dahin ihre wunden Füße pflegten, konnte sie wieder eine Nacht hindurch marschieren. Aber alles, was den Marsch verzögern könnte, sollte sich mög-

lichst bald auf den Weg machen, die Kanonen und aller Troß. Das ging nur leider nicht so schnell!
Die Wagenmeister prüften die Räder, die Beschlagschmiede musterten die Hufeisen der Pferde. Das galt nicht nur für die Zugtiere, sondern auch für die Kavallerie, doch genügten da die scharfen Augen der Wachtmeister, die Schmiede hatten nicht viel zu tun. Die Trommeln riefen zum Appell. Jeder Soldat mußte sich genau anschauen lassen, ob Waffen, Uniform und Ausrüstung in ordentlichem Zustand seien. Wer nicht die vorgeschriebene Anzahl von 24 Patronen beisammen hatte, mußte gleich die fehlenden anfertigen. Also hockten die Soldaten vor ihren Zelten, maßen die richtige Pulvermenge ab und rollten sie zusammen mit einer Kugel in Papier, zogen die Schuhe aus, strichen Hirschtalg auf die geplatzten Blasen an den Füßen, reinigten die Gewehre, klopften den Staub aus den Uniformen. Kaum waren sie damit fertig, mußten sie die Zelte abbrechen und auf die Wagen verladen.
Das Mittagessen war frühzeitig angeordnet, damit noch die Kessel gereinigt und ebenfalls aufgepackt werden könnten. Danach herrschte zwar Ruhe, aber die Soldaten lagen im Freien, nur ihre Decken konnten sie auf das Gras breiten. Trotzdem beklagte sich niemand. Die Hauptstadt des Feindes war erobert, soviel war gewiß, obwohl ja nur wenige sie betreten hatten, und nun konnte man bald abmarschieren, ohne ein weiteres Gefecht bestehen zu müssen. Dazu winkte noch eine Belohnung, mindestens ein Taler für jeden Mann! Das hatte sich rasch herumgesprochen. Waren sie sich schon mit ihrer Sonderzahlung von 6 Kreuzer täglich reich vorgekommen, so erregte der versprochene Taler richtige Begeisterung. Kürassiere, Dragoner und Husaren, Füsiliere und Grenadiere berieten untereinander, an jedem Lagerfeuer wurden Pläne geschmiedet, wie das Geld am besten zu verwerten wäre. Nur versaufen konnte es niemand, denn erstens war es noch gar nicht verteilt, zweitens hatten die Marketender schon längst ihre Fässer und Zelte fortgeschafft.

Hadik schaute den Wagen nach, beruhigt und doch auch ein wenig traurig. Das große Abenteuer war vorbei, der bedeutendste Erfolg seines Lebens bald abgeschlossen. Der Höhepunkt überschritten? Sollte das heißen, daß nun ein Abstieg begann? Er wehrte sich gegen diesen Gedanken. Um ihm zu entgehen, erwog er, noch einmal nach Berlin zu reiten, ein Geschenk für die Kaiserin auszusuchen und von der Stadt Abschied zu nehmen. Und vielleicht auch von jener rätselhaften Dame? Sollte er versuchen, sie noch einmal zu sehen, ihr Geheimnis zu ergründen? Es verlangte ihn, ein Wort darüber mit dem einzigen Vertrauten zu sprechen. Aber der Adjutant hatte sich niedergelegt, um zwischen der letzten unruhigen Nacht und dem langen Ritt der bevorstehenden Nacht noch ein wenig zu schlafen. Das war kein schlechter Gedanke! Der Diener hatte ohnehin schon die Decken ausgebreitet. Feldmarschall-Lieutenant Andreas von Hadik legte sich hin, unter freiem Himmel wie der ärmste seiner Soldaten.

XX. ZWÖLF HANDSCHUHE

Von der Zeit, die Hadik seinen Soldaten zur Ruhe gegönnt hatte, war nicht viel über die Hälfte verstrichen, da mußte er selbst aufstehen. Aus Berlin kam in einem zweispännigen Wagen ein kleiner, sorgfältig gekleideter Herr mit Stock und langer, graugepuderter Perücke. Er stellte sich als Stadtrat Cluny vor und verbarg seine Freude nicht, als er kein Zelt mehr sah.

„Exzellenz denken an den Aufbruch? Ja freilich, wozu auch noch länger verweilen! Im Namen der Stadtverwaltung danke ich nochmals ergebenst, daß alles so verhältnismäßig glimpflich abgelaufen ist. Umso mehr bedaure ich —" bei diesen Worten bemühte er sich deutlich, ein betrübtes Gesicht zu machen „— mitteilen zu müssen, daß wir den Wunsch nach einer ‚Berline', wie sie Eurer Exzellenz gefallen würde, im Augenblick nicht erfüllen können. Ein Wagen dieser Art ist im Magazin nicht vorhanden, nicht einmal eine zweisitzige Halbberline, wie ich sie benütze. Ich wäre ja mit größter Freude bereit, diese Eurer Exzellenz zur Verfügung zu stellen —"

Hadik lehnte dankend ab. Ein zweisitziger Wagen für eine Familie mit sechs Kindern, das wäre sinnlos; zudem war diese Halbberline weder neu noch ansehnlich, damit hätte seine Frau keine Freude. Und überhaupt schien es ihm mit seiner Stellung nicht vereinbar, den Wagen eines Stadtrates als Geschenk zu nehmen! Herr Cluny versicherte jedoch eifrig, man werde eine Berline senden, sobald sie nur greifbar wäre, etwa in zwei bis drei Wochen, und zwar ein prächtiges Stück! Er schilderte alle Einzelheiten, die Silbergriffe an den Türen, den holländischen Plüsch als Bespannung der Sitze, die Seidenquasten, die kleinen Gemälde an Wänden und Türen — so genau stellte er alles dar, als habe er den Wagen vor Augen.

„Sind Sie Berliner?" fragte Hadik, erstaunt über den Redefluß.

„Seit Geburt. Meine Familie stammt allerdings aus Frankreich.

Eure Exzellenz dürften wissen, wie viele tausende Protestanten, die in anderen Ländern verfolgt wurden, hier in Berlin und anderen Städten Brandenburgs Aufnahme fanden; es kamen ja auch welche aus Österreich und Salzburg."

Während Herr Cluny weiter über die Berliner Handwerker französischer Herkunft sprach, kam Hadik ein Gedanke. „Sagen Sie, Herr Stadtrat, würden Sie mir einen Gefallen erweisen?"

„Mit dem größten Vergnügen, Eure Exzellenz!"

Hadik nannte seinen Wunsch nach einem kleinen Geschenk für die Kaiserin, und Herr Cluny erbot sich mit vielen höflichen Worten, ihn bei der Auswahl zu unterstützen. Kaum hatte Hadik seinen Stallburschen gerufen, das Pferd zu satteln, da fiel ihm ein, daß er sich vielleicht länger in der Stadt aufhalten werde. Er schickte also eine Ordonnanz zu Mittrowsky.

Der Generalfeldwachtmeister war bald zur Stelle, blieb aber abseits stehen in der Annahme, Hadik habe ihm etwas zu sagen, das der Berliner nicht hören müsse. Das war auch richtig: Hadik erklärte ihm, weshalb er noch einmal selbst in die Stadt reiten werde, und übergab ihm für diese Zeit den Oberbefehl.

„Nach dem Abendgebet soll die Mannschaft noch eine Mahlzeit zu sich nehmen. Die großen Kochkessel sind zwar schon fortgeführt, aber eine Suppe läßt sich auch in den kleinen Geschirren bereiten."

„Wenn es ums Essen geht, wissen sich die Leute schon zu behelfen!" Mittrowsky strich sich lächelnd den Schnurrbart.

Hadik zog die Uhr aus der Westentasche. „Es ist jetzt bald halb vier. Um sieben ist alles zum Abmarsch bereit. Sollte ich wider Erwarten um halb acht noch nicht zurück sein, lassen Sie mich suchen. Zunächst bei Stadtrat Cluny. Es gibt aber noch ein Haus in Berlin, wo ich mich vielleicht länger aufhalte, nur weiß ich weder den Namen der Gasse noch den der Besitzerin."

„Besitzerin?" fragte Baron Mittrowsky erstaunt. „Exzellenz werden doch nicht ein galantes Abenteuer bestehen?"

„Dazu wäre ich wohl schon zu alt.“ Hadik versuchte, die Gasse zu beschreiben, und erwähnte für alle Fälle den Trompeter, der das Haus kennen würde. Mittrowsky fragte nicht weiter.
Gefolgt von seinem Adjutanten und dem Stallburschen, ritt Hadik neben der Kutsche des Stadtrates auf Berlin zu. Am Kottbuser Tor stand noch ein Posten der Sluiner Grenzer. Als der Feldwebel den Wagen und die Reiter sah, rief er gleich die ganze Wachmannschaft heraus, und als er gar seinen Oberbefehlshaber erkannte, geriet er vor Begeisterung fast außer sich. Er grinste, daß seine prächtigen Zähne leuchteten, während der Tambour die Trommel schlug und die Mannschaft das Gewehr präsentierte. Herr Cluny lobte höflich die Disziplin der so wild aussehenden Gesellen; danach aber äußerte er seine Verwunderung darüber, daß der Herr Feldmarschall ohne Eskorte reite:
„Ich hätte doch gedacht, daß Eure Exzellenz wenigstens zehn Husaren mitnehmen.“
„Ich weiß, daß man meine Husaren nicht gern in der Stadt sieht. Freilich, wenn Ihr König in den nächsten Tagen in seine Hauptstadt kommen sollte, wäre es eine nette Überraschung für ihn, wenn man ihm den Anführer des kaiserlichen Armeekorps als Gefangenen präsentieren könnte!“
„Exzellenz mißtrauen uns doch nicht?“ Cluny streckte ganz erschrocken den Kopf aus dem Wagen.
„Ein alter Soldat ist auf alles gefaßt. Aber besser als zehn Husaren, die mit mir reiten würden, schützen mich tausend, die vor der Stadt warten. Wenn die kämen, mich zu suchen —“
„Dann gäbe es Blut und Tränen, Feuer und alles Unheil, vor dem uns Eure Großmut bewahrt haben. Nein, Exzellenz können überzeugt sein: niemand ist mehr um die Sicherheit des kaiserlichen Feldmarschalls besorgt als wir Stadträte von Berlin!“ Um von dem doch etwas peinlichen Thema abzulenken, erzählte Cluny wieder von der französischen Kolonie in Berlin. Schon vor fünfzig Jahren, sagte er, gab es hier französische Ärzte und Apotheker, Kaufleute und Fabrikanten, aber auch

alle Handwerker und anderen Berufe vom Tanzlehrer, Goldschmied und Perückenmacher bis zum Lichterzieher und Sänftenträger.
„Und was raten Sie mir als Geschenk für meine Kaiserin?"
„Wenn es etwas sein soll, das nicht zu kostbar, aber doch eine Seltenheit ist, dann vielleicht feine Berliner Handschuhe."
Hadik war einverstanden und ließ sich nach der Mitte von Alt-Kölln führen, wo es vornehme alte Geschäfte geben sollte. Der Laden, in den sie dort eintraten, erschien ihm zwar recht bescheiden; nicht nur in Wien, auch in Preßburg, Ofen oder Raab hatte er schönere Geschäfte gesehen. Aber Herr Cluny würde schon wissen, weshalb sie gerade hieher gingen!
Meister Plömicke war nicht begeistert von diesem Besuch. Zunächst hatte ihn die Husarenuniform in Schrecken versetzt; als dann der fremde Offizier nicht den Säbel zog, sondern recht manierlich grüßte, fühlte sich Plömicke schon gerettet, aber der Stadtrat, der hinter den Offizieren eintrat, verdarb ihm wieder die Stimmung. Immerhin, mit diesen Herren mußte sich ein Geschäftsmann gut stellen! Also verneigte er sich, nahm das Mützchen vom kahlen Haupt und fragte nach dem Begehr.
„Die schönsten Handschuhe, die Er hat", sagte Cluny.
„Für eine Dame von Stand?"
„Für eine sehr hochgestellte."
„Darf ich die Handgröße erfahren?"
Cluny schaute Hadik an, dieser seinen Adjutanten, dann zuckten beide die Achseln. „Ich würde sagen, eine Mittelgröße — oder vielleicht verschiedene Größen, für alle Fälle."
Meister Plömicke verschwand hinter dem Ladentisch, zog Schachteln hervor, öffnete Fächer und Laden, kramte überall und legte allerlei vor, Handschuhe mit Knöpfen, mit Stulpen, mit und ohne Stickerei, weiß oder zart getönt. Der Feldmarschall-Lieutenant fühlte sich nicht fachkundig, wollte das aber nicht merken lassen, sondern nahm unschlüssig ein Paar nach dem anderen in die Hand.

„Wer, wenn ich ergebenst fragen darf, wer ist diese hochgestellte Dame? Etwa jemand bei Hofe?“

„Sie besitzt eine recht ansehnliche Hofhaltung“, sagte Hadik mit zerstreutem Blick.

„Sie besitzt —? Doch nicht ihre Majestät die Königin?“

„Eine Majestät ist es, aber nicht die Königin von Preußen, sondern die von Ungarn und Böhmen. Kaiserin ist sie außerdem.“ Hadik hatte keine Lust zum Versteckspiel. Er langte in die Säbeltasche und zog den Geldbeutel heraus. „Ich nehme die sechs besten Paare, nennt den Preis.“

„Aber nein!“ rief Herr Cluny. „Exzellenz werden doch nicht bezahlen! Das regelt der Stadtrat.“

Da es nun ums Geld ging, raffte sich Meister Plömicke aus seiner Verblüffung auf. „Ich bitte um wenige Augenblicke Geduld. Ich bringe das Beste, was ich habe.“ Es öffnete die hintere Türe und stieg hinab in die Werkstätte.

„Hol Sie meine Frau!“ rief er der Arbeiterin zu, die dort unter einem kleinen Fenster am Nähtisch saß. Frau Plömicke war rasch zur Stelle. Sie trocknete sich noch die Hände ab, während ihr Mann zu klagen begann: „Da will ein fremder General, oder was der Kerl ist, wohl ein Österreicher, da verlangt der also Handschuhe als Geschenk für die Kaiserin!“

„Für die Kaiserin? Gott bewahre uns!“ rief die Frau und ließ das Tuch fallen, um die Hände zusammenschlagen zu können. „Ein Geschenk? Wer schenkt? Doch nicht du?“

„Ich fürchte, es wird darauf hinauslaufen. Der General wollte bezahlen, aber Cluny, du kennst ihn ja, der so nobel tut und so knickrig ist, Cluny sagt, der Stadtrat werde es regeln.“

„Was regeln?“

„Die Bezahlung. Wenn die Herren bar zahlen, lasse ich mich rädern. Bestenfalls ziehen sie es von der Steuer ab.“

Die Frau hatte sich schon wieder gefaßt. „Gib ihnen billiges Zeug“, riet sie und schaute suchend durch die Werkstätte, „dann ist der Verlust geringer.“

„Das würde Cluny merken. Aber uns sind doch zwölf einzelne linke Handschuhe übriggeblieben, sehr feine, ganz zarte, nur eben lauter linke."
„Du meinst jene —?"
„Die meine ich. Weißt du, wo sie sind?"
Atemlos und staubbedeckt, aber sichtlich zufrieden trat Meister Plömicke wieder in den Laden. Er trug ein Kästchen aus dünnem Holz, stellte es mit gewichtiger Miene auf den Ladentisch und öffnete es. In Seide gebettet, lagen dort hauchzarte Handschuhe, alle mit Spitzenbesatz an den langen Stulpen, rauchgrau, jadegrün, resedenfarbig. Hadik griff noch einmal nach dem Geldbeutel, wieder wehrte Cluny ab.
„Ich komme morgen, die Bezahlung zu regeln", sagte er zu Plömicke; zugleich sprang er zur Tür um sie mit tiefer Verbeugung dem Feldmarschall-Lieutenant zu öffnen.
„Adieu, meine Herren, empfehle mich sehr!" rief Meister Plömicke ihnen nach. Sobald sich die Tür geschlossen hatte, lachte er herzlich. Zwölf linke Handschuhe! Das war ein gutes Geschäft für ihn, auch wenn er nur wenig bezahlt erhielt, und außerdem war es eine patriotische Tat! Er war so entzückt von dieser Erkenntnis, daß er die Ladentüre abschloß und sich zu seiner Frau in die Küche begab.
„Was ist?" fragte sie mißtrauisch. „Willst du vom Eingemachten naschen?"
„Ja!" rief er mit strahlendem Lächeln. „Mach den Topf mit den Stachelbeeren auf, oder die Hagebutten, schneide auf, was vom Sonntagskuchen noch übrig ist, wir müssen einen Sieg feiern!"
Während seine Frau kopfschüttelnd gehorchte, setzte er ihr auseinander, wie sich die Kaiserin ärgern würde, wenn sie zum ersten Mal ein Paar der schönen Handschuhe anziehen wollte. Und wie würde der General an Ansehen verlieren! Oder gar, wenn die Kaiserin die Handschuhe als Geschenk weitergab, an die Frau des Sultans oder des Papstes — nicht auszudenken, welche Verwicklungen sich ergeben könnten!

XXI. ABSCHIED

Bei aller gegenseitiger Höflichkeit schieden doch der Feldmarschall-Lieutenant und der Stadtrat gern von einander. Der Berliner hatte seine Familie daheim, der Ungar fühlte sich, je länger er in der Stadt verweilte, desto mehr zu seiner Landsmännin hingezogen. Er reichte seinem Begleiter die Hand und bedankte sich für den Beistand beim Handschuhkauf, Cluny versprach noch einmal, dafür zu sorgen, daß die Berliner Kutsche nachgeschickt werde; zuletzt bat er mit ehrlicher Besorgnis, der Feldmarschall möge sich nicht mehr lange in Berlin aufhalten.

Aber gerade diesem Aufenthalt sah Hadik in Vorfreude entgegen! Auch der Adjutant schien ungeduldig. Sie lehnten es mit viel Dank ab, sich noch bis zum Kottbuser Tor begleiten zu lassen, und baten nur um eine kurze Beschreibung des Weges. Als Cluny dabei Alt-Kölln erwähnte, war Hadik zufrieden: in diesem Stadtteil lag ja das Haus, das er suchte! Noch einige freundliche Worte, dann ritten sie davon; sobald die Kutsche verschwunden war, ließen sie die Pferde antraben.

Die Straßen waren nicht allzu belebt, denn es war noch Arbeitszeit, die Stunden des Einkaufens aber längst vorbei. Der Laternenanzünder grüßte höflich. Der Respekt vor jeder Uniform, ganz gleichgültig, wer sie trug, war ihm wohl von Kindheit her anerzogen.

Als sie einen Platz erreichten, der ihnen vertraut vorkam, und die alte Kirche erkannten, fühlten sie sich schon sicher; bald hielten sie vor dem Haus. Der Adjutant sprang zuerst vom Pferd und zog den eisernen Türklopfer. Ein Guckfenster wurde geöffnet, dann ging der Torflügel auf. Ein alter Hausknecht, den sie bisher nicht gesehen hatten, verneigte sich und half dem Stallburschen, die drei Pferde in den Hof zu führen.

Unwillkürlich wartete Hadik wieder auf ein warnendes Wort des Adjutanten: wenn doch eine Falle bereitet war, wie sie ja gestern anfangs geargwöhnt hatten, dann war es nun unmöglich, zu Pferd zu entkommen; der Hausknecht schloß das Tor und verriegelte es. Aber der Adjutant dachte offensichtlich an keine Gefahr mehr, er schien eher ungeduldig, die Treppe hinaufzusteigen. Erst in diesem Augenblick fiel es Hadik auf, daß sein getreuer Begleiter sich nicht so angezogen hatte, wie es für den bevorstehenden Nachtritt zweckmäßig gewesen wäre, sondern den besseren Waffenrock und die Feldbinde eines Rittmeisters trug, am Säbel die goldene Quaste.

Hinter einer Tür war das Klappern von Eßbesteck und Tellern zu hören. Sie standen in dem Vorraum, den sie schon kannten. Die Tür zum Wohnzimmer wurde geöffnet, die Zofe grüßte mit strahlendem Lächeln und geleitete sie weiter. In der Mitte des nächsten Raumes standen die Hausfrau und eine andere Dame, die nicht viel älter, aber wesentlich weniger reizvoll wirkte; das dekolletierte Kleid zeigte einen mageren Hals und eckig hervorstehende Schlüsselbeine, die dünnen Lippen lächelten jedoch freundlich. Hadik streifte sie nur mit einem Blick, seine ganze Aufmerksamkeit galt der Hausfrau. Nicht nur hier, auch in einem großen Ballsaal hätten allein ihre Augen ihn gefesselt!

„Ich hatte kaum zu hoffen gewagt, Exzellenz, daß Sie doch kommen würden. Umso mehr freue ich mich —“ Sie reichte beiden Offizieren die Hand zum Kuß und bat sie weiterzukommen. „Da Sie gewiß wenig Zeit haben, wollte ich Sie weder mit einleitenden Getränken und Vorspeisen noch mit einer allzu langen Mahlzeit aufhalten, sondern habe nur einen kurzen Imbiß vorbereitet. Darf ich ohne viel Umschweife bitten?“

Sie führte die Gäste in ein richtiges Speisezimmer. Ein weißgedeckter Tisch beherrschte den Raum; eine Vitrine mit Porzellan, die Bilder an den Wänden, die Teppiche schienen der Beachtung wert, doch dazu war keine Zeit. Als die Zofe eine Tapetentüre öffnete, drang ein intensiver, aber sehr sympathischer Duft herein.

„Kalbspörkelt?“ fragte der Adjutant mit einem Lächeln.
„Beinahe“, erwiderte die Hausfrau. „Gleich werden Sie es sehen.“ Während sie selbst Wein einschenkte, brachte die Zofe eine Schüssel, hob den Deckel ab und hielt sie so, daß die Hausfrau vorlegen konnte: Paprikahuhn!
Aus Rücksicht auf die andere Dame sprach man deutsch, nur die Beilage richtig zu benennen, gelang keinem. „Tárhonya“, sagte der Rittmeister. „In Wien sagt man ‚Nockerl‘ “, erläuterte Hadik, aber das klang der Dame ebenso fremdartig. Im Gespräch, aus einer Anrede der Hausfrau an die Freundin, wurde nebenbei deren Vorname bekannt: Charlotte.

Daß man sich wiederum einander nicht vorgestellt hatte, erinnerte Hadik an die etwas geheimnisvolle Art des Gesprächs vom Vortag. Er glaubte jedoch, bereits etwas zu ahnen. Das Bild, das seinem Platz gegenüber an der Wand hing, zeigte nämlich einen höheren Offizier in preußischer Husarenuniform. Das Gespräch berührte ein Thema, das ebenfalls eine Spur bringen konnte. Charlotte erwähnte nämlich die Schweizer Garden, die so mancher Fürstenhof gehalten hatte oder noch hielt, die Hausfrau sprach von den schottischen und irischen Söldnern, die in verschiedenen Kriegen auf beiden Seiten gedient hatten, schließlich von wohlbekannten Namen der jüngsten Vergangenheit und der Gegenwart: war nicht der berüchtigte Pandurenobrist Trenck auch einmal in russischen Diensten gestanden, ebenso Obrist Laudon?
„Unser Feldmarschall Graf Browne, der erst im vergangenen Sommer starb“, sagte der Adjutant, „war von schottischer Herkunft — es gibt so viele Beispiele dafür, daß jemand im Ausland Kriegsdienste nimmt. Bitter ist es nur, wenn jemand gegen sein eigenes Vaterland kämpfen muß, wie es unserem Prinzen Eugen widerfuhr.“
Hadik sah, wie die Hausfrau die Augen senkte. Er erwog, auf ein anderes Thema überzugehen, mußte sich aber gestehen, daß

die Zeit schon recht vorgeschritten war. Sogar Charlotte empfand es.

„Liebe Antonia“, sagte sie, „ich muß nun heimgehen und bezweifle auch, daß du deine Gäste noch lang festhalten darfst.“

Während die Offiziere sich zur Verabschiedung der Dame erhoben, fragte der Adjutant: „Würden Exzellenz mich für eine halbe Stunde beurlauben? Ich möchte die Dame nicht allein heimgehen lassen.“

„Gehen Sie nur, mein Lieber“, sagte Hadik. Er sah es als Gebot der Ritterlichkeit an; erst als er Charlotte die Hand küßte, wurde ihm klar, daß er für eine kurze Weile mit Antonia allein sein werde. Ihren Vornamen hatte er ja gerade erfahren, aber es gab noch manches, das er gern gewußt hätte. Oder war es nicht nur Neugier, was sein Herz heftiger schlagen ließ? Er gab sich nicht mehr Rechenschaft darüber.

Antonia bat ihn, im Nebenzimmer noch einen Schluck Wein mit ihr zu trinken, während die Zofe den Tisch abräumen würde. „Oder wünschen Sie eine Tasse Kaffee, um munter zu werden für den Nachtritt? Die Preußen sind wahrscheinlich schon nahe.“

„Sie werden uns nicht mehr erreichen“, antwortete Hadik, während er neben ihr auf dem Sofa des Wohnzimmers Platz nahm. „Eine Patrouille von uns stieß mit ihren Vortruppen etwa einen Tagesritt von hier zusammen.“

„Traf sie auf preußische Husaren?“ fragte Antonia. Ihr Gesicht schien gespannt.

„Husaren in grüner Uniform.“

„Also erstes Regiment!“ Sie seufzte.

Hadik vergaß die Zurückhaltung, die sie ihm auferlegt hatte. „Ist Ihr Herr Gemahl bei diesem Regiment?“

„Ich bin nicht verheiratet.“

„Ihr Verlobter?“

„Ich bin auch nicht verlobt. Mein Vater ist Inhaber des ersten Husarenregiments. Ich bin Antonia von Szekely.“ Sie schaute ihn an, als erwarte sie, daß er erschrecke oder wenigstens Unwillen äußere. „Betrachten Sie Michael von Szekely als Verräter, der gegen seine Landsleute kämpft, seine Tochter als Feindin?“ Ihre Stimme wurde noch leiser. „Bedauern Sie jetzt, mein Gast gewesen zu sein?“

Hadik griff nach ihrer Hand. „Gott bewahre mich davor, gnädiges Fräulein! Ihr Herr Vater stand ja, soviel ich weiß, nie in österreichischen Diensten, er ist kein Überläufer. Er dürfte die Heimat schon vor langer Zeit verlassen haben, wohl weil er als Protestant im katholischen Österreich gewisse Schwierigkeiten hatte. Auf dem Schlachtfeld müßte ich den Säbel gegen ihn ziehen, aber ich halte ihn für einen Ehrenmann.“

„Ich danke Ihnen, Exzellenz“, antwortete sie. Ihre Augen sagten noch mehr, ihre Hand blieb in der seinen ruhen. Eine Weile war es still im Raum, nur das Ticken der Wanduhr war zu hören. Das Kerzenlicht spiegelte sich in den Weingläsern.

Sie ist weder verheiratet noch verlobt, dachte Hadik.

„Ich wundere mich“, sagte sie unvermittelt, „daß Ihnen Ihr Feldherr so knapp vor dem Aufbruch noch Urlaub gab. Er hält anscheinend viel auf Sie. Sagen Sie ihm bitte, daß ganz Berlin ihm dankbar ist. Wenn ich mir vorstelle, daß ein Heerführer die Möglichkeit hat, die Hauptstadt des Feindes zu zerstören, und darauf verzichtet, weil er nicht Unschuldige leiden lassen will —“

„Loben Sie ihn nicht allzusehr“, sagte Hadik lächelnd.

„Warum nicht?“ fuhr Antonia auf. Ihre Augen blitzten. „Ich bewundere ihn von Herzen!“

„Er Sie ebenfalls!“ Hadik beugte sich über ihre Hand und küßte sie, nicht als höfliche Geste, sondern zärtlich. Als er aufblickte, sah er, daß sie errötet war.

„Wieso bewundert er mich?“ Ihre Stimme klang nur ganz leise, ihre Augen schienen ratlos. „Sind Sie etwa —?“

In den dunklen Augen glänzte mehr als nur Bewunderung, die schimmerten feucht, bevor sich die Lider senkten. Das liebliche

Gesicht, die schlanke, so anmutige Gestalt, die gepflegte Umgebung, die ganze Atmosphäre des Abends, das erschien ihm wie die Krönung der beiden Tage, die er als den Höhepunkt seines Lebens ansehen durfte.
„Antonia", sagte er leise, „ich gehe jetzt fort. Haben Sie Dank für diesen Abend. Sie haben mich sehr glücklich gemacht."
Wortlos erhob sie sich, rückte ihr Kleid zurecht und ging mit ihm zur Tür. „Ich danke Ihnen", sagte sie. „Leben Sie wohl."
Im Vorzimmer warteten der Adjutant und die Zofe. Während das Tor geöffnet und die Pferde hinausgeführt wurden, sprachen die beiden Offiziere kein Wort. Als sie aufgestiegen waren, hörten sie, wie sich Fenster öffneten. Zwei Fenster, von innen matt erleuchtet: aus jedem winkte ein Frauenarm.
Sobald sie die gepflasterten Straßen des inneren Stadtbereiches hinter sich hatten und die Pferdehufe nicht mehr so hart aufschlugen, begannen sie zu traben. Die Straßenlaternen blieben zurück; zwischen niedrigen Vorstadthäusern, Hecken und Zäunen ging es flott dahin. Am Kottbuser Tor standen nicht mehr die Grenzer, sondern schon wieder Preußen. Ob es Soldaten waren, Bürgerwehr oder Polizisten, darauf achteten die Offiziere nicht, erwiderten nur kurz den militärischen Gruß, dann galoppierten sie los. Die Lagerfeuer draußen waren noch nicht ganz erloschen, sie wiesen ihnen den Weg.
„Das Corps zum Abmarsch bereit!" meldete Generalfeldwachtmeister Baron Mittrowsky.
„Also vorwärts!"
Während die Vorhut losritt, schaute Hadik verstohlen auf die Uhr. Er mußte sie bis unter die Augen heben, um die Zeiger erkennen zu können.
„Sieben Uhr schon vorbei", sagte Mittrowsky mit leisem Vorwurf in der Stimme. „Eben wollte ich Patrouillen aussenden, nach Eurer Exzellenz zu suchen."
Die Pauken der Kürassiere dröhnten, hell fielen die Pfeifen des Fußvolks ein, der Klang der Trommeln begleitete den

Marschtritt. Bei den Grenzern tönten Dudelsack, Flöte und Trommel. Leichter Wind war aufgekommen. Der Mond stand im ersten Viertel, hastig zogen die Wolken an ihm vorbei.
Aus dem Dunkel tauchte ein Reiter auf. „Meldung von Obrist Ujházy: Nachmittags mehrere Geplänkel mit preußischen Husaren, bisher aber keine Verluste. Preußische Kürassiere haben Großbeeren erreicht, zwei Reitstunden von Berlin. Ihre Pferde scheinen aber zu erschöpft, als daß heute noch ein Angriff zu erwarten wäre."
„Reitet gleich wieder zurück", antwortete Hadik dem Husarenwachtmeister, „sagt ihm meinen Dank für die Meldung. Er soll weiterhin unsere Flanke sichern. Nächste Rast in Königswusterhausen."
Der Husar wiederholte den Auftrag, grüßte, wendete sein Pferd und war bald den Blicken entschwunden. Hadik ritt an der Spitze seines Stabes zwischen den Kürassieren und der ersten Marschkolonne der Infanterie, Baron Mittrowsky als ranghöchster Offizier an seiner Seite.
„Exzellenz", sagte er nach kurzem Schweigen, „ich hätte große Lust, die preußischen Kürassiere in Großbeeren auszuheben. Solch ein nächtlicher Überfall wäre ganz nach dem Geschmack meiner Husaren."
„Auch nach meinem!" erwiderte Hadik lebhaft. Nach kurzem Überlegen setzte er ruhiger fort: „Aber ob sich ein Seydlitz so leicht überrumpeln läßt, ist eine andere Frage, und wenn einmal die Kürassiere dort sind, ist die übrige Armee nicht mehr weit. Nein, lieber Baron, begnügen wir uns mit dem Erfolg, der uns beschieden war. Im Glück Zurückhaltung zu üben, ist auch eine Art von Weisheit."
Mittrowsky widersprach zwar nicht mehr, doch Hadik fühlte, daß der Generalfeldwachtmeister nicht ganz zufrieden war. Um ihn zu beschäftigen, ersuchte er ihn, sich zur Nachhut zu begeben: dort könnte es noch am ehesten zu einem Gefecht kommen.

Da der Platz an der Seite des Feldmarschall-Lieutenants frei geworden war, rückte der Adjutant auf. Die lange Vertrautheit gab ihm das Recht, unaufgefordert ein Gespräch zu beginnen. „Das Wort Eurer Exzellenz von der Zurückhaltung im Glück“, sagte er, „das will ich mir merken.“

„Sie fällt nicht leicht. Aber drauflosstürmen kann jedes junge Roß. Dem Menschen hat Gott die Vernunft gegeben — und das Gewissen.“ Die letzten Worte hatte er nur mehr leise gesprochen, seine Gedanken waren wieder bei Antonia. Er fühlte das Verlangen, mit dem Adjutanten als Gefährten des Abends irgend etwas zu sprechen, was in jenen Bereich gehörte. Die hohen Bäume zu beiden Seiten machten den Weg noch dunkler, aber die Augen hatten sich soweit daran gewöhnt, daß Hadik das Gesicht seines Adjutanten ungefähr erkennen konnte. Er meinte, ein glückliches Lächeln zu erraten. Oder täuschte er sich? Jedenfalls hatte der Rittmeister sich ein Lob verdient!

„Sie stehen mir immer so verläßlich und unermüdlich zur Verfügung“, sagte Hadik, „daß ich es schon als selbstverständlich hinnehme. Aber es wäre schon Zeit zu einer Belohnung. Die erste Stelle eines Obristwachtmeisters, die frei wird, bekommen Sie.“

„Ich danke Eurer Exzellenz sehr. Aber lieber bliebe ich als Adjutant weiterhin an der Seite Eurer Exzellenz.“

„Aber Ihr Avencement?“

„Darum geht es mir nicht. Nach dem Krieg möchte ich den Dienst quittieren und mich auf unser Gut zurückziehen. Mein Vater schrieb mir neulich, das Gut brauche einen jungen Herren und eine junge Herrin. Die hole ich mir dann aus Berlin.“

Sie ritten gerade über eine Lichtung. Der schwache Mondschein zeigte es deutlich: wieder spielte um den Mund des Adjutanten ein glückliches Lächeln.

„Anfangs schienen Sie von Charlotte nicht entzückt.“

„Charlotte? Ich brachte sie sehr schnell nach Hause. Danach — ich verdanke es der Güte Eurer Exzellenz — blieb mir eine

Viertelstunde Zeit für die Zofe. Das ist ein Mädchen nach meinem Herzen, hübsch und klug und munter. Kochen kann sie auch. Daß sie arm ist, macht nichts aus, Geld habe ich selbst. Sie versprach, auf mich zu warten, wenn es sein müßte, sogar fünf Jahre lang. Ein Kriegsjahr ist vorüber; noch fünf dazu ergäbe sechs, mehr scheint gar nicht möglich. Sieben Jahre kann dieser Krieg doch nicht dauern!"

Der Wind rauschte in den Wipfeln der Bäume, ein Nachtvogel schrie, sonst war nichts zu hören als der Schritt der Pferde.

NACHWORT

Ein historischer Roman soll diese Bezeichnung auch verdienen. Er soll sich — zumindest nach meiner Überzeugung — so eng wie nur irgend möglich an die nachweisbaren Ereignisse halten und nur soweit freie Phantasie walten lassen, daß die Handlung abgerundet, Lücken ergänzt, die Bilder bunter werden, darf aber nichts umdeuten, tendenziös auslegen oder gar verfälschen.

Mir sind die Vorstudien der liebste Teil der Arbeit an jedem Buch; ich dehne sie gern bis auf Kleinigkeiten aus. In diesem Falle gehen die Vorarbeiten in das Jahr 1966 zurück: als ich damals Unterlagen für „Des Kaisers Reiterei“ sammelte, stieß ich auf einen Bericht über das Unternehmen Hadiks gegen Berlin. Da ich die Namen fast aller Beteiligten ermitteln konnte, brauchte ich auf österreichischer Seite keinen einzigen Namen zu erfinden; sogar der — nicht gerade wichtige — Cornet Nikolaus Knesevich ist in der „Haupt-Rang-, National-, Ausmarsch- und Logirungs-Tabella“ des Karlstädter Husarenregiments vom 17. Jänner 1754 nachgewiesen. Auf preußischer Seite sind die historisch wichtigen Personen wie Offiziere, Stadträte usw. ebenfalls beglaubigt, sogar der Geheimrat von Stosch; freie Erfindung sind nur Nebenfiguren wie der Handschuhmacher Plömicke (die Handschuhgeschichte ist nämlich in verschiedenen Versionen überliefert), der Kastellan Zosse, die Musketiere Gustav und Jaroslaw sowie Antonia mit Freundin und Zofe.

An Literatur habe ich benützt:

Friedrich von Mühlwerth-Gärtner: Beiträge zur Geschichte der österreichischen Kavallerie, Wien 1882.

Andreas Graf Thürheim: Die Reiterregimenter der k. k. österreichischen Armee, Wien 1862.

Richard Knötel: Uniformenkunde, Rathenow 1900.

Maximilian Freiherr von Thielen: Die Kriege der Österreicher und ihrer Verbündeten vom Jahre 1756 bis zur gegenwärtigen Zeit, Wien 1836.

Ruth Glatzer: Berliner Leben 1648—1806, Berlin 1956.

A. Markó: Graf Hadik András tábornag, Budapest 1940.

J. F. Seifart: Geschichte des im 1756 und 1757sten Jahre in Deutschland geführten Krieges, Frankfurt 1759.

Für schriftliche und mündliche Auskünfte danke ich den Herren Dr. Andreas Graf Hadik-Barkoczy, San Franzisko, Dr. Eduard von Wendorff, Hannover, Dr. Friedrich Kornauth, Wien. Ebenso habe ich den Herren Prof. Hans Steiner und Prof. Erich Leeb, Wien, für Übersetzungen aus dem Ungarischen und den Beamten des Kriegsarchivs in Wien für ihr Entgegenkommen zu danken, das mir meine Vorarbeiten sehr erleichterte.

Eine historische Ungenauigkeit muß ich einbekennen: ich habe die Redeweise der handelnden Personen dem heutigen hochdeutschen Sprachgebrauch angenähert. Tatsächlich war sie mit Fremdwörtern gespickt und viel komplizierter. Die Berliner sprachen zum guten Teil eine Mundart, die ich nicht richtig nachahmen könnte, ebensowenig wie die verschiedenen Schattierungen im Ungarischen und Kroatischen der kaiserlich-königlichen Armee. Solche Nuancen richtig wiederzugeben, ist meines Wissens noch selten gelungen; daß ich es gar nicht erst versucht habe, möge mir der Leser verzeihen.

G. S.

Fritz Habeck

SCHWARZER HUND
IM GOLDENEN FELD

Der Autor ist ein Meister des historischen Romans. Diesmal gibt der Siebenjährige Krieg den Hintergrund für das turbulente Geschehen auf dem Schloß derer von Klingenberg. Hier treffen sich die Kuriere beider Parteien, es gibt tolle Verwechslungen, doch dann kommt alles zu einem befriedigenden Ende: der Frieden ist gerettet.

160 Seiten, Linson, KM ab 10.

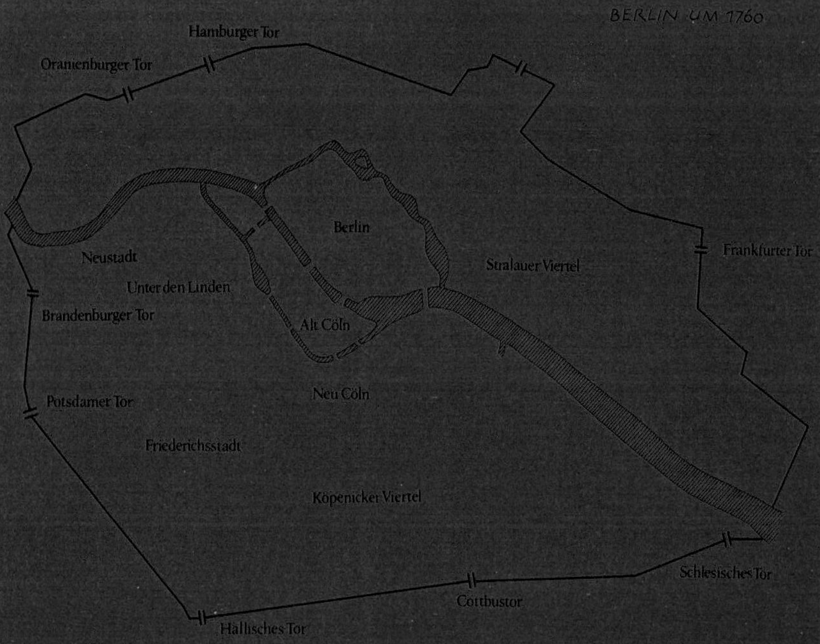

BERLIN UM 1760
Hamburger Tor
Oranienburger Tor
Berlin
Frankfurter Tor
Neustadt
Stralauer Viertel
Unter den Linden
Brandenburger Tor
Alt Cöln
Neu Cöln
Potsdamer Tor
Friederichsstadt
Köpenicker Viertel
Schlesisches Tor
Cottbustor
Hallisches Tor